民事介入暴力対策マニュアル
《第5版》

東京弁護士会 民事介入暴力対策特別委員会 編

ぎょうせい

刊行によせて

　平成19年に犯罪対策閣僚会議幹事会申合せにより「企業が反社会的勢力による被害を防止するための指針」が発表され、以降、企業は単に、自らが反社会的勢力による被害を受けないように自社を防衛するだけに止まらず、更に進んで一切の関係遮断が求められるようになりました。平成22年4月1日に、福岡県において暴力団排除条例が施行され、これを皮切りに全国の自治体において暴排条例の施行が進められ、平成23年10月1日には東京都と沖縄県でも暴力団排除条例が施行された結果、47都道府県の全てにおいて暴力団排除条例が施行されるに至りました。今や、企業において暴力団との関係の一切を遮断することは社会的な責務であるとさえ言えます。

　また、暴力団対策法は、この数年で数次の改正を重ね、特定抗争指定暴力団等の規定の追加、指定暴力団の不当要求に対する規制の強化及びその防止措置の導入、適格団体による組事務所使用差止請求制度の導入等がなされ、暴力団に対する規制・取締りの一層の強化が進められています。

　これら法令等の施行、改正に加え、社会全体での暴力団排除の意識の高まりによって、反社会的勢力は確実に追い詰められてきていることを実感します。今や暴力団員はゴルフをすることも難しく、銀行口座を持つこともままならない時代を迎えていると言っても過言ではありません。

　しかし、そうであるからと言って暴力団を相手とする対応が容易になったというわけではありません。反社会的勢力に属する者たちは、このような社会情勢に合わせて、従来からの形を変容してなお存在を続けていますし、暴力団等を相手とする事件への対処の困難性は従来と何ら変わることはありません。

　本書は、民事介入暴力事件の受任経験が乏しい若手の弁護士が現実の事

件に直面した場合に、効率的に、かつ適切に事件を解決できるよう配慮して編集された、極めて実用的なマニュアルです。若手弁護士を中心的な想定読者として議論を重ねて編集されたものですが、若手弁護士以外にも、民事介入暴力事件にかかわる裁判官、検察官、警察官や、企業や官庁の担当者にとっても、有益な示唆に富む内容となっています。また、本書第4版の刊行（平成21年2月）後の法令の制定及び改正、判例や実務の変遷についても反映されており、現時点での最先端の議論、技術が十分に盛り込まれた必読の一冊としてお薦めできるものです。中でも、近時、各企業において頭を悩ませることの多い、反社会的勢力との関係遮断の問題に関する解説には特に注力しており、当該業務に携わる企業担当者にとっては大いに参考になるものと強く推薦します。

　本書が多くの若手弁護士やその他の読者に利用されることにより、ひとつでも多くの民事介入暴力事件が適切に解決され、あるいはその発生をあらかじめ防ぐことができれば、これほど幸いなことはありません。

平成27年2月

東京弁護士会

会長　髙　中　正　彦

改訂にあたって

　本書は、平成3年に「民事介入暴力対策マニュアル－被害者救済のために」として発刊され、平成6年、16年、20年と第4版まで版を重ねてきました。平成4年に「暴力団員による不当な行為の防止等に関する法律」（いわゆる「暴力団対策法」）が施行されてから、暴力団対策法の普及、そして弁護士の担う民事介入暴力対策の実践とともに改訂を重ねながら、対策マニュアルとして洗練されてきたものと自負しております。

　平成20年の前回改定以後、暴力団対策は大きく進み、社会における暴力団排除の機運は、かつてないほどに高まっています。

　平成23年10月1日に、東京都及び沖縄県においても暴力団排除条例が施行された結果、全国の都道府県全てにおいて暴力団排除条例が施行されるに至り、今や企業においては暴力団と一切の関係を遮断すべきことは社会の共通認識となりました。東京弁護士会民事介入暴力対策特別委員会で設置する東弁民暴被害者救済センターで取り扱った事件においても、暴力団等との取引関係を有していた企業から依頼を受けてその関係遮断に成功した複数の事例があります。

　前回改定以後、暴力団対策法の改正も重ねられ、平成24年改正においては適格団体による組事務所使用差止請求制度が導入され、全国に設置されている暴追センターが訴訟の当事者となって、指定暴力団の組事務所の使用差止めを求めることができるようになるなど、暴力団に対する規制はより一層強化されています。

　平成26年3月に警察庁が発表した「平成25年の暴力団情勢」によれば、暴力団構成員及び準構成員の数が初めて6万人を割ったことが明らかとなり、こうした社会全体の取組みによる暴力団対策が確実に成果を上げていることが分かります。

しかし一方で、暴力団等は、こうした社会全体の包囲網に対して、その存在を巧妙に隠して潜在化しようとしたり、一部の地域においては逆に過激さを増して抵抗する姿勢を見せるなど、暴力団対策はなお予断を許さない状況と言えます。

　また、社会からの暴力団の排除が一定の成果を上げている現在、改めて意識されてきた問題として、暴力団からの離脱の問題があります。真に暴力団対策の実を上げるためには、社会からの暴力団の排除と両輪で、暴力団を離脱した者の社会における受け入れについても考えていかなければなりません。今後更に検討を重ねてゆくべき問題ですが、本書においては、暴力団からの離脱の問題についても現時点における考察を基に解説を試みています。

　民事介入暴力対策を担う弁護士には、その時代に応じた精緻な理論を構築するとともに、実効性ある実践を重ねていくことが求められています。

　しかし、初めて本書を手に取られたとりわけ若手の弁護士の方々には、各論の検討をする前に、まず、本書全編を通じての共通認識とも言える、民事介入暴力対策にあたっての基本姿勢を理解していただきたいと思います。

　反社会的勢力と対峙するにあたっては、通常事件の相手方と変わらない対応をまず心がける必要があります。経験が不足している段階では、相手方が反社会的勢力となると往々にして恐怖心から萎縮してしまうか、虚勢を張って強硬な言動に終始してしまうこともあるかもしれません。これらはいずれも適切な対応とは言えません。いつもと違う対応をとった時点で、既に反社会的勢力のペースにはまっているのです。

　いつも扱う事件と同じ「相手を怖れず、侮らず」という対応の有用性は、反社会的勢力の独自の行動原理から裏付けられます。反社会的勢力の目的は経済的利益の獲得であり、ことさら威力等を誇示するのも利益獲得の手段に過ぎないことを忘れてはいけません。弁護士が適切に対応すれば、相手方は利得の獲得が容易でないことを察知し、多少の早い遅いは

あっても不当な行為は収束します。萎縮していることを相手方が認識すれば、更に要求をエスカレートさせます。

　また逆に弁護士が、不要・不当に過激な言動で対応すれば、反社会的勢力は、利益獲得のためのツールである独自の威力・威信が侵害されたと考え、当該威力・威信を回復するために利益の獲得から離れてでも、強引な対応を開始し、事件の解決は困難になります。この点こそが「相手を怖れず、侮らず」が反社会的勢力対応の原則である所以です。

　具体的な対応のマニュアルは、本書に記載されていますが、その前提としての上記対応心得は、いかなる場合でも念頭に置いて対処する必要があります。

　最後になりましたが、本書が従前同様に、民事介入暴力対策のための弁護士のツールとして多くの場面で有効活用されることを心より願っております。

平成27年2月

東京弁護士会民事介入暴力対策特別委員会
委員長　桝　井　信　吾

凡　　例

1　根拠法令

　本文（　）内に示した根拠法令の条・項・号の表示は、条をアラビア数字、項はローマ数字、号は○付きアラビア数字で示した。

　　例：暴対法2②→暴力団員による不当な行為の防止等に関する法律第2条第2号

　　　　民執法6Ⅰ→民事執行法第6条第1項

2　法令略語

　本文中の法令名は原則としてフルネームで記したが、本文（　）内の法令名は次に掲げる略語を用いた。

会計令	予算決算及び会計令
会社規	会社法施行規則
区分所有法	建物の区分所有等に関する法律
刑事記録法	刑事確定訴訟記録法
刑訴法	刑事訴訟法
刑訴規	刑事訴訟規則
自治法	地方自治法
自治令	地方自治法施行令
手続法	行政手続法
特定商取引法	特定商取引に関する法律
入札談合防止法	入札談合等関与行為の排除及び防止並びに職員による入札等の公正を害すべき行為の処罰に関する法律
廃掃法	廃棄物の処理及び清掃に関する法律
犯罪被害者保護法	犯罪被害者等の権利利益の保護を図るための刑事手続に付随する措置に関する法律

犯罪被害者保護規	犯罪被害者等の権利利益の保護を図るための刑事手続に付随する措置に関する規則
不登法	不動産登記法
振込詐欺法	犯罪利用預金口座等に係る資金による被害回復分配金の支払等に関する法律
暴対法	暴力団員による不当な行為の防止等に関する法律
民執法	民事執行法
民訴法	民事訴訟法
民訴規	民事訴訟規則
民保法	民事保全法
民保規	民事保全規則

3　判　例

　判例は「判決」→「判」、「決定」→「決」と略した。また、裁判所の表示・判例の出典については次の（1）、（2）に掲げる略語を用いた。
　（1）裁判所名略語

最	最高裁判所
高	高等裁判所
地	地方裁判所
簡	簡易裁判所

　（2）判例集略語

民　集	最高裁判所民事裁判例集
判　時	判例時報
判　タ	判例タイムズ
金　判	金融商事判例

4　文献・雑誌

　文献・雑誌については、原則としてフルネームで表記した。

目　次

刊行によせて

改訂にあたって

凡　例

第1編　総　論

第1章　民事介入暴力とその対策

Ⅰ　民事介入暴力とは …………………………………………………… 2
　1　民事介入暴力とは ………………………………………………… 2
　2　民事介入暴力の主体 ……………………………………………… 3
　3　行為の内容に着目する …………………………………………… 5
　4　付加的判断要素としての行為主体属性 ………………………… 6
Ⅱ　民事介入暴力対策の歩み …………………………………………… 6
　1　民事介入暴力対策の始動：暴力団対策法以前（昭和50年
　　代～平成4年） …………………………………………………… 6
　2　民事介入暴力対策の発展：暴力団対策法施行以後（平成
　　4年～同19年） …………………………………………………… 8
　3　民事介入暴力対策の現在の到達点：指針公表後（平成19
　　年～） ……………………………………………………………… 10
　4　今後の課題 ………………………………………………………… 11

第2章　民事介入暴力事件の受任に当たって

Ⅰ　受任・相談に当たっての留意点 …………………………………… 13
　1　基本的事項の徹底 ………………………………………………… 13
　2　相談時の留意点 …………………………………………………… 13

3　受任時の留意点 …………………………………………15
　　4　速やかな法的措置 ………………………………………16
　　5　裁判外交渉 ………………………………………………16
　Ⅱ　警察との連携 ………………………………………………17
　　1　「民事不介入の原則」の正確な理解の必要性 …………17
　　2　管轄警察への相談 ………………………………………19
　　3　警察からの情報収集 ……………………………………20
　　4　警察への協力依頼 ………………………………………25
　　5　被害申告・告訴など ……………………………………28
　　6　事件終了時の報告 ………………………………………30
　　7　弁護士業務妨害への備え ………………………………30

　　第3章　暴力団対策法
　Ⅰ　暴力団対策法概説 …………………………………………33
　　1　暴力団対策法の制定経緯 ………………………………33
　　2　暴力団被害者にとっての暴力団対策法 ………………34
　　3　代表者等への損害賠償請求 ……………………………35
　　4　適格団体訴訟制度（平成24年改正）……………………37
　Ⅱ　暴力団対策法の改正経緯 …………………………………39
　　1　経　緯 ……………………………………………………39
　　2　平成24年改正 ……………………………………………39

　　　　　　第2編　暴力団の排除と被害回復

　　第1章　暴力団事務所等の排除
　Ⅰ　手続方法の選択 ……………………………………………44
　　1　暴力団事務所等の現状 …………………………………44
　　2　取り得る手続の概要 ……………………………………44

3　手続選択のポイント ……………………………………………48
Ⅱ　人格権に基づく暴力団事務所等使用差止請求 ……………………49
　　1　これまでの人格権訴訟の理論的根拠と受忍限度論 …………49
　　2　適格団体訴訟 ……………………………………………………50
　　3　従来型の人格権に基づく訴訟 …………………………………55
　　4　仮処分 ……………………………………………………………56
Ⅲ　建物の区分所有等に関する法律（区分所有法）に基づく請
　　求 ……………………………………………………………………67
　　1　区分所有法に基づく法的手続の概要 …………………………69
　　2　手続選択のポイント ……………………………………………73
　　3　相談・調査段階の問題点 ………………………………………74
　　4　総会開催手続上の留意点 ………………………………………75
　　5　仮処分 ……………………………………………………………78
　　6　本案提起 …………………………………………………………79
Ⅳ　賃貸借契約の終了に基づく建物明渡請求 …………………………80
　　1　法律相談・調査・準備の段階 …………………………………80
　　2　仮処分申立て ……………………………………………………83
　　3　保全執行 …………………………………………………………86
　　4　本案訴訟 …………………………………………………………87
　　5　強制執行 …………………………………………………………88
Ⅴ　和解による解決 ………………………………………………………88
　　1　和解する場合の条件・条項 ……………………………………88
　　2　和解により不動産を購入すること（相手方に金員を支払
　　　うこと）の可否 …………………………………………………89

第2章　暴力団被害への対応と損害賠償請求

Ⅰ　被害者救済の概要 ……………………………………………………91
Ⅱ　暴力団組長に対する損害賠償請求 …………………………………91

	1	組長責任追及訴訟とは …………………………………………92
	2	組長責任追及訴訟の目的 ………………………………………92
	3	組長責任追及訴訟の準備・要点 ………………………………93
	4	組長責任追及訴訟の展開と訴訟物の選択 ……………………94
	5	指定暴力団の代表者等の損害賠償責任 ………………………96
	6	使用者責任（民法715） ………………………………………99
	7	共同不法行為責任 ……………………………………………104
	8	損　害 …………………………………………………………104
	9	組長責任追及訴訟における立証 ……………………………106
	10	組長責任追及訴訟の事例 ……………………………………107
Ⅲ	被害回復手段としての動産執行 …………………………………118
	1	動産執行の申立て段階 ………………………………………119
	2	差押段階 ………………………………………………………120
	3	差押動産の換価手続 …………………………………………122
	4	動産に対する仮差押えの執行について ……………………123
Ⅳ	被害者救済のための刑事手続 ……………………………………124
	1	被害者参加 ……………………………………………………124
	2	損害賠償命令制度 ……………………………………………127
Ⅴ	その他 ………………………………………………………………130

第3編　不当要求への対応

第1章　不当要求行為とは

Ⅰ　不当要求行為とは ……………………………………………………134
　1　不当要求行為の要素 ………………………………………………134
　2　不当要求行為の分類 ………………………………………………134
　3　不当要求行為の問題点 ……………………………………………135
Ⅱ　不当要求行為への対応（総論） ……………………………………136

    1 相談者の不安を取り除くこと ……………………………………136
    2 相手方の要求を知ること …………………………………………136
    3 相手方の要求に応じる義務があるか検討すること ……………137
    4 不当要求は毅然として断る ………………………………………138
    5 弁護士が受任した後の動き ………………………………………139

  第2章 不当要求行為の類型毎の対応方法
Ⅰ 市民に対する不当要求行為の類型とその対応 ………………………140
    1 市民に対する不当要求行為 ………………………………………140
    2 市民に対する不当要求行為の類型 ………………………………140
Ⅱ 企業に対する不当要求 …………………………………………………143
    1 企業対象暴力の問題点・現状 ……………………………………143
    2 企業対象暴力の類型とその対応 …………………………………146
Ⅲ えせ右翼・えせ同和行為者・街宣活動に対する法的対応 …………153
    1 えせ右翼行為 ………………………………………………………153
    2 えせ同和行為 ………………………………………………………155
    3 街宣活動 ……………………………………………………………167
Ⅳ 執行妨害 …………………………………………………………………183
    1 執行妨害とは ………………………………………………………184
    2 不動産執行における執行妨害対策 ………………………………184
    3 刑事手続 ……………………………………………………………189
    4 近年の執行妨害事件の衰勢 ………………………………………190
Ⅴ 倒産と民事介入暴力 ……………………………………………………190
    1 債権者代理人の立場から …………………………………………190
    2 破産管財人の立場から ……………………………………………193
Ⅵ 振り込め詐欺 ……………………………………………………………196
    1 振り込め詐欺とは …………………………………………………196
    2 振り込め詐欺の主な態様 …………………………………………197

3　手口の巧妙化 ……………………………………………………198
　　4　犯罪利用預金口座等に係る資金による被害回復分配金の
　　　　支払等に関する法律（振り込め詐欺被害者救済法） ………198
　　5　受任の際の注意点 ………………………………………………201
　　6　受任後の注意点 …………………………………………………202

第4編　企業活動における反社会的勢力対応

第1章　反社会的勢力との関係遮断

Ⅰ　はじめに ……………………………………………………………210
Ⅱ　平成19年政府指針 …………………………………………………210
Ⅲ　暴力団排除条例 ……………………………………………………211
　　1　暴排条例の概要 …………………………………………………211
　　2　暴排条例の意義 …………………………………………………212
　　3　利益供与の禁止等（東京都暴排条例24条） …………………212
　　4　他人の名義利用の禁止等（東京都暴排条例25条） …………216
　　5　事業者の契約時における措置 …………………………………217
　　6　不動産の譲渡等における措置 …………………………………219

第2章　社内体制構築手順

Ⅰ　社内体制構築のための視点 ………………………………………221
　　1　非常時に必要な体制について …………………………………221
　　2　平常時の備え ……………………………………………………223
　　3　「組織」としての対策であるべきこと ………………………224
Ⅱ　関係遮断すべき「反社会的勢力」とは …………………………225
　　1　「反社会的勢力」の判断基準 …………………………………225
　　2　属性要件と行為要件を併用した判断の実際 …………………227
　　3　「反社会的勢力」の拡張的解釈 ………………………………230

- Ⅲ 反社会的勢力との関係遮断の宣言 ……………………………233
  - 1 宣言の必要性 ……………………………………………233
  - 2 宣言の具体例 ……………………………………………234
- Ⅳ 反社会的勢力対応部署の設置と役割 …………………………235
  - 1 反社会的勢力対応部署の位置づけ ……………………235
  - 2 反社会的勢力対応部署の設置 …………………………235
  - 3 反社会的勢力対応部署の役割・活動 …………………235
- Ⅴ 属性確認（チェック）……………………………………………237
  - 1 属性確認の必要性とその内容 …………………………237
  - 2 事前審査と継続審査 ……………………………………237
  - 3 属性審査体制の確立 ……………………………………238
- Ⅵ 反社会的勢力情報の収集とデータベース化 …………………238
  - 1 反社会的勢力データベース構築の重要性 ……………238
  - 2 反社会的勢力データベース構築の具体的取組方法 …238
  - 3 公知情報の収集 …………………………………………240
  - 4 警察からの情報提供 ……………………………………240
  - 5 都道府県暴追センターからの情報提供 ………………240
- Ⅶ 情報と伝達 …………………………………………………………241
  - 1 反社情報の一元化の必要性 ……………………………241
  - 2 有事に備えた体制の整備 ………………………………242
  - 3 各種関係団体の紹介 ……………………………………244
- Ⅷ 暴力団（反社会的勢力）排除条項の導入と適用 ……………245
  - 1 暴排条項の機能 …………………………………………246
  - 2 暴排条項例 ………………………………………………247
- Ⅸ 社内体制の構築 …………………………………………………248
  - 1 ＰＤＣＡサイクル ………………………………………249
  - 2 監視活動 …………………………………………………249
  - 3 企業トップの姿勢の重要性 ……………………………250

4　社員研修 ……………………………………………………250
　　5　人事政策 ……………………………………………………251
　Ⅹ　平時の関係遮断 …………………………………………………251
　　1　契約締結後の対応 …………………………………………252
　　2　契約締結前の対応 …………………………………………253
　　3　関係遮断後の対応 …………………………………………253

第3章　株主総会と暴力団排除

　Ⅰ　総会屋とは ………………………………………………………254
　Ⅱ　総会屋の活動実体、動向 ………………………………………254
　　1　総会屋の現状 ………………………………………………254
　　2　総会屋の勢力、株主総会への総会屋出席状況 …………255
　　3　実例に見る手口 ……………………………………………256
　　4　総会屋の動向 ………………………………………………257
　Ⅲ　罰則規定 …………………………………………………………258
　　1　利益供与罪、利益受供与罪（会社法970ⅠⅡ）…………258
　　2　利益供与要求罪（会社法970Ⅲ）…………………………259
　　3　威迫を伴う利益受供与罪、利益供与要求罪（会社法970
　　　Ⅳ）………………………………………………………………259
　Ⅳ　株主総会当日に向けた総会屋対応 ……………………………260
　　1　株主総会前の対策 …………………………………………260
　　2　株主総会当日の不規則発言への対応、事務局の体制 …262
　　3　事前質問状 …………………………………………………264
　　4　動議への対応 ………………………………………………264

第5編　行政対象暴力

　Ⅰ　行政対象暴力とは ………………………………………………268

Ⅱ	行政対象暴力への対応方法 …………………………………………268
1	総　説 …………………………………………………………………268
2	文書購読要求 …………………………………………………………270
3	寄付金・賛助金要求 …………………………………………………271
4	公営住宅等からの暴力団排除 ………………………………………271
5	生活保護行政における不当要求対応と暴力団排除 ………………274
6	公共事業からの暴排と参入要求対応 ………………………………276
7	廃棄物処理事業からの暴力団排除と不当要求対応 ………………281
8	その他 …………………………………………………………………283

第6編　離脱支援

Ⅰ	暴力団からの離脱 ……………………………………………………286
1	離脱問題とは …………………………………………………………286
2	離脱問題に取り組む必要性 …………………………………………286
3	離脱問題の現状 ………………………………………………………287
4	実際の事例 ……………………………………………………………289
5	今後に向けて …………………………………………………………289
6	弁護士として …………………………………………………………290
Ⅱ	企業のホワイト化 ……………………………………………………292
1	暴力団排除をめぐる近時の動き ……………………………………292
2	企業の対応 ……………………………………………………………292
3	事例の紹介〜佐賀県における取組み〜 ……………………………293
4	今後について …………………………………………………………293

書式編

書式1：執行官に対する警備要請の上申書 ……………………………296

書式2：管轄警察署に対する警備依頼書 …………………………297
書式3：決定主文例（執行官保管が認められた例） …………298
書式4：明渡断行仮処分決定の主文例 …………………………298
書式5：不動産賃貸借契約暴排条項モデル例 …………………299
書式6：臨時総会招集通知 ………………………………………300
書式7：通知書（弁明の機会付与） ……………………………301
書式8：訴状（区分所有法60条に基づく場合・訴訟担当を指定した
　　　 ケース） …………………………………………………302
書式9：訴状（区分所有法57条に基づく場合・請求の趣旨のみ）……304
書式10：訴状（区分所有法58条に基づく場合・請求の趣旨のみ） ……305
書式11：訴状（区分所有法59条に基づく場合・請求の趣旨のみ） ……305
書式12：管理規約暴排条項例 ……………………………………306
書式13：訴状案（暴対法） ………………………………………307
書式14：確定公判記録閲覧及び謄写申請の上申書 ……………313
書式15：強制執行申立書（動産執行申立書） …………………318
書式16：刑事損害賠償命令申立書 ………………………………322
書式17：売買契約解除の通知書 …………………………………323
書式18：街宣等禁止仮処分命令申立書 …………………………323
書式19：間接強制申立書 …………………………………………326
書式20：売却のための保全処分命令申立書 ……………………327
書式21：売却のための保全処分命令（決定例） ………………328
書式22：不動産引渡命令申立書 …………………………………328
書式23：不動産引渡命令（決定例） ……………………………329
書式24：振り込め詐欺等不正請求口座情報提供及び要請書 …329
書式25：表明確約書（契約書別紙添付形式） …………………331
書式26：暴排条項例 ………………………………………………332
書式27：企業行動憲章による宣言記載例 ………………………333
書式28：事業報告における記載例 ………………………………333

書式29：コーポレート・ガバナンスに関する報告書における記載例 …… 334
書式30：取引先管理票（チェックシート）………………………………335
書式31：解除通知 ………………………………………………………………336

資料編

資料 1 ：指定暴力団の指定状況 ……………………………………………338
資料 2 ：不起訴事件記録の開示について …………………………………340
資料 3 ：申立てに必要な書類等、予納金額標準表 ………………………345
資料 4 ：社内体制構築のためのチェックリスト …………………………348
資料 5 ：業種別暴排条項例・内部規則例
 資料 5 － 1 － 1 ：表明・確約書モデル条項 ……………………………351
 資料 5 － 1 － 2 ：モデル条項 ……………………………………………353
 資料 5 － 2 ：モデル条項・金融機関約款 ………………………………355
 資料 5 － 3 ：モデル条項・保険契約約款 ………………………………357
 資料 5 － 4 ：モデル条項・建築請負契約 ………………………………359
 資料 5 － 5 － 1 ：モデル条項・不動産取引契約①売買契約書（不動産流通系 4 団体）……………………………………………361
 資料 5 － 5 － 2 ：モデル条項・不動産取引契約②媒介契約書（不動産流通系 4 団体）……………………………………………363
 資料 5 － 5 － 3 ：モデル条項・不動産取引契約③賃貸借契約書（不動産流通系 4 団体）……………………………………………364
 資料 5 － 6 － 1 ：モデル条項・不動産取引契約①売買契約書（不動産協会）……………………………………………………366
 資料 5 － 6 － 2 ：モデル条項・不動産取引契約②賃貸借契約書（不動産協会）……………………………………………………368
 資料 5 － 7 ：モデル条項・宿泊約款（観光庁）………………………369
 資料 5 － 8 ：貯金等共通規定／通常貯金規定（（株）ゆうちょ銀行）……………………………………………………………372

資料5－9：内部規則例・反社会的勢力との関係遮断に関する規則
　　　　　（日本証券業協会）　……………………………375

主文例目次

主文例 1 …………………………………………………………171
主文例 2 …………………………………………………………172
主文例 3 …………………………………………………………172
主文例 4 …………………………………………………………177

事項別索引

あとがき

第1編

総論

第1章 民事介入暴力とその対策

Ⅰ 民事介入暴力とは

1 民事介入暴力とは

　民事介入暴力（民暴）という言葉は現在では広く知られるようになったが、法律上の用語ではなく、その定義も必ずしも明確でない。

　警察庁は、暴力団の資金獲得活動の態様を示す実務上の用語として「暴力団又はその周辺にある者が、暴力団の威嚇力を背景にこれを利用し、一般市民の日常生活又は経済取引について司法的救済が十分に機能していない面につけ込み、民事上の権利者や一方の当事者、関係者の形を取って介入、関与するもの」と定義している（山下幸治「民事介入暴力における介入手口とその対応策（上）」ＮＢＬ308号16頁）。

　他方、日本弁護士連合会は「民事執行事件、倒産事件、債権取立事件その他の民事紛争事件において、当事者又は当事者代理人若しくは利害関係人が他の事件関係人に対して行使する暴行、脅迫その他の迷惑行為及び暴行、脅迫、迷惑行為の行使を示唆又は暗示する一切の言動並びに社会通念上、権利の行使又は実現のための限度を超える一切の不相当な行為」と定義している（日弁連民事介入暴力対策委員会編『民暴対策Ｑ＆Ａ』（金融財政事情研究会、第4版、2008年）13頁）。

　二つの定義は、警察庁が行為主体（暴力団又はその周辺にある者）に着目しているのに対し、日弁連は、行為主体ではなく行為態様に着目している点が異なっている。このような相違点は、警察が暴力団排除という行政目的を有しているのに対し、弁護士は民暴被害者から依頼を受けて被害回復を図るというアプローチで民暴事件に関わることから、行為主体よりも行為態様を重視することに起因するものと考えられる。

2　民事介入暴力の主体
ア　暴力団・指定暴力団

　暴力団員による不当な行為の防止等に関する法律、いわゆる暴力団対策法が平成4年3月1日に施行されてから20年以上が経過した。暴力団対策法は、日本の法律上初めて暴力団を反社会的団体として明確に位置づけ、民事介入暴力被害の回復及び未然防止を図った法律である。

　暴力団対策法では、暴力団は「その団体の構成員（その団体の構成団体の構成員を含む。）が集団的に又は常習的に暴力的不法行為等を行うことを助長するおそれがある団体」と定義されている（暴対法2②）。

　警察庁組織犯罪対策部他編『平成25年の暴力団情勢』によると、暴力団構成員及び準構成員等の総数は平成25年末時点で約5万8600人であり、平成17年以降減少傾向が続いている。

　暴力団のうち、その暴力団員が集団的に又は常習的に暴力的不法行為等を行うことを助長するおそれが大きいとして、暴力団対策法に基づき都道府県公安委員会が指定したものを「指定暴力団」といい、平成26年末現在で21団体が指定されている（巻末資料編資料1「指定暴力団の指定状況」参照）。指定暴力団のうち、六代目山口組・住吉会・稲川会のいわゆる主要3団体の勢力は特に大きく、平成25年末現在、3団体の暴力団構成員及び準構成員等の全暴力団に占める割合は72.2%と、寡占状態が続いているが、中でも山口組は、全暴力団構成員及び準構成員等の43.9%を占めている（平成25年の暴力団情勢）。

　なお、平成24年に改正された暴力団対策法では、抗争や市民対象暴力を繰り返す等特に危険度の高い暴力団に対する規制強化を目的とした「特定危険指定暴力団」「特定抗争指定暴力団」に関する規定が新設され、福岡県を本拠地にする五代目工藤會が「特定危険指定暴力団」に指定された。道仁会と九州誠道会（現・浪川睦会）が「特定抗争指定暴力団」に指定されていた（平成26年6月指定期限満了）。

イ　暴力団関係企業

暴力団関係企業とは、暴力団員が実質的にその経営に関与している企業、準構成員若しくは元暴力団員が経営する企業で暴力団に資金提供を行うなど暴力団の維持若しくは運営に積極的に協力し若しくは関与する企業、又は業務の遂行等において積極的に暴力団を利用し暴力団の維持若しくは運営に協力している企業をいい、従来「フロント企業」「企業舎弟」と呼ばれていたものである（日弁連民事介入暴力対策委員会編『民暴対策Q＆A』(金融財政事情研究会、第4版、2008年) 4頁)。

企業と暴力団の関係の程度や態様が一様ではないことから、「暴力団関係企業」の対象は、暴力団等と何らかの関係を有する企業として広くとらえられるようになってきた。なお、警察白書では、平成10年版を最後に「フロント企業」との表現が姿を消し、平成14年版からは「暴力団関係企業」という表現が用いられている。

ウ　えせ右翼・えせ同和行為者

右翼団体又は右翼運動を仮装若しくは標ぼうして、団体又は個人に対し、不当な要求ないし違法な行為をし、それにより直接的若しくは間接的に利益を得、若しくは得ようとするという「えせ右翼行為」(坂本隆「『えせ右翼』対策論序説」日弁連民事介入暴力対策委員会編『民暴対策論の新たな展開』(金融財政事情研究会、2000年) 121頁) を行う者が後を絶たないのは周知の事実である。暴力団対策法施行後、指定暴力団には厳しい法規制が及ぶこととなったため、その規制を免れる目的で、右翼団体又は右翼運動を仮装若しくは標ぼうするものも多くなっており、これを「右翼標ぼう暴力団」と呼ぶこともある。

いずれにしろ、民事紛争において不相当な行為が行われるという点では、民事介入暴力の典型例のひとつであるといえるが、えせ右翼行為が暴力団の行う民事介入暴力と異なるのは、それが少なくとも形式的には、憲法上の権利として認められている結社の自由や表現の自由、政治活動の自由の外形をまとって行われるという点である。

また、同和問題は、歴史的に形成された被差別部落の出身者に対する差

別解消を目的とする社会運動であるが、その同和問題を口実にして、何らかの利権を得るため企業・行政機関等へ不当な圧力をかけるという「えせ同和行為」(昭和61年12月11日付け地域改善対策協議会意見具申「今後における地域改善対策について」)を行う者があるのも、えせ右翼行為の場合と同様である。

なお、警察では、これらの行為者を「政治活動標ぼうゴロ」「社会運動標ぼうゴロ」として整理している。

エ　反社会的勢力

民事介入暴力を行う代表的な主体については、上記のように整理することができるが、暴力団対策法が改正を重ねて規制が強化されるにつれて、暴力団は合法的な経済活動を装って利益を上げる等、資金獲得活動を巧妙化、不透明化させるようになっていった。

そうした社会情勢を受け、政府は、平成19年6月19日、「暴力、威力と詐欺的手法を駆使して経済的利益を追求する集団又は個人」と定義した暴力団等の「反社会的勢力」の資金源を封殺すべく、「企業が反社会的勢力による被害を防止するための指針について」(指針)を公表し、企業においては、「反社会的勢力との一切の関係遮断」が求められることになった。

なお、指針においては、「反社会的勢力」に該当するか否かの判断基準に関し、「暴力団、暴力団関係企業、総会屋、社会運動標ぼうゴロ、政治活動標ぼうゴロ、特殊知能暴力集団等といった属性要件に着目するとともに、暴力的な要求行為、法的な責任を超えた不当な要求といった行為要件にも着目することが重要である。」とされ、属性要件と行為要件の両側面から反社会的勢力への該当性を判断すべきものとされている。

3　行為の内容に着目する

民事介入暴力の主体については、一応上記のように整理することができるが、行為主体のみに過度に拘泥することは禁物である。

例えば、「甲はえせ右翼ではなく本物の右翼だ」「乙は本物の同和ではなくえせ同和らしい」というような表現を聞くことがあるが、行為主体に過

度に拘泥すると民暴事件の見通しを誤る危険がある。

　暴力団対策法の適用可能性を判断するために、行為主体が指定暴力団の構成員又は準構成員であるかどうかを検討すべき場合等、その必要性がある場合を除き、原則として対象行為の内容に着目すべきであり、行為主体による整理は付加的判断要素とすることが相当である。そうした観点から、本書においては「えせ右翼団体」「えせ同和団体」という表現は用いず、「えせ右翼行為」「えせ同和行為」という表現を用いている。

4　付加的判断要素としての行為主体属性

　民事介入暴力対策における検討場面においては、上記のとおり、原則として対象行為の内容に着目すべきであり、行為主体の属性のみに拘泥しないよう留意する必要がある。

　もっとも、平成19年6月に公表された上記指針や平成22年4月以降全国で制定施行されるに至った暴力団排除条例を受け、大企業を中心に、コンプライアンスポリシーとして「一切の関係遮断」が宣言されるようになり、各業界団体においても、暴力団等の反社会的勢力との「一切の遮断」を実現すべく、暴力団排除条項の盛り込まれた契約書や約款の雛形が作成されるなどの各種取組みが広く進む社会情勢にあって、暴力団排除条項に直接関わる行為主体の属性に注目すべき必要性も高まっているといえる。

Ⅱ　民事介入暴力対策の歩み

1　民事介入暴力対策の始動：暴力団対策法以前（昭和50年代～平成4年）

ア　民事介入暴力の始まり

　「民事介入暴力」という言葉が初めて公式に使われたのは、警察庁が昭和54年に民事介入暴力対策センターを設置した時だといわれており、警察庁編『警察白書（昭和55年版）』には「民事介入暴力への積極的対応」という項目が新設された。

　警察は、昭和30年代から昭和40年代にかけて、第一次（昭和39年以降）

及び第二次(昭和45年以降)の2度にわたりいわゆる「頂上作戦」を展開し、悪質な暴力団の中枢幹部に的を絞って取締りを強化した結果、暴力団構成員及び準構成員の総数は減少し、賭博、ノミ行為あるいは覚せい剤の密売等、従来からの伝統的な資金獲得活動に打撃を与えた。

そのため暴力団は、活動範囲を拡大し、交通事故の示談、債権取立て等の市民の日常生活や経済取引に介入するようになった。これが民事介入暴力の始まりであると考えられる。

イ 民事介入暴力対策の始動

このような動きを受けて、上記のとおり警察庁に「民事介入暴力対策センター」が設置され、日本弁護士連合会にも、現在の民事介入暴力対策委員会の前身である「民事介入暴力問題対策特別委員会」が昭和55年に設置された。

日弁連民暴委員会は、内部で会議を行うだけでなく、各地で「拡大委員会」を開催することにより、各地の単位弁護士会と日弁連との情報の交換に努めるとともに、単位弁護士会と地元警察の連携を図り、民事介入暴力被害の回復支援を充実させるための活動を行ってきたが、昭和61年6月の埼玉拡大委員会からは、警察と弁護士だけではなく、民事介入暴力の被害を受けるおそれのある一般市民にも参加を呼びかける形式にさらに発展し、平成元年2月の岐阜大会より、大会開催地域の名称をとって、「民事介入暴力対策○○大会」との名称で開催されるようになった。また、上記岐阜大会以降、民暴大会と同一日程で民暴関係の研究報告、講演等を行う「協議会」が開催されるようになり、この協議会を拡充させ、協議会のみを単独日程で行う「民暴全国拡大協議会(拡大協)」も開催されるようになった。

東京弁護士会では、昭和62年に民事介入暴力対策特別委員会が設置され、関東弁護士会連合会でも、現在の民事介入暴力対策委員会の前身である「関東ブロック民事介入暴力被害者救済センター連絡協議会」が平成2年に設置された。

また、東京では、総会屋等の特殊暴力を排除するため、昭和55年に警視庁管内特殊暴力防止対策連合協議会（特防連）が結成された（平成元年には社団法人として認可され、平成22年には公益社団法人に移行した）。

民事介入暴力の一態様としてのえせ同和行為も活発化したため、地域改善対策協議会は、昭和61年に「今後における地域改善対策について」と題する意見具申において、えせ同和行為の問題性を初めて公的に指摘し、昭和62年には、えせ同和行為対策中央連絡協議会が設置された。

ウ　暴力団対策法の制定

このように、民事介入暴力対策のため、官民のさまざまな努力が行われてきたが、民事介入暴力の中心的な主体である暴力団は、いわゆるグレーゾーンの不当行為により、巧妙に法規制を免れていた。そこで、これらの行為を対象とする新たな規制立法の必要性が唱えられるようになり、平成3年に暴力団対策法が制定されるに至ったのである。

組織的犯罪集団である暴力団が威力を誇示して公然と活動しているという事態は先進国では例がなかったのであるが、本法施行後は、暴力団の組事務所が表通りに公然と組の看板を掲げるといった状況はほぼなくなったといってよい。

また、暴力団を義理と人情に厚い任侠団体とし、大衆の味方として賛美するような考え方も衰退した。このような考え方は、暴力団の存在を容認し、市民や企業が暴力団を利用する土壌ともなっていたが、現代の暴力団は文字どおりの組織的犯罪集団であり、その存在が容認されたり、市民や企業が暴力団を利用するようなことはあってはならないという認識が広く共有されるようになった（詳しくは本編第3章で述べる）。

2　民事介入暴力対策の発展：暴力団対策法施行以後 (平成4年〜同19年)

ア　暴力団排除の気運の高まりと不透明化

暴力団対策法の制定と、これに伴う諸施策の実行により、暴力団排除の機運は著しく高まったといえる。一般の企業や市民が、場合によっては暴

力団とのつながりを持つこともあり得るという考え方は完全に過去のものとなった。前述のとおり、組事務所が表通りに公然と組の看板を掲げることができなくなったことに象徴されるような、もはや暴力団が公然たる存在とは認められなくなったことも、同法の成果と評価できる。

ただ、その反面として、暴力団が表向きは暴力団を名乗らず、会社や政治団体等を隠れ蓑として活動することや、暴力団員が形式的には暴力団から脱退するものの実質的には暴力団の別働隊として活動するなど、暴力団の活動が不透明化していくことになり、暴力団による被害を回復し、また予防するためには、これらの新しい動きにも柔軟に対応していくことが必要となっていった。

イ 警察と弁護士の連携強化

民事介入暴力事件においては、違法行為を差し止め、損害賠償を請求するという民事問題がまず存在するが、それと同時に、刑事事件や暴力団対策法に基づく中止命令等の対象になり得る事案も少なくないため、警察と弁護士が協力して事件解決を目指すための努力が各地で積み重ねられていった。

平成12年には「単位弁護士会民事介入暴力対策委員会との連携強化について」と題する警察庁暴力団対策部暴力団対策第一課長名で通達が発せられ、これに基づき、各都道府県において、警察と単位弁護士会民暴委員会との間で「民暴研究会」が順次設置される等、警察と弁護士の連携強化が図られている。

ウ 組長の使用者責任

暴力団関係の被害を受けても、加害者である末端の組員は刑事処分され、資力も乏しいことが一般的である。そうすると、被害者としては、金銭的に被害を回復することが事実上不可能となってしまう。

そこで、暴力団の組長を組員の使用者と位置づけ、組長に対して使用者責任に基づく損害賠償を請求するという、いわゆる組長責任訴訟が提起されるようになった。

第1編　総　論

　そして、暴力団同士の対立抗争に伴い、警戒配備中の警察官が暴力団関係者と間違われて射殺された事件（いわゆる「藤武事件」）を巡り、最高裁は、指定暴力団五代目山口組組長の使用者責任を肯定した（最判平成16年11月12日民集58巻8号2078頁）。また、韓国人留学生が暴力団関係者と間違われて射殺された事件（千葉・留学生事件）を巡り、東京地裁は住吉会元会長らの使用者責任を認める判決を言い渡した（東京地判平成19年9月20日判時2000号54頁）。

　また、平成16年の暴力団対策法改正により、対立抗争等に係る代表者等の損害賠償責任に関する規定が設けられた。

　組長の使用者責任に関し詳しくは第2編第2章で述べる。

3　民事介入暴力対策の現在の到達点：指針公表後（平成19年～）

ア　企業暴排指針

　暴力団対策法は、前述のとおり、数度の改正を重ねて規制が強化されていったが、暴力団は合法的な経済活動を装って利益を上げる等、資金獲得活動を巧妙化、不透明化させることにより、その活動を活発化させるようになっていった。

　そうした社会情勢にあって政府は、企業が暴力団等の反社会的勢力と関わりを持つことで、その資金獲得活動に寄与することが社会的に許されないという社会の共通認識の下、暴力団等の反社会的勢力の資金源に打撃を与えるなどのために、平成19年6月19日、「企業が反社会的勢力による被害を防止するための指針について」(指針)を、犯罪対策閣僚会議幹事会申し合わせの形で公表し、企業においては、「不当要求の排除」にとどまらず、「反社会的勢力との一切の関係遮断」の実現が求められることになった。

　指針公表後は、大企業を中心に、コンプライアンスポリシーとして「一切の関係遮断」が宣言されるようになり、各業界団体においても、暴力団等の反社会的勢力との「一切の遮断」を実現すべく、暴力団排除条項の盛り込まれた契約書や約款の雛形が作成されるなどの各種取り組みが進んで

いる。

イ　暴力団排除条例

　指針公表を経て、暴力団排除の気運が全国的に高まる中、暴力団による一般市民を対象とした凶悪犯罪や地域経済への深刻な影響が看過できない状況にあった福岡県において、平成22年4月1日、暴力団を排除するための総合的な取組みを進めるために暴力団排除条例が施行（平成21年10月13日制定）された。

　そしてこれを皮切りに、暴力団排除条例は一気に全国に広がり、僅か1年半後の平成23年10月1日に東京都と沖縄県で暴力団排除条例が施行されたことをもって、全国47都道府県において暴力団排除条例が制定施行されるに至っている。

　暴力団排除条例は、法的拘束力を有していることに加え、東京都暴力団排除条例を例にすれば、「利益供与」「助長取引」といった排除の対象を明確にするとともに、「勧告」「公表」「命令」「罰則」が定められるなど、違反行為に対する制裁も具体的に定められており、暴力団排除を実効的なものにする機能を有する内容となっている。

ウ　暴力団対策法の改正

　暴力団対策法は、その後も改正を重ね、平成20年の改正により、威力利用資金獲得行為に係る代表者等の損害賠償責任に関する規定が設けられ、さらに平成24年の改正では、特定抗争指定暴力団等の規定の追加（暴対法15Ⅱ～Ⅳ）、指定暴力団の不当要求に対する規制の強化及びその防止措置の導入（暴対法9⑩、⑫、⑮～⑱）、適格団体による組事務所使用差止請求制度の導入（暴対法32の3～14）、罰則の強化（暴対法47～52）がなされ、暴力団の不当要求等に対する規制・取締りの強化が図られている。

4　今後の課題

　民事介入暴力対策の歩みを振り返ってみると、これまでに数多くの成果を上げてきているといえるが、まだまだ残された課題は少なくない。

　前述のとおり、暴力団は公然たる存在とは認められなくなってきている

が、現在もなお一定の勢力を維持し、資金獲得のために不法行為を重ねているだけでなく、抗争事件などにより罪のない市民を危険にさらしている。

　民事介入暴力被害の回復支援に携わる弁護士としては、立法的に未解決であって判例も定まっていない分野に対しても、安易にあきらめず、プロフェッショナルとして積極的かつ創造的に踏み込んでいくことが必要である。また、暴力団対策法改正など立法の動きに対しても、実務経験を踏まえた適切な意見を述べていくことが求められている。

第2章 民事介入暴力事件の受任に当たって

Ⅰ 受任・相談に当たっての留意点

1 基本的事項の徹底

　この項では民事介入暴力事件の受任に当たっての留意点を述べるが、いずれも通常事件において留意すべき基本事項とほとんど異なるところはない。しかし、これら基本事項の妥協なき徹底的な実践が、民事介入暴力事件を受任する上で極めて重要であるので、改めて確認をされたい。

2 相談時の留意点

　ア 相談者との関係構築の重要性

　まず、民事介入暴力事件の処理に当たっては相談者との信頼関係の構築が極めて重要である。

　相談者は相手方と明確に敵対することとなる法的手続の着手に躊躇を覚える場合が少なくない。また、法的手続の必要性を理解していったん事件処理に着手しても、その後に決意が揺れ動く場合もある。

　そこで、相談を受けた弁護士は、相談者の目線で親身に話を聞き、相談者の心境を十分に理解した上で、民事介入暴力事件は法的手続によって終局的解決を図るべきものであること、相手方の土俵によって解決を図るのではなく、法的手続という衆人環視の手続にのせること自体が相手方に対する牽制になること、報復行為は相手方にとって何のメリットもないこと、警察に対する相談も実施することによって必要な保護を受けることができること、泣き寝入りは相手方を助長させる結果を招くこと等を伝え、法的手続による解決の重要性・安全性を粘り強く説明し、相談者との間に強い信頼関係を構築しておくことが重要である。

　イ 徹底した事情聴取の重要性

第1編　総　論

　相談者からの事情聴取は徹底的に妥協なく行い、曖昧な点は残さない。
　民事介入暴力事件の処理に当たって最大の拠り所になるのは「法律」であり、それを発動させる元となる「事実」である。したがって、事実を十分に固めることは、一般の事件にも増して重要といえ、そのための事情聴取を慎重に行う必要性は高い。
　他方で、民事介入暴力は、社会一般の感覚とはかけ離れた反社会的勢力特有の価値観・規範の下で進められるため、相談者から一連の事実経緯を聞いていても、一義的・合理的には事象を理解しにくい場合がある。相談者自身が正常な判断を行うことが難しい状況に陥っていることも少なくない。
　また、民事介入暴力事件においては、相手方から攻撃を受けることとなった原因について、相談者に一定の落ち度（何らかのミスをしたという落ち度、反社会的勢力と関わり合いを持ってしまった落ち度等）が存する場合も少なくなく、相談者が自己の落ち度に関する事実関係を正確に述べない場合も想定される。
　さらに、民事介入暴力事件の相談者の中には、自己が反社会的勢力ないしその協力者であることを秘し、敵対勢力との対応処理を依頼してくる者もいないわけではない。
　そのため、民事介入暴力事件における相談者からの事実聴取は一般の事件以上に慎重に行う必要があり、単に言葉の表面だけを聞いていくのではなく相談者が発する言葉の意味するところを正確に捕捉し、資料等によって丹念に裏を取り、ときには現場に赴くことによって自分の目で確かめることによって、事実関係を正確に把握することが必要になるのである。

　　ウ　根本的な問題解決のための包括的方針
　民事介入暴力事件の処理方針を立てるに当たっては、根源的な問題の所在を把握し、それを解決するために必要な法律要件を検討した上で、法的措置を中心とした包括的な方針を立てることが肝要である。周辺的状況を解決するに過ぎない方針や、小技に走るような方針は失敗の元である。

また、相談者側に一定の落ち度がある事案もあるが、その落ち度に基づく法的義務の内容・範囲を厳密に判断し、その範囲内の事項は履行するが、その余の部分は一切履行しないといったメリハリある方針を立てることで対応すれば足りる。

エ　その他の留意点

　先述した信頼関係構築の重要性や、後述する事情聴取の重要性に鑑みれば、相談は相談者本人と面談にて実施すべきであり、第三者を介した伝聞による相談や、電話・手紙・メールのみによる相談対応は避ける。また、聴取した内容や方針等についてはこまめに相談者に確認し、相談者とのより強固な信頼関係の構築に努める。

　また、民事介入暴力の被害に遭っている相談者からは早急な対応着手を求められることが多い。もちろん、民事介入暴力事件は迅速な処理を旨とすべきではあるが、拙速な事件着手は厳に慎むべきであり、あくまで納得がいくまで事実確認を行い、問題解決の方針を立てた上で事件着手する。

3　受任時の留意点

ア　委任範囲の明確化

　民事介入暴力事件を受任するに当たっては、上記で検討した対応方針に沿った委任範囲を定め、これを明確にしておくことが重要である。

　もちろん、事件処理の進展に伴って新たに対応が必要な事項が生ずる場合があるが、この場合には改めて正確に事象の問題点を抽出し、それを解決するための委任範囲を明確に確認しておくことが重要である。

　委任範囲の外延をあいまいなままにしておくと、メリハリある事案処理ができなくなり、また相談者とのトラブルの原因になる可能性もある。

イ　共同受任

　弁護士にとって、民事介入暴力事件は現場仕事である。何よりもフットワークが要求される。したがって、事件ごとに複数の弁護士でチームを組んで受任することが多い。必要な人数は一定ではないが、事件類型ごとにある程度必要数は決まる。

第1編　総論

例えば、東京弁護士会の民事介入暴力被害者救済センター（電話番号：03―3581―3300、受付時間：月～金9：30～12：00、13：00～17：00）に相談のあった事件は、原則として複数の弁護士で受任することとなっている。

そして、共同受任をする場合には、一人ひとりの弁護士がそれぞれ独立して依頼者から委任を受けていることを強く自覚すべきであり、共同して受任した以上は決して「自分は名前を貸しているだけ」などというような意識は持ってはならない。一人ひとりの弁護士が、「自分ひとりでも事件を処理する」といった自覚を持ってこそ共同受任の効果が発揮でき、相手方に対して隙のない対応を行い得る。

4　速やかな法的措置

民事介入暴力事件の相手方は、自らの行為の不当性を自覚している。ゆえに、法的措置をとる（法的テーブルに乗せる）ことで、その思惑を断ち切ることができる。このように、民事介入暴力事件では、速やかに法的措置をとることが、事件解決への近道であることが多い。

5　裁判外交渉

ア　交渉の是非・要否

民事介入暴力事件では、早期に法的措置をとる（法的なテーブルに乗せる）ことが原則であるが、それは法的手続に先立つ交渉を一切否定する趣旨ではない。事案の性質によっては相手方と一定の交渉をもつことになる事案も当然あり得る。

しかし、交渉をもつかもたないかは、依頼者及び弁護士の主体的な判断によって決すべき事柄であり、相手方の要求のみによって交渉をもつべきではない。

特に、依頼者が法的手続外での交渉による解決を希望するような場合もあるが、弁護士としては、上記の相手方の行動原理を踏まえ、そのような姿勢での交渉が有害無益であると判断される場合には、そのことをよく説明して理解を得る。「交渉による解決」への過度な期待は禁物である。

イ　交渉の際の留意点

事前準備として、依頼者から事実関係をよく聴き取り、事実関係を十分に把握した上で、相手方の言い分とそれに対する当方の対応、反論等について、法的根拠を検討しておく必要がある。

直接面談して交渉する場合には、場所は弁護士会あるいは弁護士事務所等、交渉当事者以外の第三者の目がある場所が望ましく、時間は業務時間内に複数で対応する。当方の意に沿わない面談条件であれば別段面談に応じる必要もなく、法的措置の準備を淡々と進めればよい。

交渉の現場では、はじめに相手方が何者であるかを確認し、予め交渉の終了時間（こちらの都合で一方的に決めて構わない）を告げておく。交渉の内容を証拠化するため、録画、録音等も有効である。

交渉の内容としては、相手方に対し、法的解決のための交渉であること、交渉が決裂した場合には速やかに法的手続を行うことを明確に告げる。冷静かつ毅然とした対応を貫き、法的に理由のない要求・要望は応じられないことを明確に伝え、些細なことでも妥協はせず、あいまいな回答もしない。

相手方が道義的責任を主張しても、その議論には乗らず、法的責任のみを問題とする。

Ⅱ　警察との連携

1　「民事不介入の原則」の正確な理解の必要性

民事介入暴力事件においては、相手方の暴力団員等が、自らの不当な要求を通すための手段として、恐喝罪、強要罪、威力業務妨害罪、名誉毀損罪、不動産侵奪罪、住居侵入罪、不退去罪等の犯罪行為に限りなく近い行為におよぶことが少なくない。これらの行為が、犯罪への該当性が明白なものであれば、警察の介入を招くこととなり、行為者は検挙され、結果として、不当要求も断念せざるを得なくなる。そのため、暴力団員等は、相手方に対する効果的な嫌がらせをしつつも、検挙は巧妙に免れようと、犯罪行為に限りなく近い行為におよぶのである。

第1編　総　論

　もっとも、民事介入暴力事件に際して、暴力団員等がこのような行為におよぶ場合、それが犯罪行為ではないからといって、警察の介入が一切認められない訳ではない。

　警察権の限界が語られるとき、その一つとして「民事不介入の原則」が挙げられる。この「民事不介入原則」の意義については「個人の財産権の行使・親族権の行使・民事上の契約などは個人間の私的関係たるに止まり、その権利の侵害・債務の不履行などに対する救済は、もっぱら司法権のつかさどるところで、警察権の関与すべき事項ではない」等と説明されている（田中二郎「新版行政法下巻全訂第二版」58頁以下）。

　確かに、個人の私的領域に属する権利関係についての紛争解決は裁判所の事務にほかならず、警察が責務とするところではないし、また、そうあるべきでもない。しかしながら、このことが警察による民事事件への介入は一切認められないなどという一般論を導くものではないことには留意を要する。

　警察法2条1項は、「警察は、個人の生命、身体及び財産の保護に任じ、犯罪の予防、鎮圧及び捜査、被疑者の逮捕、交通の取締その他公共の安全と秩序の維持に当ることをもつてその責務とする。」と規定しているところであり、暴力団員による犯罪的行為により公共の安全と秩序が害されることが懸念される場合には、それが犯罪行為ではないとしても、警察は自らの責務を果たすために、その行為の予防やこれにより生じる害悪の程度を軽減するために必要な活動を行うべきこととなる（民事介入暴力対策広島大会実行委員会編「民事不介入の原則の超克」15頁）。

　以上から明らかなように、「民事不介入の原則」が民事紛争の要素がある案件には警察は一切手出しができないかのような意味合いで使われるのは明らかに誤解である。不当要求を行う暴力団員等が「民事不介入の原則」を持ち出しても、これに惑わされることなく、警察が捜査の端緒を適確に把握して所要の捜査を遂げるのは当然のことであり、また、暴力団員等の行為が犯罪行為には到らないものであるとしても、暴力団対策法の適

用など可能な限りのあらゆる施策を講じて被害の防止、回復に努めていく必要がある。

　他方、民事介入暴力の被害者代理人となる弁護士の側においても「民事不介入の原則」を正しく理解する必要がある。警察には、犯罪について事案の真相を明らかにして事件を解決する責務があるが、それはあくまでも公的なものであり、その公的責務を超えて、相談者の私的利益を実現する責務があるわけではない。

　したがって、弁護士としても、依頼者から相談を受けた事案に相手方の犯罪行為が含まれると考えられる場合（将来において犯罪行為が行われる可能性があると考えられる場合を含む）において、依頼者の私的利益を実現するための道具として警察を利用することのないよう（警察にそのような誤解を受けることのないよう）十分に留意する必要がある。

　弁護士と警察の役割の違いをよく理解した上で、両者が効果的に連携することができれば、民事介入暴力事件を正しく解決するだけでなく、未然に予防することにもつながる。

2　管轄警察への相談

　依頼者から聴取した事実に相手方の犯罪行為が含まれる場合や、将来において犯罪行為が行われる可能性があると考えられる場合、または、犯罪を予防するために警察による警備を要すると考えられる場合には、依頼者とともに、管轄警察署に相談に行くべきである。犯罪結果を未然に防止することが期待できるにとどまらず、警察の関与によって依頼者に安心感を与えることも期待できる。

　このような相談は、警視庁本部でも受け付けられるが、緊急事態における警察官の現場への臨場を望む場合などには、依頼者の住所（事業者においては事業所の所在地）等、犯罪被害が発生した（被害が発生する可能性のある）場所を管轄する警察署に相談する方が、より実効的である。

　相手方が「民事不介入の原則」を楯にする可能性がある事案においては、警察への権利関係や背景事情の説明に時間を要する場合が少なくな

い。現に犯罪行為が発生してから110番通報をしても、予備知識なく駆け付けた警察官に対して、限られた時間に事案の真相を的確に説明して、相手方の「民事不介入の原則」との言い訳を崩すのは容易ではないこともある。犯罪行為が未だ発生していない場合であっても、まずは警察に相談に行き、権利関係や背景事情を説明し、また、実際に何らかの犯罪行為が行われた場合においてはどのような手順で警察に通報すれば迅速に対応してもらえるのかなどを予め打ち合せておくことが大事である。

なお、緊急を要する場合、警視庁組織犯罪対策第三課では「暴力ホットライン」(03—3580—2222)を設置し、暴力団などに関する情報を24時間態勢で受け付けているので、これを利用するとよい。

3 警察からの情報収集

ア 警察による情報提供

警察庁は、暴力団排除のための部外への情報提供に関して平成25年12月19日付「暴力団排除等のための部外への情報提供について」(警察庁丙組企分発第35号、丙組暴発第13号通達)(以下「平成25年通達」)という通達を発し、暴力団排除条例上、事業者等に対し、必要な支援を行うことが都道府県の責務として規定されていることを根拠として、部外の者にも暴力団員等にかかる情報について提供する取り組みを明らかにした。

もっとも、警察が取り扱う情報には個人情報や機微情報も含まれ、安易に開示されてしまうと対象者の社会生活への影響も大きいことから、提供する場合の要件を厳格にし、提供する情報の範囲を限定することにより対応することとしている。

イ 平成25年通達に基づく情報提供の方法

警察庁は平成25年通達において、暴力団排除等のための部外への情報提供のあり方・方法を定めている。この通達は都道府県警察の長にも宛てて発せられている。

a 根拠法令

平成25年通達においても、部外への情報提供については、行政機関の保

有する個人情報の保護に関する法律（平成15年5月30日法律第58号）、及び個人情報保護条例に従うものとされる。情報提供の相手方が行政機関以外の者であるときは、①法令の規定に基づく場合、②当該情報が暴力団排除等の公益目的の達成のために必要であり、かつ、警察からの情報提供によらなければ当該目的を達成することが困難な場合に提供されるものとし、厳格に取り扱われる。

   b 提供対象事例

　平成25年通達は、警察が保有する暴力団に関する情報を警察の外部に提供する場面を列挙している。具体的には、

① 　暴力団犯罪の被害者の被害回復訴訟において組長等の使用者責任を追及する場合や暴力団事務所撤去等、暴力団を実質的な相手方とする訴訟を支援する場合

② 　「債権管理回収業に関する特別措置法」や「廃棄物の処理及び清掃に関する法律」のように提供することができる情報の内容及びその手続が法令により定められている場合、または他の行政機関、地方公共団体若しくは暴力団排除を目的として組織された事業者団体その他これに準ずる者との間で暴力団排除を目的として暴力団情報の提供に関する申し合わせ等が締結されている場合

③ 　前記①②以外の場合には条例上の義務履行の支援に資する場合その他の法令の規定に基づく場合、暴力団による犯罪・暴力的要求行為等による被害の防止または回復に資する場合、暴力団の組織の維持または拡大への打撃に資する場合

に、それぞれ可能な範囲内で積極的に情報を提供することとされている。

   c 提供を受けることができる情報の範囲

　平成25年通達では、警察から提供される情報の範囲についても、規定されている。

   （ア）提供される情報の内容

　例えば、事業者等による条例上の義務履行の支援に資する場合には、契

約の相手方等が条例に規定された規制対象者の属性のいずれかに該当する旨の情報の提供を受けることができる。具体的には、対象者が暴力団員に該当するか否かの情報が提供される。

暴力団による犯罪・暴力的要求行為等による被害の防止又は回復に資する場合や、暴力団の組織の維持又は拡大への打撃に資する場合には、これらの目的の実現可能性及び情報の機微性の高低に鑑み、①まず、個人情報以外の情報の提供によって目的を達成することができる場合には、暴力団の義理かけが行われるおそれがある情報、暴力団が特定の場所を事務所としている情報など暴力団の活動の実態についての情報が提供される。②次に、前述のような活動実態の情報だけでは、目的を達成できない場合には、暴力団員等への該当性に関する情報が提供される。③さらに、慎重に検討しても、暴力団員等への該当性にかかる情報だけでは、公益を実現することができず、その実現のために必要であると認められる場合には、詳細な個人情報を提供するものとされている。なお、前科・前歴情報については、そのまま提供することはなく、被害者の安全確保のために特に必要があると認められる場合に限り、過去の犯罪の態様等の情報を提供するものとされている。

　　　（イ）属性ごとの留意点

暴力団員以外の反社会的勢力への該当性については、対象者と暴力団との関係性や対象者の行動、交遊関係等の事実関係を踏まえて当該属性に該当するかを検討して判断され、一定の評価的要素を含むことから、提供する情報の内容や情報提供の態様について非常に厳格かつ慎重な姿勢を示している。

　　　　①　準構成員

準構成員については、現に暴力団又は暴力団員の一定の統制下にあることなどを確認したうえで情報提供の可否を判断することとされている。

　　　　②　元暴力団員

元暴力団員については、更生意欲を有している者の更生を阻害すること

のないよう、過去に暴力団員であったことが法律上の欠格要件となっている場合や、現状が準構成員、共生者、暴力団員と社会的に非難されるべき関係にある者とみなすことができる場合は格別、そうでない場合には、過去に暴力団に所属していたという事実だけをもって情報提供をしないこととされている。

③ 共生者

共生者については、暴力団への利益供与の実態、暴力団の利用実態等共生関係を示す具体的な内容を十分に確認した上で、具体的事案ごとに情報提供の可否を判断することとされている。

④ 暴力団員と社会的に非難されるべき関係にある者

暴力団員と社会的に非難されるべき関係には、様々な態様が考えられることから、当該対象者と暴力団員とが関係を有するに至った原因、当該対象者が相手方を暴力団員であると知った時期やその後の対応、暴力団員との交際の内容の軽重等の事情に照らし、具体的事案ごとに情報提供の可否を判断する必要があり、暴力団員と交際しているといった事実だけをもって漫然と「暴力団員と社会的に非難されるべき関係にある者である」として情報提供をしないこととされている。

⑤ 総会屋及び社会運動等標ぼうゴロ

総会屋及び社会運動等標ぼうゴロについては、その活動の態様が様々であることから、漫然と「総会屋である」などと情報を提供せず、個別の事案に応じて、その活動の態様について十分な検討を行い、現に活動が行われているか確認した上で情報を提供することとされている。

⑥ 暴力団の支配下にある法人

暴力団の支配下にある法人については、その役員に暴力団員等がいることをもって漫然と「暴力団の支配下にある法人である」といった情報提供をするのではなく、役員等に占める暴力団員等の比率、当該法人の活動実態等についての十分な検討を行い、現に暴力団が当該法人を支配していると認められる場合に情報を提供することとされている。

第1編　総　論

d　照会方法
①　照会先

対象者の住所地・所在地あるいは被害者の住所地や事件発生地を所轄する各都道府県警察本部又は所轄警察署に対し照会をする。

②　持参するべき資料

警察への属性情報の照会に際しては、対象者を特定しなければならず、対象者を特定するに足りる資料（対象者が個人の場合には、住民票等の本人確認書類で氏名・住所・生年月日等が記載されている資料、対象者が会社の場合には、商業登記簿謄本や、代表者の氏名・住所・生年月日等が記載されている資料）を持参する必要がある。

また、対象者の情報がどのような目的を達成するために情報が必要なのかを説明する必要がある（情報提供の「必要性」）。前記イｂに列挙された事情が存在することを明らかにする資料を持参する。例えば、条例上の義務を履行するために情報提供を受ける場合には、当該取引の契約書その他関係書類を持参する必要がある。

さらに「警察からの情報提供によらなければ当該目的を達成することが困難な場合に行う」ものとされているように、可能な限り自らで対象者について調査をすることが求められていることから（情報提供の「補充性」）、警察への照会前に、できる限りの調査を尽くしたことを裏付ける資料を提示する。具体的には、自社データベースや所属する業界団体等からの情報提供による反社会的勢力該当性の有無を確認するとともに、営業担当者による調査報告書、検索サイトでの調査結果や報道等の公知情報、調査会社の調査結果をまとめた報告書などを提出し、対象者が、暴力団員等に該当するおそれがあると認識するに至った経緯を説明する必要がある。

③　情報管理体制

さらに、警察から提供を受ける情報の中には、前述のように機微性の高い事項も含まれており、照会者において、提供情報につき十分な管理体制が構築されている必要がある。平成25年通達においても、「提供された情

報の悪用・目的外利用を防止するための仕組みを確立している場合、提供に係る情報を他の目的に利用しない旨の誓約書を提出している場合、その他情報を適正に管理できると認められる場合に行うものとする」ことが明記されており、照会者が情報管理をどのように行っているかを示す資料を開示し、警察からの求めに応じ目的外利用をしないことや第三者に開示・漏洩しないよう適切に情報を管理する旨の誓約書を提出する必要がある。

　　　e　回答方法

　原則として、口頭で回答される。したがって、照会者において、回答をした警察署、警察の担当者の氏名、回答内容をまとめた報告書を作成し、記録に残しておくようにする必要がある。情報提供の相手方に守秘義務がある場合等、情報の適正な管理のために必要な仕組みが整備されていると認められるときは、例外的に文書による回答がなされることがある。

　　ウ　弁護士会照会

　警察から情報提供を受ける方法として、前記の通達に基づくほか、弁護士会照会手続（弁護士法23の2）による方法も考えられる。

　弁護士会照会手続の方法によるか、25年通達の方法によるかについては、提供を受けようとする情報について、いずれの手続によれば提供を行うことが可能か、どのような内容の照会を行うか等について、あらかじめ照会先の警察と協議の上、手続を選択する。

　4　警察への協力依頼

　　ア　現場への臨場と関係者の保護

　　　a　現場への臨場、警備

　事前に反社会的勢力である相手方と面会することが決まっている場合や相手方から「訪問する」との連絡があった場合など直接相手方と折衝する場合には、警察に事情、経緯を説明して、現場に臨場し、警備等をしてもらうことを検討する。

　また、株主総会において総会屋が出席することが予想される場合にも、臨場を依頼することを検討する。警備に多くの警察官が動員される大きな

イベントと日程が重なる場合には、臨場することが困難になることもあり得るので、できる限り早い段階で相談するとよい。警察官が臨場していると、脅迫的言辞が取られた場合など犯罪行為が為された場合に現行犯逮捕されることから、相手方の粗暴な言動を抑制することができ、ひいては関係者の生命・身体の安全を確保することに資する。

さらに、例えば、民事執行手続においては、執行を円滑に行えるように、執行官は、職務の執行に際し抵抗を受けるときは、その抵抗を排除するために、警察上の援助を求めることができることが法定されている（民執法6Ⅰ本文）。警察の援助を求めることができる直接の主体は執行官であるので、申立債権者代理人としては、執行官が職務の執行に際し抵抗を受ける可能性があると考える場合、執行申立てと同時に、執行官に対し、警察の援助を求めることを促す上申書を提出するとともに、執行現場の所轄警察署に対してもあらかじめ事情説明を行い、執行妨害を防止するために執行現場への臨場を依頼するようにする。

　　b　犯罪行為の通報

実際に、何らかの犯罪行為が行われた場合、あるいは何らかの犯罪行為に発展するおそれがある不当要求行為が行われた場合、事前の打ち合わせに基づき、直ちに110番通報ないし、現場への臨場を要請する。事前に相談をしておけば、通報時に警察の迅速な対応が期待できる。

警察官が現場に臨場しても、必ずしもその場では検挙に至らないことがある。それでも相手方の不当要求行為をそれ以上具体化させることなく止めることができるし、不当要求行為にも屈しない意思が明確に伝わり、検挙リスクを避けたい不当要求者への抑止力も働くので、警察への通報は積極的に行う。

　　c　関係者の保護

暴力団員等が関係者に危害を加えるおそれがある場合には、警察に保護対策を依頼することも検討する。

特に、①相手方が特定危険指定暴力団に所属している場合、②関係遮断

により相手方が被る損害が大きい場合、③個人的に密接な関係があった場合、④相手方に挑発的な態度をとった場合には、相手方が危害を加える危険性が相対的に高まる。

警察庁は、平成23年12月22日付で「保護対策実施要綱の制定について」（警察庁乙刑発第11号、乙官発第18号、乙生発第11号、乙交発第11号、乙備発第12号、乙情発第11号）という通達を発し、各都道府県警察は関係者の生命・身体の安全を確保するために、申し出があれば、保護措置をとるものとされている。関連事件が刑事事件化しているのであれば、当該事案を取り扱う所轄警察署に相談に訪れ、保護対策をとるよう依頼することもできる。

暴力団による犯罪被害者とその関係者、暴力団排除活動関係者、暴力団等との取引、交際その他の関係遮断を図る企業等の関係者等が保護対策の対象となり、暴力団等から危害を受けるおそれのあるものと認められると保護対象者として指定を受ける。

保護対策の依頼を受けて、警察が保護対象者を指定すると、保護対象者の危険度に応じて、警察官による自宅周辺のパトロールの強化、警察に対する緊急通報装置の自宅への設置、身辺の警護等の措置を講じてもらうことができる。

また、警察において保護対策計画の策定をするので、保護体制の構築後に、関係遮断や契約解除等の処理を行い、警察との連携を密に図り、不審な事態が生じた場合には、警察に連絡する。

　イ　立証の協力

対象者の属性が争点となった場合には、属性を認定するうえで警察からの情報は有力な証拠となる。平成25年通達においても、「情報の内容及び情報提供の正当性に付いて警察が立証する責任を負わなければならないとの認識を持つこと」と記載されている。

例えば、警察から情報提供を受ける際に、条例上の義務履行のために、相手方が暴力団員に該当することを理由として取引を解除したものの、相

手方がその属性を争ってきた場合、警察から正当な方法で暴力団員該当性にかかる情報を得たこと自体が、相手方が暴力団員に該当することを立証するうえでの有力な間接事実となる。そこで、実際に裁判になった場合に備え、属性情報の照会に際しては、将来的に書面の提出や証人尋問等の立証協力を依頼することがあり得る旨を説明し、立証協力の必要性について理解が得られるよう協議しておくことも重要である。

5 被害申告・告訴など

ア 被害申告・告訴の意義

相手方の暴力団員の不当要求に伴う行為が何らかの犯罪行為に該当する場合であれば、被害届の提出や告訴するなどして刑事事件化することを検討すべきである。また、犯罪行為には該当しないとしても、行為主体が指定暴力団の構成員であり、その行為が暴力団対策法において禁止されている暴力的要求行為（暴対法9各号）に該当する場合であれば、中止命令の発令を警察に申し出ることまで検討すべきである（暴対法11Ⅰによれば、中止命令の主体は公安委員会とされているが、暴対法42Ⅲにおいて警察署長への事務委任が認められている。）。

報復をおそれずに刑事事件化や中止命令の申出を躊躇しない姿勢を示すことにより、不当要求には応じないという当方の確たる覚悟を相手方も理解するところとなり、また、相手方自身が検挙されるリスクを具体的に知らしめることにもなる。暴力団員の不当要求なども、暴力団員にとっては、いわばビジネスであり、そこでは彼らなりの経済合理性が働いている。すなわち、暴力団員は基本的には得られる利益と負担するリスクを天秤に掛けながら活動しているのであり、利益が得られる可能性は乏しいことを認識し、検挙リスクが具体的に顕在化してくるようになると、暴力団員としても利益の奪取を断念することを余儀なくされることになる。つまり、刑事事件化や中止命令の申し出は、一気に事態を収束させる契機となり得る。

また、被害申告や告訴を受理した警察が、積極的に関与するようになれ

ば、依頼者にとって大きな安心材料となることは言うまでもない。

　　イ　被害申告・告訴に際する留意点
　警察の捜査資源も無限ではなく、むしろ数多の事件を限られた捜査員で対応しているというのが実情である。よって、警察の捜査においても当然にプライオリティは生じているのであり、告訴にかかる犯罪事実について捜査の必要性や検挙可能性が乏しいと判断されてしまうようことがあれば、告訴の受理に到らないことも十分あり得る。そこで、告訴に際しては、告訴に係る犯罪事実を六何の原則（何時・何処で・何人が・何を・何故に・如何にして）に基づいて明確に特定することに努め、また、可能な限りの証拠を添えて、犯罪性と立証可能性が警察にとって解りやすい内容に告訴状を仕上げる必要がある。また、事件が複雑である場合には、事件を複雑にしている要素（事実関係、法律関係、登場人物の人間関係等）を解りやすく紐解き、それを図示した簡単なメモを用意した上で事件相談を実施しておくと、警察においても事件概要の把握が容易となり、速やかな告訴の受理に繋がることが期待できる。

　また、刑事事件化に際しては、将来的に依頼者や依頼者が法人であればその役職員が刑事訴訟において証人とされる可能性がある点にも留意が必要である。暴力団員が被告人である刑事事件への関与自体、通常の一般人にとっては、暴力団関係者から不当な働きかけを受けるのではといった不安に苛まれるなど、その精神的負担は小さくない。まして自らその公判に出頭して暴力団員に不利な証言を行おうとする場合などは、暴力団関係者による報復に強い不安を覚え、極度のストレスに苛まれることは想像に難くない。従って、刑事事件化をするに際しては、このリスクについても検討し、依頼者やその役職員が証人となる可能性が否定できない場合には、その点について事前に十分な説明をしておく必要がある。そして、実際に証人となるような場合には、警察に対する保護対策依頼に加え、自宅に警備員を配置する、ＧＰＳを用いた携帯用セキュリティ端末を所持させるなど、精神的な不安への手当を尽くしておくべきである。なお、証人の精神

的負担の緩和策については、刑事訴訟法においても手当されているところであり、証人が著しい不安や緊張を覚えるおそれがあると認められる場合には証言中に適切な付添人を付することや（刑訴法157の2Ⅰ）、証人が被告人の面前で証言する際に圧迫を受けて精神の平穏を害されるおそれがあると認められる場合には、証人と被告人や傍聴人との間に遮蔽措置をとる（刑訴法157の3）といった制度が用意されている。この遮蔽措置などは暴力団関係者を被告人とする公判において実際によく利用されているところであり、証人は被告人や傍聴席の暴力団関係者の目に一切触れることなく証言を終えることができている。証人となる、またはなり得る者に対しては、このような制度についてよく説明しておくことも精神的な負担への手当策としても重要である。

6　事件終了時の報告

交渉や法的手続により事件の終了に至ったときは、協力へのお礼を兼ねて警察に報告に行く。警察に相談する案件のうち、実際に犯罪が行われ、被害者の検挙に至るケースはそれほど多くない。そのような大部分のケースでは、警察としても相談を受け付けた案件がどのように解決したかについて、必ずしも十分に理解していないことがある。

依頼者の了解を得て判決文や強制執行調書の写しなどを警察の担当者に参考資料として交付することで、不当要求者の言い分が民事手続においても適切に排除されて依頼者の正当な権利が実現したことを報告すれば、警察における民事手続への理解を深めてもらうことも期待できる。

7　弁護士業務妨害への備え

ア　民事介入暴力案件を受任する際の注意点

弁護士であっても、暴力団関係者から危害を加えられることがあり得る。また、身体の安全を害されないまでも、何らかの業務妨害行為がなされることを想定しておくべきであり、暴力団関係者と交渉する場面、暴力団関係者が事務所に押しかけてきた場面、脅迫的言辞等が取られた場面などを具体的な場面を想定して十分なシミュレーション、準備をしたうえで

事件に着手するべきである。

　民事介入暴力案件を受任する場合には、複数で受任し、業務妨害等のターゲットを絞らせないようにすることが基本的な対応となる。また、暴力団関係者との交渉が円満に進まない場合には、速やかに法的手続をとるべきである。裁判所など公的な第三者機関を利用し、相手方を衆人環視のもとにおくことで、粗暴な行動等を抑止することができるからである。更に、違法行為が現実に行われ、またそのような行為がなされることが予測できる場合には、予め警察に相談し、必要に応じて前述のような臨場を要請できる体制を敷いておくべきであろう。

　このように弁護士と暴力団関係者が1対1あるいは1対多数となる状況を極力少なくし、裁判所や警察等を活用し、連携して多数で暴力団関係者に対処する環境を作るように心がけるべきである。

　　イ　日常からの備え
　　　a　セキュリティの確保
　事務所を常時施錠し、ＴＶカメラ付きのインターホンを設置して、来訪者を目で確認してから、事務所内に招くようにする。室内をモニターで監視できる打合せ室を1部屋設置しておけば、事務所で交渉等を行う場合に、業務妨害行為等の抑止にもなり、また実際に相手方の行動を監視することもできるので、粗暴な言動を抑止することに資するし、何か生じた場合にも、迅速な対応ができる。

　　　b　アポイントメントの徹底
　相手方とはアポイントメントなくして会わないということを徹底することも重要である。アポイントメントを取ったうえで、面会をすれば、事前に安全対策を講じることができ、被害を回避し又は最小限に食い止めるのに資する。

　アポイントメントなく押しかけてきた場合や、突然「今から事務所に行く」などと脅してきたような場合でも、毅然とした態度で断り、退去を求め、事務所内に入れないようにする。これらは相手方が弁護士にプレッ

シャーを掛けて動揺させるなどして目的を達成させるための手段であり、相手方の策にのらないよう留意する。

  c 情報共有

また、弁護士の行動予定や来客予定を事務所の他のメンバーが把握しておくようにし、民事介入暴力案件等相手方に暴力団関係者がいる案件を受任した場合には、事務所員に周知し、来客対応や電話対応についてマニュアルを作成し、あるいは具体的な指示を与えておくなど、所内での情報共有を図ることも必要である。

  d 面会時の留意点

面会をする場合には、できるだけ人の出入りの多い暴力団関係者を事務所に呼んで交渉等をする場合に、弁護士が入り口に近い席に座ること、机上にできる限り物を置かないようにすることなども、危害を加えられないようにするために必要な対応である。

  e 警察との連携

指定暴力団の組長を相手に訴訟をする場合や、事案により弁護士に対する攻撃的言動がなされる場合には、弁護士業務妨害に備えた警備要請を検討する。具体的なリスクが生じることが考えられる場合には、必要に応じて事務所所在地や自宅を管轄する警察署にも相談に行くなどして、緊急時に直ちに連絡できる連携体制をとるよう心がけるべきである。

第3章 暴力団対策法

Ⅰ 暴力団対策法概説

1 暴力団対策法の制定経緯

「暴力団員による不当な行為の防止等に関する法律」(以下、「暴力団対策法」という。)は、平成3年5月に制定され、同4年3月から施行された。

同法の最大の特徴は、これまで何らの法的規制もおよんでいなかった刑事犯罪に至らない程度の暴力的要求行為について、公安委員会によって指定された暴力団(指定暴力団)の構成員がこれらを行うことを禁止し、中止命令等の行政命令を発出することが可能となったことにある。

暴力団は、覚せい剤等の違法薬物の密売や賭博等の違法行為に加えて、自らの恐怖のイメージを悪用して、脅迫、恐喝、暴行などの刑事犯罪には至らない程度の不当な暴力的勢威を用いて、一般の市民生活・経済取引に介入して、不当な資金獲得活動を行ってきていた。

また、暴力団同士若しくは暴力団内部において、拳銃などを用いた対立抗争が度々起こり、暴力団事務所周辺の一般市民を巻き添えにするなど、一般市民に対して多大な危険を及ぼすようになっていた。

そこで、暴力団員の行う暴力的要求行為等について必要な規制を行い、および暴力団の対立抗争等による市民生活に対する危険を防止するために必要な措置を講ずるとともに、暴力団員の活動による被害の予防等に資するための民間の公益的団体の活動を促進する措置等を講ずることにより、市民生活の安全と平穏の確保を図り、もって国民の自由と権利を保護することを目的(暴対法1)として制定されたのが暴力団対策法である。

制定時の主な内容は以下のとおりである。

① 暴力団の定義を定める(暴対法2②)とともに、公安委員会によって指定された暴力団(指定暴力団。暴対法2③・3)について規制の対

象とすることとした。
② 民事介入暴力の典型である暴力的要求行為（暴対法2⑦）を禁止する（暴対法9）とともに、公安委員会による中止命令（暴対法11Ⅰ等）及び再発防止命令（暴対法11Ⅱ等）の制度を設けた。
③ 一般市民に対しては、指定暴力団員に対し、暴力的要求行為をすることを要求し、依頼し、又は唆すことを禁止した（暴対法10）。
④ 指定暴力団の対立抗争時における事務所使用を制限した（暴対法15）。
⑤ 指定暴力団への加入の強要等を禁止した（暴対法16以下）。
⑥ 公安委員会による被害回復の援助制度（暴対法13・14）や、都道府県及び全国暴力追放運動推進センターを指定する制度（暴対法32の2・3）を設けた。

平成26年8月現在、21団体が指定暴力団として指定されている。

2 暴力団被害者にとっての暴力団対策法

ア 被害者による手続関与が当然には予定されていない規定

暴力団対策法に定められた中止命令等の行政命令は、被害者から公安委員会（警察）への被害申告が端緒になることも実際には少なくないと思われるが、被害者による申立てが法律上の要件となっているわけではない。したがって、被害者による申立てがなくても中止命令等が発出されることはあり得るし、逆に、被害者が中止命令等の発出を求めたからといって当然に何らかの手続が開始される等の正式な効果はなく、中止命令等の発出に向けての適切な職権発動を促す意義を有するに止まる。

ただし、被害申告が端緒となって現実に中止命令が発出されれば、対象行為による被害が止まると考えられるのであるから、被害者の代理人となった場合には、中止命令の要件を充足するか否かという観点からの事実調査・証拠収集を行い、公安委員会（警察）に対して情報を提供して適切な職権発動を促すことも検討する。

イ 被害者による手続関与が可能な規定

第 3 章　暴力団対策法

　後述のとおり、平成16年改正・平成20年改正により、指定暴力団の代表者等の損害賠償責任の規定が設けられた。被害者から相談を受けた場合には、これらの規定の適用が可能か否か、および実際に代表者等の損害賠償責任を追及すべきか否かを検討する。

3　代表者等への損害賠償請求
　ア　対立抗争等に係る損害賠償責任（平成16年改正）
　　a　概　要
　指定暴力団の代表者等は、当該指定暴力団と他の指定暴力団との間に対立が生じ、これにより当該指定暴力団の指定暴力団員による暴力行為（凶器を使用するものに限る。）が発生した場合において、当該暴力行為により他人の生命、身体又は財産を侵害したときは、これによって生じた損害を賠償する責任を負う（暴対法31Ⅰ）。
　一の指定暴力団に所属する指定暴力団員の相互間に対立が生じ、これにより当該対立に係る集団に所属する指定暴力団員による暴力行為が発生した場合において、当該暴力行為により他人の生命、身体、又は財産を侵害したときも同様である（暴対法31Ⅱ）。

　　b　立法趣旨
　本改正法が施行された平成16年を基準に過去10年間の暴力団の対立抗争発生件数を見ると、その件数は合計76件にも上っていた。
　対立抗争等は、暴力団がその威力・威信の維持・拡大のため、代表者等の統制のもとに行われる組織的活動の典型である（この点に関し、最判平成16年11月12日民集58巻8号2078頁は、「組の威力を利用しての資金獲得活動に係る事業の執行と密接に関連する行為」と判示している。東京地判平成19年9月20日判時2000号54頁は、さらに踏み込んで、「威力・威信の維持拡大活動も暴力団にとっての事業というべきであり」と判示している。）。
　そこで、対立抗争等に伴う指定暴力団の暴力行為についての代表者等の損害賠償責任を認めることで、被害者救済の充実を図るとともに、暴力団から収益をはく奪する、対立抗争を減少・短期化させる、さらにはその抑

止を図ること等を通じて、暴力団の弱体化・壊滅を目指すことを狙いとして本条が設けられた。

なお、本条による代表者等の責任は無過失責任と解されている。

イ　威力利用資金獲得行為に係る損害賠償責任（平成20年改正）

a　概要

指定暴力団の代表者等は、当該指定暴力団の指定暴力団員が威力利用資金獲得行為（当該指定暴力団の威力を利用して生計の維持、財産の形成若しくは事業の遂行のための資金を得、又は当該資金を得るために必要な地位を得る行為をいう。）を行うについて他人の生命、身体又は財産を侵害したときは、これによって生じた損害を賠償する責任を負う（暴対法31の2本文）。

b　立法趣旨

前述の平成16年改正において、対立抗争等に伴う指定暴力団の暴力行為についての代表者等の損害賠償に関する規定が整備され、これにより対立抗争の減少・短期化の傾向が顕著となった。

他方、暴力団の資金獲得活動に目を向けた場合、本改正法が施行された平成20年を基準に過去4年間の暴力団の対立抗争発生件数を見ると、指定暴力団員の暴力的要求行為に係る中止命令の件数自体は減少しているものの、総件数に占める暴力的要求行為の割合は64.9％から66.1％に増加しており、国民の生命や財産に深刻な被害が生じていた。

こうした被害について民事手続によりその回復を図る場合、直接の加害者である末端の指定暴力団員に対して損害賠償請求をしても、上納金の納付によりもはや賠償資力がなく、十分な被害回復が行われないおそれがある。

一方、民法715条1項（使用者責任）の規定を適用して、より賠償資力の見込まれる当該指定暴力団の代表者等の損害賠償責任を追及する場合には、被害者側において、いわゆる事業性、使用者性及び事業執行性について主張・立証する必要があるが、このためには、当該指定暴力団内部の組織形態、意思決定過程、代表者等による内部統制の状況、上納金の徴収シ

ステム等を具体的に解明することが必要となる。しかしこれらの点を具体的に解明することは、警察の支援があっても、なお困難を伴う。

そこで、被害者側の立証負担の軽減を図るとともに、暴力団の組織中枢に経済的な打撃を加え、もって暴力団の弱体化・壊滅に拍車をかけることを目的に、本条が新設された。

　　c　要　件
① 　請求の相手方が代表者等である指定暴力団の指定暴力団員によって、当該不法行為が行われたものであること
② 　当該不法行為が、威力利用資金獲得行為（当該指定暴力団の威力を利用して生計の維持、財産の形成若しくは事業の遂行のための資金を得、又は当該資金を得るために必要な地位を得る行為）を行うについて行われたものであること
③ 　当該損害が、当該不法行為により生じたものであること

　　d　免責事由（暴対法31の2但書）
① 　末端の組員が行った威力利用資金獲得行為により、代表者等が利益を受ける可能性の全くない場合（例：上納金システムがない場合）
② 　当該指定暴力団の指定暴力団員以外の者が専ら自己の利益を図る目的で当該指定暴力団員に対し強要し、かつ、当該威力利用資金獲得行為が行われたことにつき代表者等が全く予見できない場合

もっとも、実際にはこれらの要件を充足するケースはほとんどないと考えられている。

4　適格団体訴訟制度（平成24年改正）
　ア　概　要
　暴力団対策法の規定により認定された都道府県暴力追放運動推進センター（適格都道府県センター）は、当該都道府県の区域内に在る指定暴力団等の事務所の使用により付近住民等の生活の平穏又は業務の遂行の平穏が害されることを防止するための事業を行う場合において、当該付近住民等で、当該事務所の使用によりその生活の平穏又は業務の遂行の平穏が違

法に害されていることを理由として当該事務所の使用及びこれに付随する行為の差止めの請求をしようとするものから委託を受けたときは、当該委託をした者のために自己の名をもって、当該請求に関する一切の裁判上又は裁判外の行為をする権限を有する（暴対法32の4）。

イ　立法趣旨

　暴力団は、その活動拠点として組事務所を構えているが、多くの構成員が恐喝、脅迫、傷害、強盗等の罪で検挙されており、文字どおり暴力性の高い犯罪行為を敢行する強い傾向が見て取れる。特に、暴力団同士の対立抗争時には、暴力団事務所は相手方からの攻撃対象となるために、周辺住民等の不安や危険は格段に増大する。

　こうした状況を受けて、これまで、暴力団の活動拠点としての組事務所の周辺住民等が、平穏な日常生活を営む権利が侵害されているとして、人格権の侵害を理由とする組事務所の使用差止め等を求める民事裁判（仮処分を含む。）を提起してきた。

　しかし、こうした裁判は、暴力団にとっては活動の拠点を失うことにつながるので、暴力団が組織を挙げてこれを妨害する契機が生まれ、そのために原告となる周辺住民等は生命や身体の大きな危険に晒されることになる。とりわけ、裁判を提起する際の先導役となる人物や運動の中心的な人物については、そうした危険がより深刻かつ具体的に生ずる。実際に、これまでにも、原告の弁護団長が暴力団関係者によって刺傷された事件（浜松・一力一家事件）、訴訟を準備していた周辺住民の中心人物が刺傷された事件（鹿児島・松同組事件）等が発生している。

　暴力団組事務所の存在により、周辺住民等が深刻な権利の侵害を受けているにもかかわらず、こうした生命や身体に具体的な危険がおよぶ公益性のある役目について、一般市民である周辺住民等のみが負担を担っている現状は、国家における権利救済の制度のあり方として相当ではないことから、本制度が新設された。

Ⅱ 暴力団対策法の改正経緯

1 経　緯

　暴力団対策法は、平成5年、平成9年、平成16年、平成20年の改正を経て、平成24年8月に改正された。

2 平成24年改正

ア 主な改正点

　平成24年改正（同年10月30日施行、⑦のみ平成25年1月30日施行）における主な改正点は次のとおりである。
① 　特定指定暴力団に関する規定の新設（暴対法15の2、30の8等）
② 　暴力的要求行為の規制範囲の拡大（暴対法9）
③ 　準暴力的要求行為の規制の対象者の拡大（暴対法12の5）
④ 　縄張での用心棒行為等を規制（暴対法30の6）
⑤ 　国及び地方公共団体並びに事業者の責務に関する規定の新設（暴対法32、32の2）
⑥ 　罰則の引き上げ（暴対法46～51）
⑦ 　都道府県暴力追放運動推進センターによる暴力団事務所使用差止請求制度の導入（暴対法32の4）（前記Ⅰ「4　適格団体訴訟制度」参照）

イ 特定指定暴力団に関する規定の新設

a 特定抗争指定暴力団

　暴力団の対立抗争においては、組事務所以外の場所でも凶器を使用した暴力行為が敢行されることから、市民生活への危険を防止するため、特定抗争指定暴力団の規定が新設された。

　「特定抗争指定暴力団」とは、①指定暴力団の間で対立抗争が発生した場合において、凶器を使用した暴力行為が人の生命・身体に重大な危害を加える方法によるものであり、かつ、②当該対立抗争に係る暴力行為により更に人の生命・身体に重大な危害が加えられるおそれがあるときに、公安委員会が当該対立抗争に係る指定暴力団等を指定するものであり、3か

月以内の指定期間及び警戒区域を定める（暴対法15の２Ⅰ）。

特定抗争指定暴力団の暴力団員は、警戒区域内において、一定の行為（組事務所の新たな設置、対立抗争相手の指定暴力団員へのつきまとい、多数での集合、自己の所属する暴力団の組事務所への立ち入り等）をすることが禁止され（暴対法15の３）、違反した場合には、中止命令等を経ずに罰則が適用される（直罰規定、暴対法46②）。

　　b　特定危険指定暴力団

近年、暴力団との関係の遮断を図った事業者に対して暴力団員が報復として危険な暴力行為を行う事案が発生していることを踏まえ、暴力的要求行為等に伴う暴力行為による市民への危険を防止するため、特定危険指定暴力団の規定が新設された。

「特定危険指定暴力団」とは、①指定暴力団の暴力団員によって暴力的要求行為等が行われた場合、②指定暴力団員等が当該行為に関連して凶器を使用して人の生命・身体に重大な危害を加える方法による暴力行為を行ったと認められ、かつ、③更に反復して同様の暴力行為を行うおそれがあるときに、公安委員会が当該指定暴力団を指定するものであり、１年を超えない範囲内の指定期間、及び、警戒区域を定める（暴対法30の８）。

特定危険指定暴力団の暴力団員は、警戒区域内において、又は、警戒区域内の人の生活等に関して、①暴力的要求行為等をすること、②暴力的要求行為を行う目的で、面会の要求、電話や電子メール送信、つきまとい等をすることが禁止される（暴対法30の９）。これらに違反した場合は中止命令等の対象となり（暴対法30の10）、①に違反した場合は罰則も適用される（直罰規定、暴対法46③）。

　　ウ　暴力的要求行為の規制範囲の拡大

暴力的要求行為は、６つの行為が追加されて、合計27行為となった。暴力団員との取引を拒絶した事業者に対して、暴力団員がさらに威力を示して取引を要求する実態があることを踏まえ、事業者を保護する趣旨である。具体的には、①金融機関に対する、預金等の受け入れの要求、②宅地

建物取引業者に対する、宅地等の売買等の要求、③宅地建物取引業者以外の者に対する、宅地等の売買等の要求、④建設業者に対する、建設工事を行うことの要求、⑤暴力団の示威行事の用に供されるおそれが大きい施設の管理者に対する、当該施設の利用の要求、⑥人に対する、入札に参加しないこと等のみだりな要求が追加された（暴対法9⑫⑮⑯⑰⑱㉕）。

第2編
暴力団の排除と被害回復

第1章　暴力団事務所等の排除

Ⅰ　手続方法の選択

1　暴力団事務所等の現状

　暴力団事務所等は、周辺住民らの生命・身体に危険をおよぼす可能性があり、又、恐怖感等で日常生活にすら支障を生じさせる存在であるから、その排除、追い出しは極めて重大な事柄である。

　暴力団事務所等を排除するためには、その形態に応じて取るべき手続が異なってくるが、概ね、賃貸型と所有型、所有型については区分所有型と戸建型に分けて検討することが便宜である。

　なお、近時の傾向としては、暴力団の構成員が自ら賃借人ないし所有者となる場合は少なく、構成員以外の自然人や暴力団関係企業が賃貸借契約を締結したり、所有権を取得したりする場合が多くなっている。また、賃貸型と所有型という観点からすると、以前は賃貸型の暴力団事務所等も多かったが、近年は所有型で暴力団事務所等を確保する傾向にあるようである。

2　取り得る手続の概要

　ア　人格権に基づく暴力団事務所等使用差止請求

　　a　概　要

　一般的に、何人にも生命・身体・財産等を侵されることなく平穏な日常生活を営む自由ないし権利（人格権）があり、この人格権が受忍限度を超えて違法に侵害されたり、又は侵害されるおそれがある場合には、その被害者は、加害者に対し、人格権に基づいて、現に行われている侵害を排除し、又は将来の侵害を予防するため、その行為の差止め、又はその原因の除去を請求することができるとされている。

　暴力団事務所等は、このような意味においての近隣住民の人格権に基づ

く暴力団事務所等の使用差止請求が裁判実務上認められている。

　具体的には、暴力団事務所等から数十メートル内ないし数百メートル内において居住し、あるいは店舗等を経営する近隣住民（他の区分所有者、賃貸人も含む）、若しくは暴力団事務所等に近接する道路を日常的に通行する必要がある者につき、人格権侵害が認められる。

　それぞれの形態に応じて検討して見ると、戸建型の場合には、契約関係もなく、区分所有法も使えないので、人格権に基づく暴力団事務所等使用差止請求を選択することになる。賃貸型の場合、契約解除の意思表示の主体は賃貸人であり、所有権に基づく明渡請求の主体は建物の所有権者であるから、賃貸人や所有権者が解除、明渡請求をすることに消極的であれば、これらの方法は取り得ないことになるが、人格権に基づく使用差止めであれば、主体が賃貸人や所有者に限られないので、人格権に基づく使用差止めを検討することになる。

　また、区分所有型の場合にも、管理組合の臨時総会決議を経る必要がないという点で利用価値がある。具体的な方法としては、暴力団事務所等使用差止仮処分を申立てた後、本案を提起することになる。

　平成24年暴対法改正により、適格団体訴訟制度が利用できるようになったことが極めて重要である（暴対法32の4）。この制度については、本章Ⅱ2で詳述する。

　　　b　メリット
① 　この手続の主体となるのは人格権を侵害された近隣住民である。理論的には1人でも可能であるが、通常は多くの近隣住民を巻き込み、一体となって暴力団事務所等の排除を進めることができる。
② 　賃貸型、所有型問わず利用できる。
③ 　適格団体訴訟（後述50ページ）を利用できる。
④ 　区分所有型の場合、管理組合総会決議がなされていない段階でも、一部の住民により仮処分申立てが可能であり、早期に法的手続に着手できる。また、仮処分申立てが認められると、その後に管理組合総会

決議を得やすくなるという効果がある。

c　デメリット

① 理論的には一人でも可能ではあるが、通常は複数の近隣住民が主体となるため、賃貸借契約終了や所有権に基づく明渡請求に比べると、準備期間が長くかかる。

② 区分所有型の場合に人格権構成で使用差止めを行うと、一部の区分所有者のみが矢面に立つこととなる（適格団体訴訟を利用しない場合）。

③ あくまで使用差止めに止まり、所有権を奪ったり、明渡しを求めたりすることはできない。

イ　区分所有法に基づく請求

a　概要

区分所有法により、共同の利益に反する行為の停止等の請求（区分所有法57）、使用禁止の請求（区分所有法58）、区分所有権の競売の請求（区分所有法59）、占有者に対する引渡し請求（区分所有法60）の方法が認められている。

なお、区分所有法60条は、ある区分所有者が所有物件を賃貸し、それが暴力団事務所等として使用されているような賃貸型の場合にも利用できる。

b　メリット

① この手続の主体若しくは中心的役割を担うのは管理組合であることから、多くの処分所有者や住民を巻き込み、一体となって暴力団事務所等の排除を進めることができる。このことの、暴力団に対する心理的圧力は大きく、とりわけ、区分所有者の4分の3もの居住者が同意しているという事実（区分所有法58ないし60）は、暴力団にとっても看過できない事情となると考えられる。

② 区分所有法59条の競売請求によれば、所有権を奪うという強力な効果がある。

③　管理規約に基づき、組員の立入や居住禁止を請求できる（区分所有法57）。

　　c　デメリット
① 　手続が厳格（区分所有法57については、区分所有者及び議決権の各過半数の賛成、同法58条ないし60条については区分所有者及び議決権の各4分の3以上の賛成が必要）である。
② 　管理組合の議決をなし、またその議決のための各居住者に対する説明・調整が必要となることから、早期に法的手続に乗せることが難しい。

　ウ　賃貸借契約の終了に基づく建物明渡請求
　　a　概　　要
　賃貸型の場合、まず、賃貸借契約の終了事由（解除事由）に基づき、建物明渡請求をすることになる。例えば、①賃料不払い、②賃借権の無断譲渡・転貸、③無断増改築、④用法違反、⑤危険行為条項違反、⑥暴力団排除条項違反などを理由として解除することが考えられる。

　法的手続の具体的な手順としては、まず占有移転禁止の仮処分申立てを行い、その後本案訴訟を提起する。早期の解決を図るためには、建物明渡断行の仮処分が有効な場合もあるので、あわせて検討してもよいであろう。

　　b　メリット
① 　手続の主体となるのは賃借人であるから、近隣住民の協力がなくとも、賃貸人が排除を望むのであれば、暴力団事務所等の排除が可能である。したがって、近隣住民の同意を得るために説明会を行ったりする必要がない分だけ仮処分の申立てや本案訴訟の提起のための準備期間が短くて済む。
② 　賃料不払いなど解除事由が明らかであるような場合には、特に早期の解決が見込まれる。

　　c　デメリット

① 賃貸人本人が暴力団事務所等の排除に消極的な場合には使えない。
3 手続選択のポイント

上記の手続のいずれを選択するかについては、上記の各手続のメリット、デメリットをよく検討する必要がある。

ア 人格権に基づく暴力団事務所等使用差止請求を選択すべき場合

人格権に基づく暴力団事務所等使用差止請求については、暴排条例の施行により暴力団排除の社会的機運は高まっており、かつ地域で暴力団を排除するということになれば、警察による積極的な援助も期待できる。

また、人格権に基づく暴力団事務所等使用差止請求は確立した判例理論となっており、かつその要件事実はかなり開かれたものであって、柔軟性に富むという利点がある。

他方で、近隣住民の意思をまとめていくことは必ずしも容易ではなく、人格権侵害の疎明ないし立証も、個々の近隣住民が置かれている状況に関する事実を丁寧に積み上げてなされるべきものである。留意が必要である。

また、区分所有型においては、区分所有法上要求されている、区分所有者及び議決権の各過半数や各4分の3以上の賛成が得られないような場合には、人格権に基づく暴力団事務所等使用差止請求を選択することになる。区分所有者及び議決権の各過半数や各4分の3以上の賛成が得られる見込みがある場合であっても、早期に法的手続に乗せることを目的として、排除に熱心な区分所有者何人かを債権者として人格権に基づく暴力団事務所等使用差止の仮処分を申立て、その後総会決議を経るという方法も考えられる。

イ 区分所有法に基づく請求を選択すべき場合

区分所有者及び議決権の各4分の3以上の賛成が見込まれる場合には、まずは、相手方の所有権や占有を奪うことのできる区分所有法59条や60条の手段を取ること（場合によっては、同法57条や58条の手段を併用することも考えられる）を検討すべきである。ただし、所有権を奪うことができる同

法59条の競売請求は、後述Ⅲ１ウのような問題点もあることに注意すべきである。

区分所有法59条や60条の手段を取ることが困難である場合には、同法57条や58条の各手段を検討することとなる。

　　ウ　賃貸借契約の終了に基づく建物明渡請求の選択

賃貸型の場合のみ選択できる。

賃貸型であっても、人格権に基づく使用差止請求は可能であるが、賃貸借契約終了に基づく明渡請求であれば占有を奪うことができるのであるから、賃貸人による解除・明渡請求が期待できないような例外的な場合でない限り、賃貸借契約終了に基づく明渡請求によるべきである。

　Ⅱ　人格権に基づく暴力団事務所等使用差止請求

＜手続の流れ＞

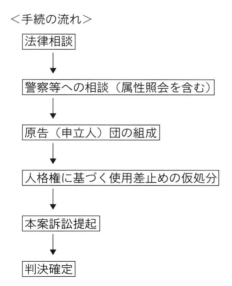

1　これまでの人格権訴訟の理論的根拠と受忍限度論

人格権が妨害排除・予防請求権の根拠となることは、大阪空港夜間飛行禁止請求事件控訴審判決（大阪高判昭和50年11月27日判時797号36頁）において、明確に認められた。そして、最高裁においても、名誉侵害に関する

ケースではあるが、いわゆる北方ジャーナル事件判決（最大判昭和61年6月11日判時1194号3頁）が、人格権が排他性のある権利であり、差止請求の根拠となることを認めた。

しかしながら、人格権はその排他性が認められながらも、いかなる場合でも侵害行為の差止めが認められるわけではなく、行為を差し止められる者が制約される権利への配慮から、多くの裁判例において、いわゆる受忍限度論が採用されており、差止めを認めるか否かは、「当該行為の態様」、「当該行為による侵害の程度又は侵害の危険の程度」、「被侵害利益の性質と内容等の諸般の事情」を総合的に考慮して、「被害が一般社会生活上受忍すべき程度を超えるものであるかどうか」によって決するとされている。

暴力団事務所等の排除を求める事案でも、住民側が、暴力団には何らの公共性、社会的有用性もなく、暴力団事務所等は社会的に有害であることを根拠に、そもそも受忍限度論による利益衡量が不要であると主張することもあるが、人格権に基づく暴力団事務所等使用差止訴訟においても、多くの裁判例が受忍限度論を採用している。

2 適格団体訴訟

ア 適格団体訴訟制度の創設

暴力団事務所等が存在することにより、人格権が侵害されている近隣住民は、暴力団事務所等を地域から追放したいと願っても、暴力団による嫌がらせや報復をおそれ、自ら原告となって訴訟の場で暴力団と対峙することには躊躇を覚えるのが現実である。そこで、平成24年10月に改正された暴力団対策法において、いわゆる適格団体訴訟制度が導入された。これは、国家公安委員会の認定を受けた都道府県暴力追放運動推進センター（以下、「適格団体」という。）が、指定暴力団等の事務所の使用により付近住民等の生活の平穏又は業務の遂行の平穏が害されることを防止するため、当該付近住民等から委託を受け、当該委託をした者のために自己の名をもって、当該事務所の使用によりその生活の平穏又は業務の遂行の平穏

が違法に害されていることを理由として、当該事務所の使用およびこれに付随する行為の差止めの請求に関する一切の裁判上又は裁判外の行為をすることができるという制度である（暴対法32の4Ⅰ）。

平成25年2月28日に東京都（公益財団法人暴力団追放運動推進都民センター）と埼玉県（公益財団法人埼玉県暴力追放・薬物乱用防止センター）において、適格団体の認定がなされ、現在では47都道府県のすべてにおいて、適格団体の認定がなされている。

したがって、今後は人格権に基づく暴力団事務所等の使用差止請求を行う場合、まず先に上記の適格団体訴訟が検討されることになる。

ただし、暴力団事務所等の使用差止請求以外の訴訟類型（損害賠償請求等）については、現時点では適格団体訴訟の対象とはされていないので、住民自身が原告になる。

イ　任意的訴訟担当構成と固有権的構成

上記のとおり、適格団体が暴力団事務所等の使用等差止の民事裁判を行うためには、個々の住民から適格団体への授権が必要であり、この授権に基づき、適格団体は団体自らが当事者として民事裁判の提起・追行を行う（法律上の明文に基づく任意的訴訟担当）。

任意的訴訟担当構成の場合、住民からの具体的授権が必要であり、原告となる必要まではないにしても一定の精神的その他の負担が避けられない。そのため、改正案の作成段階においては、適格消費者団体訴訟制度と同様に新たな立法により創設された実体権（固有権）を適格団体に付与する構成（固有権構成）とすることも検討された。しかし、任意的訴訟担当構成は、その根拠となる権利が従来からの確定した判例になっている人格権であることから導入が比較的容易であることが多く、固有権構成とする場合には、実体権を新たな立証により創設しなければならず、困難が予想されることから、訴訟担当構成が採用された。

他方で訴訟担当構成には、次の利点があることも指摘されている。すなわち、①従来の判例や理論を活かすことができるため、適格団体の行う訴

訟の結論の予見可能性も高まり、和解交渉もしやすい。②適格団体が当事者となるといっても裁判の準備行為や立証活動を行うには、地域住民の理解と協力が必要であるところ、訴訟担当構成の場合には、人格権の主体である地域住民たちからの授権を必要とするため、地域住民たちによる主体的な暴力団排除運動と適格団体による訴訟活動をリンクさせやすい。③現行の適格団体訴訟は差止請求に限られているが、訴訟担当構成を採った場合には授権の対象となる権利の範囲を広げることができ、将来的に損害賠償などの金銭請求訴訟を適格団体訴訟に取り込むことが可能となる。

　授権する「付近住民」(付近において居住し、勤務し、その他日常生活又は社会生活を営む者。暴対法32の3Ⅱ⑥) は、暴力団事務所等から数十メートルないし数百メートルにおいて居住し、あるいは店舗等を経営する近隣住民であり、また、暴力団事務所等に近接する道路を日常的に通行する必要がある者となる。従来型の使用差止請求訴訟においては、暴力団事務所等との距離については、500メートル以内としている例が多い。

　理論的には一人でもよいが、このような事案では、多くの住民が人格権を侵害されているのが通例であることから、そのような実態をより正確に手続に反映させることを考えれば、数十名から百名を超える地域住民が結集することが一般的となると考えられる。

　もっとも、あまりに多数に及ぶ場合には、個別に意思確認をすることや、集会で実質的な議論を行うことも容易ではなく、転居や死亡、任意脱退というような事務手続の負担も大きい。そこで、多くの地域住民を結集するとしても、授権者とするのは代表的な立場の者（数名から十数名程度）とする方法も考えられる。

　授権の事実は書面で証明しなければならない（民訴規15）が、授権者の住所・氏名を記載しなければならないとの規定はなく、これらの事項を暴力団に知られたくないという住民心理に配慮することも必要である。この点について、全国で初めて提起された適格団体訴訟（広島）においては、運転免許証番号等で授権者を特定する方法が実施された。もっとも、この

ような番号であれば暴力団に知られてもよいと直ちにいえるわけではないことから、この問題については引き続き議論がなされていくものと思われる。

　ウ　要　件

　適格団体訴訟における暴力団事務所等の使用差止請求訴訟の要件は、適格団体の権限規定（暴対法32の４）により定められている。

　　(ア)　指定暴力団等の事務所の存在

　暴力団事務所等であることが認められるか否かについては、建物の外観・構造・間取り・内部の状況（窓はすべて強化ガラスで採光スペースが小さく鉄板製目隠しが付いている。外壁には、代紋・組の金色文字板・監視カメラ・投光器、出入口には鉄製の扉のシャッター等が設置されている。内部には、組長関係の写真や組の当番表・組員の公判予定日・組員の名札・綱領・提灯等が掲示されている。数十足収納可能な下駄箱・大広間・複数の浴室や便所が存在する等）、建物への人の出入りの状況、定例会、集会開催の有無等が考慮される。

　暴力団側としても、暴力団事務所等として使用していることを知られれば、明渡しを求められることから、通常は、建物内部の状況を知ることは容易ではない。

　暴力団事務所等として使用されていることの立証は、使用している自動車の登録番号や新聞記事など公開されている情報から、所有者、出入している人物が暴力団員であると認められるかどうか、郵便物の宛名が暴力団となっているかどうか、警察において暴力団事務所と認定しているかどうかなどの事実の積み重ねによることとなる。このうち、特に重要なものは、警察からの情報である。各地の暴力団追放運動推進センターや所轄の警察署、都道府県警察本部の組織犯罪対策課に、まず相談し、情報提供などについて協力を求めることになる。刑事訴訟確定記録を閲覧謄写したり、事前に警察に相談した上で弁護士法23条に基づく照会をすることが有効な場合もある。

なお、事務所の使用主体は指定範囲等（暴対法2⑤）に限定され、これ以外の暴力団事務所等については適格団体訴訟の対象とならない。この場合は従来のように住民自身が原告となって訴訟提起をすることになる。

　　(イ)　当該事務所の使用により、住民の生活の平穏又は業務の遂行の平穏が違法に害されていること

　過去の裁判例では、別表でまとめたとおり、人格権侵害ないしその危険が切迫しているとして、人格権に基づく請求が認められている。

　過去の裁判例の多くでは（後掲別表①ないし③、⑥、⑦）、当該暴力団が対立抗争の最中にあり、当該建物が敵対する暴力団組織から襲撃されるおそれがあることから、住民の生命・身体に対する危険性が疎明・立証されてきた。

　時期によっては、対立抗争が目立った形では表面化していないこともある。そのような時期においては、暴力団事務所の危険性の立証が必ずしも容易ではなくなる場合もある。

　しかし、暴力団において対立抗争は本質的なものであり、表面上沈静化しているように見えることがあったとしてもそれは一時的なことにすぎない。その上部組織の危険性、当該組織自体又はその組長の上部組織における地位の重要性、暴力団の抗争事件が全国的に拡大発展しがちであることなどを指摘し、当該組織の暴力団事務所等への攻撃可能性などを理由として、人格権侵害を認める裁判例が増えつつある（後掲別表④、⑤、⑧）。

　下部組織においては対立抗争が目立った形では表面化していない場合であっても上部組織の危険性からくる対立抗争・内部抗争の蓋然性などを根拠として、下部組織の暴力団事務所の使用差止を認める考え方は、裁判実務において承認されたといえるが、上部組織にどの程度の危険性や対立抗争の蓋然性があることを疎明・立証すべきか必ずしも明らかではなく、また、当該暴力団組織の実情に関する点については、個別の主張・立証を要する事項とならざるを得ない。

　暴力団事務所等が存在することの一般的な危険性を立証（疎明）するも

のとして、犯罪白書・警察白書等の公刊物、新聞記事、暴力団について記載した書籍（実話誌等）などを利用し、当該暴力団事務所等が存在することの具体的危険性を立証（疎明）するものとして、住民の陳述書・アンケート、当該暴力団について記述した書籍・新聞記事等を利用する例もある。

エ 効 果

人格権に基づき請求できるのは、使用差止あるいはその原因の除去である。相手方に対し明渡しを求めたり、相手方から所有権を奪うことまでは、その直接の法的効果としては認められない。

ただし、前記のとおり、現に対立抗争事件が起こっているような場合には、執行官保管型の仮処分命令が認められる可能性があり、事実上、暴力団の占有を排除できる場合がある（後述）。

また、実務上、仮処分手続の審尋において、暴力団との間で和解が成立し、暴力団事務所等の明渡しに至るケースも少なくない。さらに、使用禁止仮処分決定が出たにもかかわらず、暴力団がこれに従わず使用を継続した場合には、間接強制の決定を申立て、これにより得た「〇万円を支払え」との債務名義に基づき、暴力団事務所等の強制競売を申立てることが考えられる（ただし、無剰余の場合は競売できない。区分所有法59条による競売請求において無剰余であっても競売手続ができる場合とは異なる）。

3 従来型の人格権に基づく訴訟

前述のとおり、指定暴力団等以外の暴力団事務所を相手方とする使用差止請求や、使用差止請求以外の訴訟類型（損害賠償請求等）については、従来型の人格権に基づく訴訟を提起することになる。

ア 原 告

この訴訟類型の場合は、住民自身が原告となる。具体的には、暴力団事務所等から数十メートルないし数百メートルにおいて居住し、あるいは店舗等を経営する近隣住民であり、また、暴力団事務所等に近接する道路を日常的に通行する必要がある者となる。暴力団事務所等との距離について

は、500メートル以内としている例が多い。

　適格団体訴訟と異なり、住民等が原告・債権者となることから、訴状・申立書にその住所を記載することとなるが、暴力団に住所を知られたくないと住民心理に配慮することも必要である。そこで、住所の記載を省略する、就業者として申し立てている者については就業証明を提出するなどの方法をとる例もある。

　　イ　要　件
　人格権に基づく請求は、明文に基づくものではなく、その要件が明確に定められているわけではないため、いかなる要件について、どの程度の疎明・立証が必要かは、法文上は必ずしも明確ではない。もっとも、後掲の裁判例等からして、その要件は、①当該建物が暴力団事務所等として使用され、あるいは使用される可能性が高いこと、②人格権が受忍限度を超えて侵害される蓋然性があり、現に人格権の侵害を受けているか、その危険が切迫していること、と考えられ、その内容は適格団体訴訟における各要件とほぼ同義である。

　4　仮処分
　　ア　人格権に基づく暴力団事務所等の使用差止めの仮処分の意義
　暴力団事務所の周辺に居住する住民たちは、日常的に暴力団員とのトラブルや暴力事件に巻き込まれる不安を抱き、あるいは生命・身体・財産に対する被害を受ける恐怖にさらされている。速やかに住民の不安、恐怖を取り除くという観点から、本案提起前に、人格権に基づく使用差止めの仮処分を検討することが有用である。

　人格権に基づく暴力団事務所等の使用差止めの仮処分は、人格権に基づく暴力団事務所等の使用差止訴訟に先立って行うのが原則であるが、戦術上、区分所有法に基づく請求を予定している場合に、これに先立って行う場合もある。

　区分所有法に基づく請求には時間がかかることから、まず人格権に基づく暴力団事務所等の使用差止めの仮処分を先行させることにより、暴力団

事務所等が存在することによる危険を仮に除去するとともに、法的手続への信頼や期待を住民から獲得することが可能となり、その後の区分所有法の手続に対しても、賛同を得やすくなるという効果が期待できる。

なお、この場合においても、被保全権利は区分所有法に基づく各請求権ではなく、人格権に基づく暴力団事務所等の使用差止請求権である。

イ　申立ての趣旨
　a　不作為命令

人格権に基づく暴力団事務所等の使用差止めの仮処分は、不作為請求権を被保全債権とする仮処分である。仮処分の申立ての趣旨は、当該不作為請求権と同一の不作為を命じるにとどまることが原則である。

申立ての趣旨は、「債務者は、別紙物件目録記載の建物につき、下記行為をするなどして、暴力団の事務所として使用してはならない。」等と記載し、その上で、禁止されるべき行為（暴力団事務所としての使用を徴表・構成する行為）を具体的に特定し、「下記行為」として記載する。決定主文例を書式3として後掲しているので参照されたい。

　b　組長の立入禁止

人格権に基づく暴力団事務所等の使用差止めの仮処分において、組長が当該建物に立入ることを禁止する趣旨の申立てを行うことも有用である。

暴力団組織においては、組長がその組織の求心力の要であることから、暴力団の対立抗争において、組長が攻撃対象とされていることは、周知の事実である。また、組長が当該建物に立ち入ることを許してしまうと、そこが暴力団の拠点として使用されることを阻止することが事実上困難となる。それゆえ、住民にとっては、組長の当該建物への立入を禁止すべき要請は強い。

組長が当該建物に立入ること禁止する仮処分決定が出された裁判例もある。

　c　執行官保管の仮処分

人格権に基づく使用禁止の仮処分においても、暴力団事務所としての使

用禁止だけではなくいわゆる執行官保管の仮処分の申立ても検討することが有用である。

執行官保管は、通常、債務者が占有する目的物に対する引渡請求権を保全するため、目的物の現状維持を図るべくなされるものである。被保全権利が暴力団事務所として使用することの差止めという不作為請求権である場合に、執行官保管まで認めることは、本案によって実現される権利以上の仮処分命令を認めることになることから、これを否定する見解もある。

しかし、法律上仮処分の方法については特に限定されてはおらず、裁判所はその裁量により必要な処分をすることができる（民保法24）のであるから、人格権に基づく暴力団事務所等の使用差止めの仮処分においても、執行官保管の仮処分が理論的に否定されるわけではない。対立抗争状態が解消されていない暴力団事務所の執行官保管を認めた裁判例もある（秋田地決平成3年4月18日判タ763号279頁、神戸地決平成9年11月21日判時1545号75頁、福岡高決平成21年7月15日判タ1319号273頁）。

　　ウ　主張・立証

人格権に基づく暴力団事務所等の使用差止めの仮処分の主張・疎明は、本案の主張・立証と概ね同様である。本案の解説を参照されたい。

　　エ　担保金

人格権に基づく暴力団事務所等の使用差止めの仮処分の担保金の金額は、10万円から40万円程度の低額である事例が多い。無担保とされた事例もある。

第1章　暴力団事務所等の排除

〔別表①〕

	①静岡地浜松支決 S62.10.9
建物の外観	本件建物の外部には、その一部の窓には鉄製の目隠し板、北側正面出入口上方の外壁に山口組を表象する「山菱」の代紋、「殿前屋一カー家」と表示する金色の文字板及びテレビカメラ1台、西側部分の3階部分の窓際に投光機1台がそれぞれ設置されている。
属性	債権者ら、一カー家の組長。一カー家の組員、構成員110名前後、山口組の下部組織。
利用方法	昭和60年、本件建物を建築し、一カー家の組事務所として使用。建物内部には、組長の写真、名札等が掲示。本件建物には、一カー家の構成員が恒常的に出入りし、当番要員が交替で泊り込んでいるほか、毎月「月命日」と称する同構成員の定例会が開かれている。
抗争の可能性	山口組系暴力団と一和会系暴力団との対立抗争について、昭和60年1月～昭和62年2月の間、全国各地で発砲等を伴う抗争事件が続発し、一般市民・警察官を含めて95人の死傷者を出した。また、昭和61年12月から昭和62年2月までの間に、九州一帯で発生した山口組系暴力団伊豆組と九州最大の暴力団藤仁会との対立抗争においても、発砲事件13件発生し、16名が負傷した。一方、昭和57年から昭和61年までの間に、静岡県内山口組系暴力団傘下甲重一家の構成員が関係した対立抗争事件が13件発生し、死者2名、負傷者11名を出したが、中でも昭和60年6月、一カー家と並ぶ山口組傘下甲重一家の構成員が発砲するという抗争事件が発生して、神戸市の一和会系本部事務所に対しても発砲するなど、その数日後、一和会系の構成員が点在する同市内の甲重一家の組事務所に対しても発砲するという事件が発生した。
地域の状況	本件建物は、旧国鉄浜松駅の南西約600メートルに位置し、近年再開発事業により新たに整備された交通至便の市中心部にあって、浜松市の中心部にも近い地理的好条件の周辺には、建築されている中高層の建築物、その周辺地は従来から一般の民家や各種の商店等の軒を並べているほか、小幹線道路南側の角地に建築されている中高層の建築物、その周辺地は従来から一般の民家や各種の商店等の軒を並べているほか、小学校、児童公園、保育園、文化会館等多くの公共施設が点在する同市内の概要な地域となっている。
申立人・原告の数	497名
住民	建物周辺地域の住民自治会、数百メートル以内の周辺地域に居住している一般の住民。
住民威迫行為	一カー家の幹部組員や構成員が、一カー家追放の住民運動を行っている住民の自宅の窓ガラスを割る等、嫌がらせ。また、弁護団長の三井義弁護士方に、突然国部屋に侵入してきた一カー家の幹部組員によって背後から台所掬部の刃物で刺され、全治3週間の傷害を負った。
仮処分申し立ての有無	有
仮処分の結果	建物の外壁に設置した暴力団を表示した文字板・救章の撤去の仮処分。暴力団の組長の肖像代紋・名札等の撤去及び建物内の組事務所使用禁止としての使用禁止の仮処分。
執行官保管の有無	有
本案の結果	訴訟上の和解。
その他	

[別表②]

	②那覇地決H3.1.23
建物の外観	建物の外壁に沖縄旭琉会会員一家比屋根総業を表示する紋章、文字板、看板を設置。
属性	債務者は、組織暴力団である沖縄旭琉会富永一家の支部組織である比屋根総業の組長。
利用方法	平成2年5月頃、債務者が本件建物を買い受け、比屋根総業の組事務所として使用している。
抗争の可能性	五代目山口組組長が警察によって本土からの来沖を阻止されたことについての対応問題を契機として、沖縄県内最大の組暴力団である沖縄旭琉会内部において、主流派と反主流派との間に紛争が発生した。そして、反主流派幹部による殺人未遂事件が発生したことから、主流派は、反主流派幹部らを絶縁処分とした。これに対して、反主流派は、旭琉会を脱会し、新たに沖縄旭琉会を結成した。その後、旭琉会と沖縄旭琉会との間に、一連の抗争事件が発生し、現在も終結をみていない状況にある。なお、暴力団と関係のない高校生が拳銃で撃たれて死亡したり、警察官2名が拳銃で撃たれて死亡したり、暴力団と関係のない女性が拳銃で撃たれて負傷したりしている。
地域の状況	
申立人・原告の数	7470名
住民	近隣地域に居住する者、近隣地域において飲食店等を経営している者。
住民威迫行為	
仮処分申し立ての有無	有
仮処分の結果	暴力団組事務所としての使用禁止の仮処分。
執行官保管の有無	
本案の有無	有
本案の結果	
その他	

第1章　暴力団事務所等の排除

[別表③]

	③秋田地決H3.4.18
建物の外観	本件建物の正面外壁には、「東」及び「甲会本部」の文字板及び甲会の紋章、投光機が設置されている。
属性	債務者甲は、暴力団東会系甲会の総長として同会の本部事務所として、本件建物を使用している者。債務者乙企画は、本件建物の所有者。乙企画は、一応会社形態をとっているものの、従来甲会の一組織。
利用方法	本件建物は、甲会の本部事務所で、暴力団特有の儀式、幹部組員の会合、組員相互の連絡等の会、多数の組員が交替で泊り込みをしている。本件建物には、対立抗争に備え、防弾サラスが設置されているのみならず、壁面には鉄板が張られている。
抗争の可能性	甲会は東真誠会の下部組織、甲会本部グループと甲会離反グループとの間の抗争で、今年に入り14件の発砲事件が発生し、これ以後両者は対立抗争の状態にあり、離反グループは山口組に接近する動きをも見せている。甲会本部グループと離反グループとの関連を疑われて本件建物に関しても2回にわたり銃弾が撃ち込まれ、住居にも暴力団の住居と間違えられて銃弾撃えられて銃弾撃込まれるという事態にまで至っている。
地域の状況	本件建物は、JR秋田駅から西南西約1700メートルの秋田市の中心部に位置する。本件建物が所在する地域は住宅、店舗等が密集し、小学校もあり、本件建物が面する道路は、付近住民、買物客等が日常的に通行している。
申立人・原告の数	83名
住民	本件建物の周辺に現に居住し、あるいは営業するなどしてきた者。
住民威迫行為	暴力団から住民への嫌がらせ(脅迫、迷惑行為など)。
仮処分申し立ての有無	有
仮処分の結果	暴力団の事務所としての使用禁止の仮処分。
執行官保管の有無	有
本案の有無	
本案の結果	
その他	

[別表④]

	①大阪地判堺支判H4.5.7
建物の外観	本件建物は5階建。本件建物の窓には、すべて強化ガラスが使用。本件建物は、北側西側の窓は極端に少なく、あっても小さい。また、東側南側の窓は一応各階あるが、一階部分は高いところに小さく設置されている。本件建物の玄関であるが、シャッターが一番外側に方角を変えて玄関扉を設置。
属性	被告一郎が主宰する赤心会は、わが国最大の広域暴力団山口組直系の黒誠会に所属する暴力団である。現在、構成員は30名前後であり、表向きは企業経営を行っている。
利用方法	暴力団組長の元妻被告春が所有する本件建物は施工中でいまだ暴力団事務所としては使用されていない。
抗争の可能性	赤心会会長被告一郎は、黒誠会の最高幹部であり、本件建物を赤心会が直ちに暴力団事務所として使用する目的で建築したものであり、現に暴力団事務所として使用される危険性があると認定された。山口組と暴力団同一和会との抗争事件に際しても赤心会が先兵として動員され、他の暴力団同士の抗争事件に際しても赤心会の指揮命令の下に赤心会員が動員される。昭和60年1月ごろ、黒誠会と暴力団津小鉄会等が中川組対立し、黒誠会及びその傘下団体の粒で昭和61年4月までの間、5件の発砲事件が起こり、黒誠会組員が中川組幹部を射殺した。
地域の状況	本件建物は南海本線七道駅から南の方向約100メートルの位置にある。本件建物の所在する地域は閑静な住宅地域と商業地域が隣接し、近くには寺院も存在する。本件建物の周囲には各種商店などはじめ道路等の建物があり、本件建物の前面には、内川緑地、南には公園があり、子供や市民の憩いの場となっている。また本件建物は大阪市立中学校等の通学路にあたる。
申立人・原告の数	529名
住民	本件建物の周辺に現に居住し、あるいは営業するなどしてきた者。
住民威迫行為	有
仮処分申し立ての有無	有
仮処分の結果	暴力団の事務所もしくは連絡場所としての使用禁止の仮処分。
執行官保管の有無	有
本案の有無	有
本案の結果	暴力団の事務所もしくは連絡場所としての使用差し止めの判決。被告らは、本件建物の外壁の開口部（窓等）に鉄板等を打ち付け、監視カメラを設置、又は投光機、その他銃砲刀剣類所持等取締法で所持が禁止されている銃砲刀剣類等の保存の用に供してはならない。
その他	控訴審：大阪高判H5.3.25判タ827-195

第1章　暴力団事務所等の排除

[別表⑤]

	⑤神戸地決H6.11.28
建物の外観	本件建物は、3階建て。建物外壁の表から見て右の端には監視用テレビカメラの他、建物上部外壁には2個のサーチライトが設置されている。右入口前の道路上を監視することができるようになっているほか、建物上部外壁には2個のサーチライトが設置されており、右の道路を照らすことにより、右の監視用テレビカメラが夜間でも機能を果たすことが可能なようになっている。
属性	債務者は、甲野総業の組長。甲野総業は、暴力団五代目乙山組傘下丙川会傘下の暴力団としての実態を有する組織である。甲野総業の構成員は約20名であり、組員以下構成員のうちには、暴力団員としての法律に規定されている犯罪の経歴を有し、その主たる資金源は覚せい剤取引仲介、債権取立、不動産取引仲介、覚せい剤密売等である。
利用方法	甲野総業の組事務所として使用。午前零時から深夜12時までの24時間、常に組員1名が順次組事務所当番について在所するほか、本件建物内に居住の組員1名も常時組事務所内に在所している。
抗争の可能性	平成4年4月から5月及び平成5年9月から10月にかけての時期に丙川会対甲田会の対立抗争事件があるが、京都を中心として、双方の系列組の組員による双方の系列組の組員に対する刃物や拳銃による殺人事件、傷害事件、双方の系列会の暴力団事務所に対する発砲事件等も多数発生している。平成6年4月には丙川会と乙野会との対立抗争事件が東京都を中心として発生し、双方の系列組の対立抗争事件、発砲事件、些細な事件を違うが原因で発生することがあり、いったん発生すれば、系列末端の組員から相手方系列中の組員の現に抗争に参加していなかったが、些細な事件を違うが原因で発生することがあり、いったん発生すれば、系列末端の組員から相手方系列中の組員の現に抗争に参加していない他の組員に対する襲撃事件も予想される。
地域の状況	本件建物は、JR西宮駅の北方約百数十メートル程度離れたところにあって、その前面道路はJR西宮駅へと通じている。右のJR線の南側には病院、市役所、大型スーパーマーケット、阪神電鉄西宮駅などが存在し、JR西宮駅の構内は自由に通り抜けができることから、本件建物前の道路は、JRのみでなく、その南側にある前記の各施設へ行く市民の通行に常時利用されている。また、本件建物より北方向から住宅街へと向かう道路から東西道路との交差点南東角に建っており、周辺には公共施設が存在している。
申立人・原告の数	242名
住民	本件建物を中心とする半径300メートル以内の周辺に現に居住し、あるいは営業をするなどして平穏な生活を営んでいる住民。
住民威迫行為	
仮処分申し立ての有無	有
仮処分の結果	暴力団の事務所又は連絡場所としての使用禁止の仮処分。債務者は、本件建物の外壁の開口部に鉄板その他これに類するものを打ち付けてはならない。
執行官保管の有無	
本案の有無	
本案の結果	
その他	⑤使用差止仮処分の申立てを却下した神戸地尼崎支決H6.7.7に対し、抗告審である大阪高決H6.9.5判タ873-194がこれを取り消し、神戸地裁に差し戻した後のもの。

[別表⑥]

	⑥神戸地決H9.11.21
建物の外観	本件建物は2階建て。建物構造上、窓などの開口部が少なく、道路に面した西側壁面には、監視カメラが設置されている。
属性	債務者は、暴力団申甲野会の会長である。指定暴力団五代目山口組内で若頭補佐の地位にあったが、現在は絶縁処分にあるといわれている。甲野会は、山口組の中でもいわゆる武闘派集団であったことで知られており、過去に甲野会傘下組員が他の暴力団員をけん銃で射殺するなどの抗争事件を起こしている。甲野会構成員は、債務者を会長とし、同人を筆頭として、平成9年4月現在で約1700人を擁するといわれている。
利用方法	平成7年7月、当初から暴力団事務所として本件建物が新築された。敷地は借地。建物所有名義人は、甲野会事務局長で、現在、建築基準法違反の疑いで警察に行方を追われている。本件建物は、甲野会直参組長などの構成員が常駐し、甲野会直参組員などの構成員の出入りがある。
抗争の可能性	平成9年8月18日、山口組若頭の宅見組長が、神戸市中央区のホテル内で射殺された。宅見組組長射殺事件に端を発して、債務者が所属していた指定暴力団山口組から絶縁処分となり、甲野会関係の事務所などにおいて拳銃発砲事件等が多発し、抗争を続けている。熊本県での拳銃発砲事件では、無関係の市民が人違いで襲撃され、重傷を負うという事件になった。本件建物は現に襲撃の対象となっていないが、甲野会の本部組事務所であり、報復行動をとろうとする側からも象徴的な意味をもつ場所であって、攻撃目標となる可能性が十分にある。
地域の状況	本件建物は、主要地方道路神戸明石線の南側で同道路から2軒目、同道路に交差する道路に面している。
申立人・原告の数	59名
住民	本件建物の周辺住民は、周辺地域内で営業するなどして、本件建物付近を通行する機会のある者。
住民威迫行為	有
仮処分申し立ての有無	有
仮処分の結果	暴力団の事務所としての使用禁止の仮処分。
執行官保管の有無	有
本案の有無	
本案の結果	
その他	

第1章　暴力団事務所等の排除

[別表⑦]

	⑦福岡高決H21.7.15
建物の外観	本件建物1は、鉄筋コンクリート造陸屋根6階建の建物。建物の内外壁には、歴代組長の写真、構成員の名札、甲山会を表象する紋章等を含むほとんどの家財道具類が撤出されているほか、トイレの便器やクーラー設備も取り外されている。
属性	債務者A社は、不動産の売買及び賃貸等を目的として設立された株式会社であるが、代表取締役内野二郎以下すべての役員が甲山会に所属している。甲山会は、指定暴力団。
利用方法	本件建物1の所有名義者A社。A社は実質的に甲山会の構成団体と認められる。本件建物は、15年以上の長期にわたり甲山会の本部事務所として継続的に使用されてきたが、現況は空家であり、暴力団事務所等としての実態は失われている。実質的に甲野会の本部事務所として使用し、暴力団事務所等としての機能を有する。
抗争の可能性	甲野会と丁会会とが対立抗争はお継続し頻発しているところ、その態様は銃器を使用した発砲事件が多く、暴力団関係者のみならず一般市民をも巻き込んで重大な結果を惹起しており、実質的に甲野会の本部事務所としている本件建物3付近に至っている本件建物3付近で発砲事件等が発生するおそれがあり、本件建物3付近は甲野会の本部事務所等として現に通行する一般市民は発砲事件等に巻き込まれてその生命・身体に重大な被害をこうむるおそれがある。
地域の状況	本件各建物は、C駅から北東側へ350メートルほど離れた位置にあり、北から本件建物1、本件建物2、本件建物3の順に隣接している。本件建物3の前面道路は、東側で国道322号線に、西側で県道46号線にそれぞれ通じて県道46号線、国道3号線との接続部では、本件各建物が立ち並んでいるほか、医院や寺院なども点在しており、本件建物から北側へ200メートルほど離れた位置には、小学校がある。また、C駅付近には、デパートなどの商業施設も存在している。
申立人・原告の数	583名
住民	本件建物の半径500メートルの範囲内に居住ないし就業している者。
住民威迫行為	
仮処分申し立ての有無	有
仮処分の結果	暴力団の組事務所又は連絡場所としての使用禁止の仮処分（暴力団事務所等の使用を禁止せず）。
執行官保管の有無	有
本案の有無	有
本案の結果	
その他	福岡地久留米支H21.3.27判1303・302の抗告審

第2編　暴力団の排除と被害回復

[別表⑧]

	⑧東京地判H24.9.25
建物の外観	地上4階建ての建物。本件建物の外側には、3台の監視カメラが設置されているが、A組の紋章、看板、表札、提灯等は掲げられていない。
属性	被告Y1は、被告会社の代表取締役。被告Y1は、本件不動産の所在地を主催するA組、B組三次組織。
利用方法	平成22年2月、被告会社は本件不動産を取得。被告Y1とA組の構成員2名が、本件不動産の所在地にその住所を置いて、本件不動産がA組の事務所であると認定。
抗争の可能性	平成17年9月にB組が、東京都内に本拠を移転させてから現在に至るまで、B組と他の暴力団との間で、縄張などを巡る緊張状態が続いており、現に、平成19年2月5日には、A組幹部を殺害される事件が発生した。他の暴力団幹部を殺害される事件に発展した。そして、B組の下部組織であるA組も、いつ何時、対立・緊張関係にある他の組織による攻撃の標的になってもおかしくない状態にある。A組がいつ抗争事件に巻き込まれ、その事務所が、A組の活動拠点として、相手方からの最大の攻撃目標となり、その周辺住民の生命・身体が深刻な危機にさらされる。
地域の状況	本件不動産の周辺は、東京メトロ日比谷線入谷駅、同線三ノ輪駅があり、多くのマンションや戸建も並んでいるほか、多数の教育施設や商店が存在している。また、本件不動産の前面及び付近の道路は、本件不動産の周辺で営業を行う者、本件不動産の周辺住民の周辺及び通学路・通園路・生徒の通学路、及び日常の日常の用に供せられている者のほか、周辺施設の児童・生徒の通学路となっている。
申立人・原告の数	168名
住民	半径500メートルの範囲内に居住する者。
住民威迫行為	有
仮処分申し立ての有無	有
仮処分の結果	暴力団の事務所としての使用禁止・組長立入禁止の仮処分。
執行官保管の有無	有
本案の有無	有
本案の結果	暴力団の事務所としての使用差止め判決（投光機、監視カメラを設置する行為及び被告Y1が本件不動産に立ち入ることについては、禁止せず）。
その他	

Ⅲ　建物の区分所有等に関する法律（区分所有法）に基づく請求

＜手続の流れ＞

|法律相談|
　↓
　　　①排除したい対象物件の所有・占有の状況、共用部分の無断改造の有無
　　　②対象物件の存在により具体的にどのような迷惑行為があるのか
　　　③管理規約の内容
　　　④管理組合、理事会の状況
　　　⑤住民の構成、住民の意識の状況
　　　⑥証拠収集の可能性

|警察への相談（属性照会を含む）|
　↓

※解除事由の調査及び確認（区分所有法60）

　↓
|総会開催手続|

　　　ア　説明会の開催（不安の除去、住民の関心の維持）

　　　　（迷惑行為、生命・身体に関する危険、資産価値の減少を除去するためには組事務所を排除するしかないことを説明）

　　　イ　総会開催の理事会の決定
　　　　　・総会招集通知
　　　　　・弁明の機会の付与の通知発送（57条は不要）
　　　　　・招集通知内容の建物掲示

　　　ウ　総会当日
　　　　　弁明の機会（判例：占有者のみで足りる）、議決

　↓
|区分所有法の手続選択|
　↓

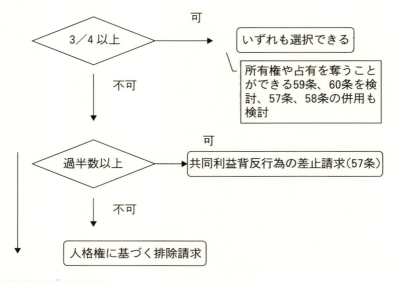

② 申立て時の疎明事項
　1　債務者が専有部分を組事務所として使用している事実
　2　組事務所としての使用が共同利益背反行為に該当すること
　3　当該共同利益背反行為による他の区分所有者の共同生活上の障害が著しいこと

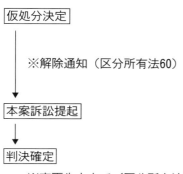

1 区分所有法に基づく法的手続の概要

マンションの一室ないし数室が暴力団の組事務所として占拠された場合、区分所有法に基づく排除請求（区分所有法57～60）の利用が考えられる。

具体的には、①共同の利益に反する行為の停止等の請求（区分所有法57）、②使用禁止の請求（区分所有法58）、③区分所有権の競売の請求（区分所有法59）、④占有者に対する引渡し請求（区分所有法60）がある。各請求の実体的・手続的要件及び特徴等は、下記表1のとおりである。

〔表1〕

	共同利益背反行為の差止請求（区分所有法57条）	使用禁止請求（区分所有法58条）	区分所有権の競売請求（区分所有法59条）	占有者に対する引渡請求（区分所有法60条）
対象	区分所有者 占有者（賃借人）	区分所有者	区分所有者	占有者（賃借人）
主体	他の区分所有者全員、管理組合法人、管理者、集会の決議で指名された区分所有者			
実体的要件	①共同利益背反行為の存在又はそのおそれ			
		②同行為による区分所有者の共同生活上の障害が著しいこと		
		③行為の差止請求では不十分	③他の方法では不十分	

69

手続的要件	①集会の通常決議（区分所有者及び議決権の各過半数）	①集会の特別決議（区分所有者及び議決権の各4分の3以上）		
		②弁明の機会付与		
		③訴えをもって		賃貸人と賃借人の双方を共同被告
効　果	共同利益背反行為の停止、同行為の結果を除去、同行為を予防するため必要な措置を執ること	相当期間の専有部分の使用禁止	当該区分所有者の区分所有権及び敷地利用権の競売	占有者が占有する専有部分の使用又は収益を目的とする契約の解除及び専有部分の引渡
特　徴	①要件が軽く申立てをしやすい ②組事務所使用そのものの停止・明渡請求ができない	①具体的な行為態様を問わずに一切の使用を禁止できるため、仮処分の活用により組事務所廃除の目的が早期に実現できる ②区分所有権そのものは暴力団関係者に残るため根本的な解決にならない	①相手方の所有権を奪うことができる ②時間がかかる ③買受人が必要となる ④オーバーローンで競売申立人の無剰余が見込まれる場合でも競売手続きの取消がなされない	①占有状態全体を排除できる ②占有排除後に区分所有者等に占有の引渡を行う必要があるため組事務所としての使用排除ができない可能性がある

ア　共同の利益に反する行為の停止等の請求（区分所有法57）

本条は、区分所有者、占有者（賃借人）双方に対して適用がある。

a　要　件

実体的要件は、①区分所有者又は占有者（区分所有法57Ⅳ）が、区分所有法6条1項に規定する行為（区分所有者の共同の利益に反する行為）を

た場合、又は、その行為をするおそれがある場合である。

「区分所有者の共同の利益に反する行為」について、判例・学説上はマンションの一室を暴力団事務所として使用することはこれに該当するとされているが、マンション管理規約に暴排条項を盛り込むことにより、この点をより明確化できるとともに、より具体的な内容を定めることが可能となる。

この点、区分所有者としての責務を定めた標準管理規約20条（国土交通省「マンション標準管理規約（単棟型）」(http://www.milt.go.jp/jutakukentiku/house/mansei/kiyakutantou.pdf)）には暴排条項が含まれていないが、ここに暴排条項を定めることが有益であろう（書式12：管理規約暴排条項例（なお、2項以下が標準管理規約に追記した部分である）。

手続的要件としては、①集会において、区分所有者及び議決権の各過半数の賛成（区分所有法39Ⅰ）を必要とする。②また、当該決議を行うためには、当該議題が集会の招集通知に示されている必要がある（区分所有法37Ⅰ Ⅱ）。

b 特　徴

本条は、区分所有法上の他の手続と比較すれば、実体的要件も手続的要件も厳格ではなく、申立てをしやすい一方、組事務所使用そのものの停止や明渡請求までは認められない。

イ　使用禁止の請求（区分所有法58）

本条は、組事務所として使用している区分所有者に対し、その専有部分について使用の禁止を請求する請求である。

a 要　件

実体的要件は、①区分所有法6条1項に規定する行為（区分所有者の共同の利益に反する行為）があったこと、又はそのおそれがあること、②その行為による区分所有者の共同生活上の障害が著しいこと、及び③区分所有法57条に規定する差止請求その他の方法によっては、その障害を除去す

ること等が困難であることである。

　手続的要件は、①区分所有者及び議決権の各4分の3以上の多数の賛成（区分所有法58Ⅱ）、②当該議題が集会の招集通知に示されていること（区分所有法37ⅠⅡ）、③義務違反者に対する弁明の機会の付与（区分所有法58Ⅲ）である。

　　　b　特　徴

　本条は、具体的な行為態様を問わず、区分所有者に一切の使用を禁止することができ、仮処分を活用することにより、組事務所排除の目的が早期に実現できる場合がある一方、区分所有権そのものは暴力団関係者に残ってしまうため、根本的な解決に至らない場合もあり得る。

　　ウ　区分所有権の競売の請求（区分所有法59）

　暴力団の組事務所の排除にもっとも効果があると考えられるのは、本条に基づく区分所有権の競売請求により、組事務所として使用されている部分を競売に付することである。

　　　a　要　件

　実体的要件は、前述した58条の①②の要件に加え、③他の方法によっては、その障害の除去等が困難であることである。

　手続的要件は、58条の要件と同様である。

　　　b　特　徴

　前述したとおり、本条は相手方の所有権を奪うという強力な手段であり、暴力団事務所等をほぼ確実に排除できる極めて有効な手段である。一方で、①本案判決の確定、競売申立て、買受人の所有権取得（場合によっては引渡命令の実行）の各段階を踏むため、実際に所有権が暴力団関係者の手から離れるまで時間がかかる、②競売は入札により行われるので買受人を用意しなければならない、③買受人を用意しても必ず落札できるとは限らず、場合によっては暴力団関係者が落札する可能性がある等の側面がある。

なお、本条の競売請求は、民事執行法63条2項の適用が排斥されるため、いわゆるオーバーローンで競売申立人の無剰余が見込まれる場合でも、競売手続の取消がなされることはない（東京高判平成16年5月20日判タ1210号170頁）。

エ　占有者に対する引渡し請求（区分所有法60）

本条は、区分所有者が集会の決議によって組事務所のある専有部分についての賃貸借契約等を解除し、当該専有部分の引渡しを請求することを認めたものである。

a　要件

実体的要件は、59条の①②③と同じである。

手続的要件は、59条の①②③に加えて、④賃貸人と賃借人の双方を共同被告として訴えを提起しなければならない（必要的共同訴訟）ことである。

b　特徴

本条は、個々の迷惑行為の排除にとどまらず、組事務所として使用されている占有状態全体を排除できる一方、占有排除後に区分所有者等に占有の引渡しを行う必要があり、完全に組事務所としての使用排除ができない場合も考えられる。

2　手続選択のポイント

以上の各手段のうち、具体的事案においてどの手段を選択するか。各手段の特徴は上記のとおりであるが、それを踏まえて以下、そのポイントとして、効果と集会決議要件から検討する。

まず、区分所有法上の各手段は、集会決議が手続的要件とされているので、決議が見込まれない場合（57条の場合は過半数、58条、59条及び60条の場合は4分の3以上の賛成が見込まれない場合）は、本章Ⅱの人格権に基づく排除請求しかない。

4分の3以上の賛成が得られる見込みがある場合、まずは、相手方の所

有権を奪うことのできる59条や、占有を奪うことのできる60条の手段をとることを検討するべきであろう。ただし、所有権を奪うことができる59条の競売請求は、時間がかかることや買受人の用意、さらには暴力団関係者が落札する可能性を排除できないなどの問題点もあることに注意が必要である。事案に応じて57条、58条の併用も検討すべきである。

当該事案で、59条や60条の手段をとることが困難である場合は、57条や58条の各手段を検討することとなる。

3 相談・調査段階の問題点

ア 聴取事項

上記法的手段のうちいずれを選択するかの判断材料、及び仮処分・本案訴訟になった場合の立証方法の収集の観点から、依頼者や依頼者以外の区分所有者、住民からは十分な事情聴取をすることが必要である。

具体的な聴取事項としては、次のものが挙げられる。

① 排除したい対象物件の所有・占有の状況、共用部分の無断改造の有無

② 対象物件の存在により具体的にどのような迷惑行為があるのか。暴力団に特有の迷惑行為（抗争事件の有無、複数の組員が常駐していること又は寝泊まりしていること、組員等の多数人が出入りしていること、定期的に会合が開催されていること、抗争事件等により警察の警備があったこと、当該場所で犯罪行為が行われたこと及びそれにより警察の捜査が行われたことなど）、その他の迷惑行為（ゴミ処理ルールを無視してゴミを放置していること、駐車場の無断使用、タンやツバを吐きちらしたりしていること、管理費・駐車料金等の支払状況等）に分けて聴取する。

③ 管理規約の内容（暴排条項の有無、総会に弁護士が立会人若しくは代理人として出席できるかなど）

④ 管理組合、理事会の状況

⑤ 住民の構成（居住型であるのか投資用マンションなのかなど）、住民の

意識の状況（区分所有法による場合には特別決議ができる見込みの有無）
⑥　証拠収集の可能性（防犯ビデオ、住民からの事情聴取書、アンケートによる迷惑行為の内容、出入り業者の供述など）

4　総会開催手続上の留意点

前記〔表１〕に記載のとおり、区分所有法57条から60条の措置の手続的要件を充足させるためには管理組合の（臨時）総会を開催する必要があるが、その準備として欠かせないのが住民への説明である。多くの住民は組事務所排除の手続を進めるに当たり大きな不安を抱えており、かかる不安を取り除くためにも、また住民の関心を維持させるためにも十分な説明が必要である。そこで、説明の機会をできるだけ多く設けるようにし、住民の不安を取り除きつつ、一致団結して手続を進めていけるような下地作りが大切である。

以下では、この総会開催手続上の問題点（主として総会開催までの手続）について述べることとする。

ア　説明会の開催と説明事項

総会決議で多数の議決を得るためには、住民の理解が不可欠であり、そのような理解を得るための説明会を開催し、次のような事項を説明する。

まず、組事務所を排除しなければ、組員の迷惑行為等に長期に渡って悩まされ続けるだけではなく、将来においては、抗争事件の舞台となり住民の生命・身体に危険がおよぶ可能性すらあること。

また、好ましくない入居者がいれば資産価値が下落し、過去においては、当該マンションを担保に金融機関に融資の申入れをしたところ、組事務所があることを理由に融資を拒否された事例、マンションについて良くない風評が立ち、賃借希望者がいなくなり、空室が続出し、経済的価値も買受け当時の半分以下となった事例、区分所有権を売却しようとしても、組事務所が存在しているため、売却できない状況になった事例等が存在すること（なお、マンションの専有部分の売買において、同じマンションの他の

専有部分を暴力団員が占有していることが隠れた瑕疵に当たるとされた事件として、東京地判平成9年7月7日判時1605号71頁がある)。

　このように、迷惑行為、生命・身体に対する危険、資産価値の減少を除去するためには、組事務所を排除するしかないことを説明し、集会に向けた住民の理解を得るようにする。また、このような説明会の開催は、仮処分や本訴提起後も時機に応じて開催するようにし、常に住民の関心を維持するように努める。

　　イ　総会開催の理事会の決定

　管理組合に理事会が設置されている通常のケースの場合、理事会を開催して総会（多くの場合は臨時総会の開催であろうが、時期的に通常総会の場合もあり得る）の招集決定を行う。その際、（臨時）総会の議案（区分所有法上は「議題」の明示で足りるが（区分所有法35Ⅰ）、議案まで示すことが望ましい）を決定する。

　　ウ　総会招集通知・弁明の機会付与の通知の発送

　理事会で（臨時）総会招集が決定次第、招集通知を発することとなる（書式6）。これについては注意すべき点が二つある。

　一つ目は、区分所有法58条から60条の手段をとる場合は、当該区分所有者に「弁明の機会」を与えなければならないことである（区分所有法58Ⅲ、59Ⅱ、60Ⅱ）。弁明の機会付与の方法について具体的な規定はないが、後日弁明の機会を与えたことの証拠とするために、当該区分所有者へ招集通知とともに弁明の機会付与の通知書を発送することが望ましい（書式7）。

　二つ目は、問題となっている区分所有部分の賃借人等の占有者がいる場合には、その者も集会に出席して意見を述べることができるため、招集通知に記載した内容と同じ事項を建物内に掲示する必要があるということである（区分所有法44）。

　なお、集会当日、占有者と区分所有者の両者が出席した場合、いずれに

弁明の機会を付与すべきか問題となるが、占有者のみに弁明の機会を与えれば足りるとする裁判例がある（最判昭和62年7月17日判時1243号28頁、名古屋地判昭和62年7月27日判時1251号122頁）。

　　エ　訴訟担当制度（区分所有法57Ⅲ）の活用
　管理組合は法人化されていないのが通例で、管理組合の訴訟追行権は原則として「管理者」（通例では管理組合理事長）に付与されている（区分所有法26Ⅳ）。しかし、管理者がいる場合であっても、本条項によって管理者以外の区分所有者を訴訟担当者として指定することができる。
　なお、管理者以外の区分所有者に訴訟追行権が認められるのは区分所有法57条から60条の場合に限定され、訴え提起を余儀なくされたことによる弁護士報酬等の損害賠償請求や未払管理費請求、動産執行に不可欠な金銭債権請求の場合には認められない。

　　オ　住民の関心の維持等
　区分所有法に基づく組事務所の明渡し等の手続を進めるに当たっては、依頼者との関係が長期に渡ることから、信頼関係の構築が非常に重要となる。また、相手方が暴力団ということで住民の多くが不安を抱えていることから、依頼者との信頼関係の構築、不安の除去のために、定期的に説明会・勉強会・打合会を行うとよい。
　説明会・勉強会・打合会においては、弁護士のみならず、警察関係者も交えた上で、暴力団の反社会性・危険性、今後の見通し、迷惑行為の記録化等について住民にアドバイスし、また、適宜、住民からの質疑に応答する。
　以上の説明会・勉強会・打合会を重ねながら、組事務所明渡し実現に向けて、住民のモチベーション・目的意識の維持等に努める。
　その他、仮処分の発令等を受けることにより、住民の中に「これで終了」との意識が発生することも少なくないが、報告集会の実施、本訴における法廷傍聴等を通じて、事件の進捗状況に正確な理解を得てもらう必要

がある（書式6：臨時総会招集通知、書式7：通知書（弁明の機会付与））。

5 仮処分

　組事務所として使用されることは刻々と住民の生命、身体に対する脅威となるので、仮処分が必要となる。

　仮処分の内容としては、占有移転禁止の仮処分、暴力団事務所等としての使用禁止の仮処分等が考えられる。また、59条の競売請求を申し立てる予定の場合、これを被保全権利とした処分禁止仮処分の申立ても検討してよい。これらの仮処分の中でも、債務者の使用を許さない形式の執行官保管の仮処分も認められることがあるので、この点も事案に応じて検討する。

　仮処分申立てに当たっては、①債務者が専有部分を暴力団事務所等として使用している事実を疎明した上で、②暴力団事務所等としての使用が共同利益背反行為に該当すること、③（58条～60条の請求権を被保全権利とする場合）当該共同利益背反行為による他の区分所有者の共同生活上の障害が著しいことを疎明する必要がある。

　まず、①暴力団事務所等の使用と認められる場合として典型的なのは、マンション廊下の壁に組の代紋をかざした標章物を掲げたり、組織を示す表示を行ったりしているケースであるが、現在では外観から暴力団事務所等と明確に分かるようなケースはほとんどないと考えられる。過去の裁判例では、風貌及び服装から一見して暴力団関係者であることが明らかな不特定多数の者が出入りしていること、玄関等に監視カメラや投光器が設置されていたり、玄関の扉が鉄製のものに変えられていること、定期的な会合が開催されていること、専有部分に発砲される事件があったことなどの事実から、当該専有部分が組事務所として使用されていることが認定されている。

　次に、②共同利益背反行為についてであるが、通常は、暴力団事務所等としての使用そのものが共同利益背反行為に該当するので、上記①につい

ての疎明で足りると考えられる。また、管理規約に暴排条項を盛り込むことでこの点を明確にできることは前述のとおりである。なお、過去の裁判例では、隣室との間の壁を撤去するなど自己の専有部分を不当に増改築する行為、共用部分に無断で自己の所有物を置いて他の区分所有者の使用を妨害する行為、会合参加のためマンションの出入り口に多数の黒塗りの大型車が無断で駐車され他の区分所有者の出入りができなくなる行為などの事実から認定されている。

　③共同生活上の著しい障害については、暴力団事務所等に対する発砲等の暴力団同士の抗争事件の存在等があれば、比較的容易に認められる。この場合、新聞や雑誌記事などを疎明資料として用いることになろう。もっとも、具体的な抗争事件等の発生は必須の要件ではなく、当該専有部分の使用形態や周囲への影響等から共同生活上の著しい障害を疎明できるケースもある。この場合、疎明資料として、現場の状況を撮影した写真撮影報告書、他の区分所有者や実際の居住者の事情聴取書（場合によっては、住民アンケートを実施して組事務所が存在することによる具体的な迷惑行為を把握することも考慮する）、警察からの事情聴取報告書などを準備することとなる。

　6　本案提起

　仮処分の決定が出て、その執行が終了した後、迅速に本案訴訟を提起する必要がある（書式8ないし11）。

Ⅳ　賃貸借契約の終了に基づく建物明渡請求

＜手続の流れ＞

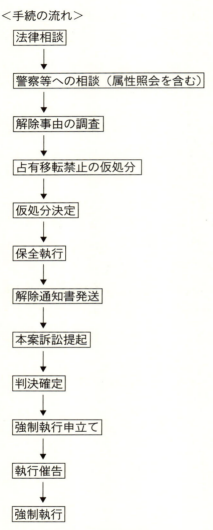

1　法律相談・調査・準備の段階

ア　調査事項及び調査方法

賃貸建物が暴力団事務所等として使用されているという相談を受けた場

合、まず、賃貸借契約書を確認し、住民票を取得するなどして、賃借人の氏名及び生年月日等を調査する。

また、暴力団事務所等として使用されている実態を確認するために、住民や管理人からの事情聴取、防犯カメラの確認等を行う。

その上で、賃借人（及びその他の占有者）の属性を調査する必要があれば、新聞・雑誌・インターネット等で調査した上で、暴追センターや警察（警視庁組対三課、所轄警察署）に赴き、当該建物が暴力団事務所等として使用されていることなどを説明し、事件相談をする中で属性照会を行う。なお、属性照会の回答を証拠化するために、後日、弁護士会照会を行ったり、報告書を弁護士が作成するなどすることもある。

　イ　解除事由

これらの調査により、賃貸建物が暴力団事務所等として使用されていることが判明した場合、賃貸借契約の解除事由を検討する。

解除事由としては、主に、賃料不払、用法違反、無断増改築、賃借権の無断譲渡・転貸、危険行為条項違反、及び暴排条項違反が挙げられる。

①　このうち、賃料不払は、他の解除事由に比べて立証が容易な場合が多いので、まず賃料不払の事実があるか否かを確認する。

②　また、居宅の用途のために賃貸した建物が暴力団事務所等として用いられている場合などは、用法違反として契約の解除事由になる。

③　危険行為条項違反とは、賃貸借契約上、「ビルの共同生活の秩序を守り、近隣より苦情が出たり他人の迷惑になるような行為をしてはならない」「事務所内において危険若しくは近隣居住者の迷惑となり、あるいは事務所に損害を与える行為をしてはならない。」という条項を盛り込んでいる場合に、暴力団事務所等として使用することが、かかる条項に違反する行為であるとするものである。賃貸建物の暴力団事務所等使用がこの危険行為条項違反に当たり、解除事由として認められた裁判例がある（大阪地判平成6年10月31日判タ897号128頁、東京地判平成7年10月11日判タ915号158頁）。

暴力団事務所等の場合、危険行為条項違反が行われていることが多

いが、法的手続においては、それらの具体的事実を主張立証する必要があり、事実の存否が争われることを想定して丁寧にかかる事情の調査を行うべきである。

④ 暴排条項違反

賃貸借契約書に、「本件貸室内、共用部分等に暴力団等であることを感知させる名札、名称、看板、表札、代紋、提灯等の物件を掲示したとき」「本件貸室に暴力団員、暴力団関係者その他の反社会的勢力（以下「暴力団員等」という）を居住させたとき」「本件貸室、共用部分内に反復継続して暴力団員等を出入りさせたとき」などには賃貸借契約を解除することができる旨の暴排条項を盛り込むことで、解除事由が他に存在しない場合であっても、賃借人自身が暴力団員である場合はもちろん、賃借人自身は暴力団員でなくても暴力団事務所等として使用させていることが当該条項違反となり、賃貸借契約を解除することができる。

暴排条項のみを理由とする賃貸借契約解除が認められる理論的根拠としては、暴力団の属性自体の悪性・危険性、暴力団事務所等として使用されることによる資産価値の下落・毀損、及び暴力団等が入居することにより不可避的に発生する危険・迷惑行為等が挙げられる。

ウ　解除通知について

以上のような解除事由が存在した場合に、一般の建物明渡事件と同様に解除通知を送付し、任意での明渡しを求めるか否かであるが、個別の事案にもよるが、避けるべき場合もある。

そもそも、相手方は、組の活動の本拠として事務所を構えた以上、簡単に明け渡すことはない。それにもかかわらず、解除通知を送付し、任意での明渡しを求めると、賃貸人側が代理人の弁護士を立てて明渡しの準備をしていることを相手方に知らせる結果となり、対策を取られるおそれがあるという理由による。後述のとおり、裁判所に対して、いつでも解除通知を行う準備がある証として、裁判官面接時に解除通知書を持参して申し立てることもあり得る。

2　仮処分申立て

　調査の結果、依頼者所有の賃貸建物が暴力団事務所等として使用されており、解除事由の存在も確認できた場合、仮処分の申立てを行う。

　具体的には、①占有移転禁止の仮処分、又は②明渡し断行の仮処分を申し立てる。

　これらの仮処分の申立てを行わずに、建物明渡しの本案訴訟を提起すると、相手方である暴力団に占有を移転され、明渡しの執行ができなくなるおそれが大きいためである。

ア　占有移転禁止の仮処分

　暴力団事務所等の明渡し事件においてまず検討すべき仮処分は、占有移転禁止の仮処分である。

a　申立て

　申立てに際しては、仮処分命令申立書（正本1通）、物件目録（3通、債務者が1名増えるごとに1通追加）、当事者目録（3通、債務者が1名増えるごとに1通追加）を作成し、疎明資料（賃貸借契約書、不動産登記事項証明書、建物平面図、ブルーマップ、固定資産評価証明書、相手方の属性に関する資料、暴力団事務所等として使用されていることに関する資料等）等とともに管轄の裁判所に申し立てる。

　相手方は通常、暴力団組長個人とする。

　この点、いわゆる若衆部屋（末端組構成員数人が生活の本拠として使用している部屋）として使用されている場合など組長の直接占有が認められるか否かが確実でない場合もあるが、暴力団においては配下の組員を組長から独立した直接占有の主体とみるのは実態にそぐわない。原則としては、あくまでも組長が直接占有の主体であり、寝泊まりする組員は占有補助者にすぎないと考えられる。

　もっとも事案によっては組長以外の直接占有主体が存在するとみるべき事案もあり得るので、具体的事実関係を慎重に検討する。占有主体を特定することを困難とする特別の事情があるときは、債務者を特定しないで発する占有移転の仮処分命令の申立てを検討する（民保法25の2Ⅰ）。

債務者を特定することを困難とする特別の事情の疎明に当たっては、現地調査や付近の聞取り調査をしたが占有者が特定できなかったという内容の経過報告書を、代理人弁護士名で作成して提出することが多い。

  b 裁判官面接

仮処分の申立てにおいては、申立て当日に裁判官面接が行われるのが原則である。

この点、解除通知を送付していない事案ではその理由説明を求められることが多い。解除通知を送付すると、賃貸人側が代理人の弁護士を立てて明渡しの準備をしていることを相手方である暴力団に知らせる結果となり、民事保全手続の密行性を保つ上で障害となるおそれがあること、保全執行後に直ちに解除通知を発送することなどを説明し、理解を得る。

担保金額については、不動産の占有移転禁止仮処分（債務者使用型）の場合、担保金額の目安は①居住用の場合には賃料の1ないし3か月分、②店舗事業用の場合には賃料の2～5か月分とされているが（司法研修所編『民事弁護教材改訂民事保全（補正版）』30頁）、暴力団事務所等明渡事件の場合、相手方が暴力団であるという特殊性からすれば、申立人が損害賠償責任を負う可能性が小さいため、上記のような高額な担保を積む必要性はない。そのため、担保金額を事案に応じた適正な金額（賃料の1か月分程度）若しくは無保証にするよう求める。担保を立てる期間は1週間程度とされることが多いが、手続を迅速に進めるため、担保決定後すぐに担保を立てることができるように資金を準備しておくべきである。

  c 裁判官面接後の手続

担保決定後は期限までに担保を立てる。担保金を供託したら、あらかじめ供託書原本をコピーし、裁判所の担当部に供託書原本を提示し、写しを提出する。

 イ 明渡断行の仮処分

建物明渡断行仮処分とは、建物の明渡しを実現したのと同様の法律状態を形成する仮の地位を定める仮処分（満足的仮処分）である。明渡断行仮処分決定の主文例は、書式4参照。

明渡断行の仮処分も「債権者に生ずる著しい損害又は急迫の危険を避けるためこれを必要とするとき」（民保法23Ⅱ）に認められる。この存否は、仮の地位を定める仮処分の目的に照らして、被保全権利の性質・内容、被保全権利の存在についての疎明の程度、本件申立てに至った経緯、仮処分が認められないことによって債権者に生じる損害の内容・程度、仮処分が認められることによって債務者に生じる損害の内容・程度、といった諸事情を総合的に考慮して判断されることになる。具体的には、①債務者の行為が執行妨害的と評価される場合、②債務者の占有取得が暴力的行為によった場合、③債務者において目的物を使用する必要性が著しく小さい場合、④債権者の受ける損害が著しく大きい場合、⑤債務者の行為が著しく信義に反し不誠実であると認められる場合が、仮処分が認められた例として紹介されている（木納敏和『現代裁判法体系14』（新日本法規、1999年）260頁～）。
　暴力団事務所等に対して建物明渡断行仮処分が認められた裁判例は、公刊物上は見当たらないが、多数存在する。
　裁判例の中には、暴力団事務所等に改装した場合や、暴力団事務所等に銃弾が撃ち込まれたり、組員が襲撃されて重傷を負ったりした場合に認められたものもあるが、そうでなくても、暴力団事務所等に使用することを秘して、あるいは積極的に否定して建物所有者をその旨誤信させ、賃貸借契約を締結させて暴力団事務所等として使用したことをもって建物明渡断行仮処分が認められたものも複数ある。これは債務者である暴力団に目的物を使用させる必要性が著しく小さい場合（建物所有者を欺罔した債務者を保護する必要はないこと、暴力団事務所等は反社会的な存在であり保護する必要がないこと）、かつ、債権者の受ける損害が著しく大きい場合（他の賃借人が退去してしまい著しい財産的損害を被る、他の賃借人が周辺住民から暴力団を退去させるようクレームを受け続け著しい精神的苦痛を被る等）に該当するのである。銃撃事件等が必須の条件となるわけではない。
　もっとも、仮の地位を定める仮処分は、債務者が立ち会うことができる審尋期日を行うことが必要である（民保法23Ⅳ）ことから、密行的に行う

ことができない。また、担保金も比較的高額となる。したがって、密行的に行う必要性があまり高くなく、審尋期日を契機とする和解が期待できるような事案では検討に値する。

3 保全執行

ア 申立て

以上の仮処分命令が発令されたら、保全執行の申立てを行う。

保全執行は、債権者に対して保全命令が送達された日から2週間以内に行わなければならない（民保法43Ⅰ）。もっとも、暴力団事務所等明渡事件においては、仮処分申立ての準備と並行して保全執行申立ての準備に着手し、担保決定が出てから立担保までの間に保全執行申立ての準備を完了させ、仮処分命令正本を受領した日のうちに（仮処分命令正本を受領したその足で）保全執行申立てを行うようにすべきである。暴力団事務所等明渡し事件では、警察に対する警備要請などの事前準備を要する場合が少なくないからである。

なお、執行官は、執行期限のある保全執行に優先的に取り組むように配慮しているが、①夏休みの時期、②年末年始、又は③定期の人事異動がある3月から4月にかけて保全執行を申し立てなければならない場合には、申立代理人側でも特にスケジュールには気を遣う必要がある。

イ 執行官面接

保全執行を申し立て、執行手続金を納付したら、執行官面接を行う。東京地裁では一般的に、申立てが受理された翌日朝に執行官面接が行われる。

執行官面接の際、執行官に仮処分命令申立書又は陳述書（報告書）の写しを参考資料として交付すると良い場合が多い。保全執行申立書に添付する仮処分決定正本には決定主文しか記載されておらず、執行官は、執行の相手方に関する情報を何ら持ち合わせていないためである。

執行官は、職務の執行に際し抵抗を受けるときは、その抵抗を排除するために威力を用い、又は警察上の援助を求めることができる（民執法6Ⅰ

本文)。そこで、執行官が警備要請するか否か判断するための情報を提供する。現場の混乱が予想される場合には上申書等で警備要請を積極的に求める。

なお、前述のとおり、事前に警察相談を行い、担当者との面識を得ているのが一般的であるから保全執行についても執行官とは別の情報提供を行う。

　ウ　執行期日

申立代理人は執行期日に必ず立ち会うべきである。相手方が暴力団関係者である場合、執行対象物件の範囲や占有認定等さまざまな法律問題が発生するおそれがあるし、情報収集の機会にもなるからである。

執行現場においては、現場にいる者が「自分はただの留守番だ」「責任者は今外出している」と発言するなど、占有主体を曖昧にする目的で相手方がさまざまな工作をすることがあり、執行官が占有認定に慎重になる可能性もある。そこで、申立代理人としては、事件記録を持参し、想定される妨害工作にはあらかじめ対応策を準備しておく必要がある。

また、妨害工作により執行申立書上の執行債務者とは別の人物が占有していたために執行不能になることもあるが、そのような場合であっても、単に「別人が占有していた」というのではなく、占有者が何者であるか特定した上、占有者を特定する事項について執行調書への記載を求める。そうすることによって、その者を相手方として新たに仮処分申立てをすることが可能になる。

　4　本案訴訟

　ア　任意の明渡しと本案訴訟提起の要否

事案によっては、上記の保全執行が終了した段階で、相手方が任意に出て行く場合もある。

このような場合に、本案訴訟を提起するかが問題となるが、相手方が物件に戻ってくる可能性があり、また、相手方の属性からすれば後日不当な言いがかりをつけられる可能性も捨てきれない。また、相手方から任意に

担保取消同意書を得られない場合、勝訴判決を得なければ、担保の取戻しができないという問題もある。よって、本案訴訟を提起し、勝訴判決を得ることが望ましい。

なお、本当に相手方が任意に出て行くということであれば、相手方から合鍵を含む鍵を返還してもらうとともに、残置物放棄書・担保取消同意書の交付を受けることが必要である。また、明渡し期日を定め、当日は必ず弁護士が立ち会って明渡しを受けたことを確認すべきである。

　　イ　相手方の反論

暴力団はしばしば、賃貸人が暴力団であることを知っていて賃貸したとか、暴力団であることを知った後も賃料を受領しており、契約の瑕疵を追認したなどと主張する。

これに対しては、暴力団が怖くて立ち退きを求めることができなかったという反論を認めた裁判例がある（東京地判平成7年10月11日判タ915号158頁）。

5　強制執行

本案訴訟で勝訴判決を得て、確定した場合、建物明渡の強制執行の申立てを検討する。

　　ア　ここで、相手方が任意に出て行った場合の対応方法としては、4のアで前述したとおりである。

　　イ　執行官面接、警備要請、及び執行当日の注意点については、3のイ及びウで前述したとおりである。

　Ⅴ　和解による解決

1　和解する場合の条件・条項

以上のように、暴力団事務所等排除の方法には、上記の各手段があるが、裁判手続前、保全手続、訴訟手続の各段階で、和解による解決を検討する必要が生じる場合がある。その際の和解条件や和解条項としては、以下のようなものが挙げられる。

ア　使用差止めに関する部分（禁止行為）

以下の各行為をするなどして、暴力団の事務所として使用してはならない旨の条項を入れる。

①　建物内で定例会又は儀式を行うこと
②　建物内に暴力団の事務所として使用するために立ち入ること
③　建物内に暴力団の当番員又は連絡員を置くこと
④　建物内に暴力団を表象する紋章、看板、表札、提灯、暴力団の綱領、歴代組長、幹部又は構成員の写真、名札などを設置し、掲示すること

　イ　立入権

和解の遵守状況を確認するためには、定期的に建物内に立ち入ることを認めさせる必要があるので、原告、債権者代理人が定期的な立入りを認める旨の条項を入れる。

　ウ　違約金

和解条項の遵守を担保するため、和解条項に違反した場合には1日につき〇円（例えば100万円など）の金員を支払う旨の違約金支払条項を入れる。

２　和解により不動産を購入すること（相手方に金員を支払うこと）の可否

和解により、暴力団事務所等として使用されていた不動産を購入する場合があり得るが、その場合、当該購入代金の暴力団側への支払いが暴力団に対する暴排条例上の利益供与となるのではないかということが問題となる。

しかし、和解において暴力団事務所等として使用されていた不動産を購入する場合、その購入価格が適正な価格（市場価格）であれば、暴排条例上の「正当な場合」に該当し、利益供与とはならない。実際にも、平成25年に、指定暴力団道仁会の旧本部跡地を久留米市土地開発公社が購入することでの和解がなされている。

〔表2〕 各手続のメリット・デメリット

	メリット	デメリット
賃貸借解除	①近隣住民の協力がなくても暴力団事務所等の排除が可能である（準備期間は比較的短い）。 ②賃料不払いなど解除事由が明らかであるような場合には、早期の解決が見込まれる。	①賃貸人本人に解除・明渡請求が期待できない場合には使えない。
区分所有法	①多くの区分所有者を巻き込み、一体となって暴力団事務所等の排除を進めることができる。 ②区分所有法59条の競売請求によれば、所有権を奪うという強力な効果がある。 ③管理規約に基づき、組員の立入や居住禁止を請求できる（区分所有法57条）。	①手続が厳格。 ②早期に法的手続に乗せることが難しい。
人格権	①賃貸型、所有型問わず利用可。 ②多くの近隣住民を巻き込み、一体となって暴力団事務所等の排除を進めることができる。 ③適格団体訴訟利用可。 ④区分所有型の場合でも一部の住民により仮処分申立てが可能。	①準備期間が長くかかる。 ②区分所有型の場合には一部の区分所有者のみが矢面に立つことになる。 ③使用差止めに止まり所有権を奪ったり明渡しを求めたりすることはできない。

第2章　暴力団被害への対応と損害賠償請求

I　被害者救済の概要

　暴力団員から被害を受けた場合、被害者の身体的・精神的な回復とともに、損害賠償等による金銭的な被害回復を図ることが必要である。また、それらの前提として、暴力団員による不法行為が行われた経緯や、なぜ被害者が標的とされたのか等、事実関係の正確な把握が不可欠となる。

　暴力団員による被害は、犯罪行為によって生じるものも多く、それらが刑事事件となっていることもある。そのような場合、刑事手続における犯罪被害者の救済のための諸制度も利用しつつ、事実関係の把握をはじめとして、被害者救済を進めることになる。

　そして、民事上も被害弁償を実現するため、当該不法行為を行った暴力団員のみならず、その直属の組長や、さらに暴力団組織の上位に位置する組長らに対して、損害賠償請求をすることも検討しなければならない。

　そこで、本章では、まず暴力団組長らに対する民事上の損害賠償請求について解説する（Ⅱ）。次に、被害回復手段としての動産執行について述べる（Ⅲ）。また、被害者救済のための刑事手続について説明し（Ⅳ）、最後に被害者救済に利用できるその他の諸制度について紹介する（Ⅴ）。

Ⅱ　暴力団組長に対する損害賠償請求

（事　例）

> ①　縄張り内でみかじめ料を支払わない飲食店主Xに暴力団A組組員Yが暴行を加え、全治2週間の傷害を負わせた。Xは、A組の組長Zに対して、損害の賠償を求めることができるか。

② 暴力団Ａ組傘下Ｂ組の組員が暴力団Ｃ組傘下Ｄ組の組員に殺害されたことの報復のために、Ｂ組組員Ｙは道路からＤ組の事務所の玄関ドアに向けてけん銃で発砲した。ところが銃弾は大きくそれ、付近を通行中の女性ＶにあたりＶは死亡した。Ｖの遺族Ｘは、Ｙのほか、Ａ組の組長、Ｂ組の組長に対し、損害の賠償を求めることができるか。

１　組長責任追及訴訟とは

　暴力団員の行為によって損害を被った被害者が、実行犯である暴力団員の所属する暴力団の組長や、さらにその上位組織の組長らに対して損害賠償を求める民事訴訟のことを組長責任追及訴訟という。

２　組長責任追及訴訟の目的

　ア　被害回復の実効性

　違法行為を行った末端の組員が、不法行為責任を負うことは当然であるが、損害を償うに足る資力を持つことは稀である。他方、組長の下には組員や傘下組織から上納金という形で財産が集約されていることが多い。十分な資力を持つ組長に賠償責任を負わせることで、実効的な被害回復を図ることが可能になる。現に、従来行われてきた組長責任訴訟において、勝訴又は和解が成立した場合には、判決や和解条項で定められた金額の賠償が得られるケースがほとんどである。

　イ　暴力団犯罪の抑止、資金源対策

　下位の組員の違法行為について自らが賠償責任を負うということになれば、組長にとっては心理的な圧迫となり、市民を巻き添えにするような活動を思いとどまらせる動機になる。また、組長の下に集約された資金を損害賠償の形で剥奪することにより、犯罪資金としての再利用を防ぎ、組員の背後にある組織自体に経済的打撃を与えて弱体化を図ることも可能となる。警察等の支援を受けられるのも、組長責任追及訴訟にかかる目的があるからである。

3　組長責任追及訴訟の準備・要点

組長責任追及訴訟を行うに当たり、これまで実務では主に次のような準備が行われてきた。

ア　弁護団の結成

組長責任追及訴訟では、原告（被害者や遺族）の代理人となる弁護士が行う作業は多く、その負担も大きい。そこで、複数の弁護士で弁護団を結成するのが通常である。これまでに行われた訴訟でも、各地の民事介入暴力対策委員会に所属する弁護士らを中心に弁護団が結成されている。

イ　刑事事件資料の入手等

暴力団員が行う不法行為は、犯罪行為として刑事事件化していることも少なくない。そうしたケースでは、警察や検察による刑事事件手続が先行し、公判が行われている場合がある。その場合、犯罪被害者の代理人である弁護士としては、刑事訴訟資料を閲覧謄写するなどして、事実関係の把握に努めるとともに、民事訴訟で利用できる証拠を選別する。また、公判期日が開かれていれば傍聴し、被告人の主張や人物像などを把握することも有用である。

ウ　警察との協力体制の構築

組長責任追及訴訟では、暴力団員やその上位の組長らを相手方とするため、暴力団組織やその内部情勢に詳しい警察の協力を仰ぐことも重要である。そこで、都道府県警察や所轄署に赴き、事件内容や組長責任を追及することを説明するなどして、協力関係を構築するべきである。また、原告となる被害者やその遺族らの身辺警護のための保護対策も検討することになる。

エ　被告とすべき者の選定と訴訟物の選択

暴力団には、複数の暴力団員が所属し、組長の統制下で組員らが活動している。さらに、複数の暴力団が組織化し、一次団体、二次団体、三次団体といったピラミッド様の上下関係を構築していることが多い。特に、指定暴力団ともなれば、一次団体を代表する者やその運営を支配する地位に

ある者の統制の下に階層的に構成されており、その構成員は多人数となる。

組長責任追及訴訟における被告の選定に当たっては、事件に関する事実関係を精査したうえで、直接に不法行為を行った組員、当該組員が所属する組長、さらに上位団体の組長などを把握し、誰を被告とすべきか、またそれら被告に対し如何なる訴訟物を選択するかを、慎重に検討する必要がある。

なお、組長責任追及の相手方は、組長個人であって、暴力団組織ではない。暴力団に法人格はなく、組長による独裁などの組織実態を踏まえれば、権利能力なき社団の要件も満たさないからである（最判昭和39年10月15日民集18巻8号1671頁参照）。

組長や組員が暴力団員として稼業名を用いている場合には、○○○○ことA山B男と表記する。

4 組長責任追及訴訟の展開と訴訟物の選択

ア 組長責任追及訴訟の展開

従来、組長責任追及訴訟は、使用者責任（民法715）を活用する形で行われてきたが、使用者責任が認められるためには、各要件の主張立証に際して、当該暴力団の組織実態や意思決定、意思伝達の仕組み等を具体的に主張立証することが必要とされてきた。しかし、暴力団組織の「沈黙の掟」の下では、それら組織内部の具体的事実を主張立証するのは必ずしも容易ではなかった。

そこで、指定暴力団の代表者等の責任追及に関しては、使用者責任の主張立証を緩和する方向での新たな制度が暴対法に盛り込まれた。それが、対立抗争等に係る損害賠償責任（暴対法31）及び威力利用資金獲得行為に係る損害賠償責任（暴対法31の2）である。

そこで、これら暴対法上の訴訟物を用いることができる要件が整っている事案では、まずこれらを用いることを検討する。

暴対法上の要件を満たさない事案では、従来どおり、民法の使用者責任

や共同不法行為責任による追及を検討することになる。なお、前述の暴対法の規定は、使用者責任や共同不法行為責任といった民法上の損害賠償責任と併存するものであるため（暴対法31の3）、請求を併合することも可能である。

　イ　訴訟物の選択

　暴力団員の不法行為につき、組長の責任を追及するための法律構成としては、以下のものが考えられる。

　①　対立抗争等に係る損害賠償責任（暴対法31）
　②　威力利用資金獲得行為に係る損害賠償責任（暴対法31の2）
　③　使用者責任（民法715Ⅰ）
　④　代理監督者責任（民法715Ⅱ）
　⑤　共同不法行為責任（民法719）

〔表3〕　組長責任追及訴訟の法律構成（比較）

	①対立抗争等に係る損害賠償責任（暴対法31）	②威力利用資金獲得行為に係る損害賠償責任（暴対法31の2）	③使用者責任（民法715Ⅰ）	④代理監督者責任（民法715Ⅱ）	⑤共同不法行為責任（民法719）
相手方たる組長の法的位置付け	指定暴力団の代表者等		使用者	使用者に代わって事業を監督する者	共同行為者
組長の負うべき責任の性質	無過失責任	例外として免責規定あり（同条各号）	中間責任（使用者等の過失の立証責任が転換されている）		過失責任
対象となる不法行為	指定暴力団員による暴	指定暴力団員による威	暴力団員による不法行為		暴力団員及び組長によ

	力行為（凶器を使用するものに限る）	力利用資金獲得行為を行うについてなされた不法行為			る不法行為
組長への責任追及に当たって問題となる要件事実※	①指定暴力団の代表者等であること		①事業性 ②使用者性 ③事業執行性		複数の不法行為者の行為が関連共同していること
	②指定暴力団間（内）の対立抗争によるものであること	②指定暴力団員が威力利用資金獲得行為を行うについてなされた不法行為であること		④使用者に代わり事業を監督していること	

※　そのほか、一般に「損害の発生及び金額」「加害行為と損害の間の因果関係」等も要件となるが、ここでは、「暴力団員の行為について、組長へ責任追及するためにとくに問題となる要件」を比較している。

5　指定暴力団の代表者等の損害賠償責任

ここでは指定暴力団の代表者等の損害賠償責任（暴対法31・31の2）の概要について述べる。

ア　指定暴力団とは

暴力団とは「その団体の構成員（その団体の構成団体の構成員を含む）が集団的に又は常習的に暴力的不法行為等を行うことを助長するおそれがある団体」（暴対法2②）である。

そして指定暴力団とは、暴力団員が当該暴力団の威力を利用して資金を得ることができるようにするため、その威力を利用させ、又は威力の利用を容認することを実質的な目的とし、代表者等の統制の下に階層的に構成されている団体をいう（暴対法2③、3①ないし③）。

平成25年末現在、21団体が指定暴力団として指定されている（巻末資料編資料1参照）。

　イ　指定暴力団の「代表者等」の意義

　指定暴力団の「代表者等」とは、当該暴力団を代表する者又はその運営を支配する地位にある者をいう（暴対法3③）。「代表する者」とは、組長、総裁、総長、会長、理事長等と称する当該指定暴力団の首領をいい、「その運営を支配する地位にある者」とは、若頭、若頭補佐、会長補佐、理事長補佐等と称するいわゆる最高幹部会議のメンバー等がこれに該当する(注1)。

　こうした指定暴力団の「代表者等」に該当する者に対しては、次に述べる暴対法31条、31条の2による損害賠償請求が可能となる。

　ウ　対立抗争等に係る損害賠償責任（暴対法31）

　本条は、①指定暴力団相互間又は一の指定暴力団内部の集団相互間に対立が生じたこと、②当該対立に伴い指定暴力団員による凶器を使用した暴力行為が行われたこと、③当該暴力行為により人の生命、身体又は財産が侵害されたこと、すなわち対立抗争等によって被害を被ったことを立証すれば、指定暴力団の代表者等に対し、過失の有無にかかわらず、生じた損害の賠償を請求できることとした。

　このような責任を代表者等に負わせる根拠として、立法担当者は危険責任及び報償責任を挙げており(注2)、「指定暴力団の組織としての対立抗争が代表者等の統制する暴力団の危険性の発現」といえるためである(注3)。

注1　堀誠司「『暴力団員による不当な行為の防止等に関する法律の一部を改正する法律』について」警察学論集57巻6号26頁。
　　島村英ら「『暴力団員による不当な行為の防止等に関する法律の一部を改正する法律』について」警察学論集第61巻9号（平成20年）59頁。
注2　堀誠司「『暴力団員による不当な行為の防止等に関する法律の一部を改正する法律』について」警察学論集57巻6号25頁以下
注3　浦川道太郎「組長訴訟の生成と発展」Law&Practice№04（2010）160頁

エ　威力利用資金獲得行為に係る損害賠償責任（暴対法31の2）

暴対法31条が対立抗争に伴う代表者等の損害賠償責任であるのに対し（抗争型）、本条は、威力利用資金獲得行為に係る代表者等の損害賠償責任を定めるものである（シノギ型）。本条も、危険責任及び報償責任の考えに基づくもので、使用者責任の立証の困難を軽減するものとして定められた。

a　要件

被害者は、①不法行為が指定暴力団員によって行われたこと、②不法行為が威力利用資金獲得行為を行うについて行われたこと、③当該行為によって生命・身体・財産が侵害されたことの3点を立証することで、代表者等に対する損害賠償請求が認められる（書式13：訴状案）。

b　威力利用資金獲得行為

要件②の威力利用資金獲得行為とは、当該指定暴力団の威力を利用してⅰ）生計の維持、財産の形成若しくは事業の遂行のための資金を得る行為、又はⅱ）当該資金を得るために必要な地位を得る行為をいう。ⅰ）の例としては、恐喝、みかじめ料の要求等が挙げられる。また、ⅱ）の例としては建設工事の下請業者としての地位を得る行為等が挙げられる。

c　威力利用資金獲得行為を行う「について」

要件②の威力利用資金獲得行為を行う「について」とは、民法715条1項の「（事業の執行）について」（事業執行性）と同義である。したがって、指定暴力団の威力を利用して恐喝や金品の供与を受ける場合のほか、みかじめ料等の要求に応じない者に対し、報復目的で傷害を与える場合などもこれに含まれる(注4)。

d　免責の可能性

本条ただし書には免責の規定が設けられているが、制度として上納金シ

注4　島村英ほか「暴力団員による不当な行為の防止等に関する法律の一部を改正する法律について」警察学論集61巻9号59頁

ステムを一切持っていないというような場合を想定したものであって、現実にそのような指定暴力団が存在するとは考えにくく、この点を代表者等が立証するのは極めて困難だと解されている(注5)。

　オ　事　例

　対立抗争等に係る損害賠償責任（暴対法31）を追及した事例は現在のところ見当たらないが、威力利用資金獲得行為に係る損害賠償責任（暴対法31の2）を追及した事例は、後述10の事例⑮～⑲のとおり相当数に上っている。

6　使用者責任（民法715）

　指定暴力団の代表者等の責任追及に当たって前述の暴対法の要件を満たさない場合や、指定暴力団の代表者等に該当しない組長（三次団体、四次団体の組長等）の責任を追及する場合には、従来どおり使用者責任（民法715）を活用することになる。暴力団組長の使用者責任を追及するうえでポイントとなる要件は、次のとおりである。

　ア　事業性

　　a　暴力団組織の威力を利用した資金獲得活動

　「組織的な暴力とその威力を用いた資金獲得活動」を行うのが暴力団の基本的性格であり、組織の維持のために資金の獲得が不可欠である。したがって、これが暴力団（組長）の事業のひとつであることは疑いない。

　後述の京都事件（裁判例⑩）最高裁判決も、「山口組の威力を利用しての資金獲得活動」をもって、五代目山口組組長の事業ととらえている。

　　b　暴力団の威力威信の維持拡大活動

　暴力団組織の持つ威力威信は、組織自体の存続や資金獲得活動にとって不可欠のものであり、暴力団は日々その維持拡大に努めている。したがって、かかる威力威信の維持拡大活動もまた暴力団の事業のひとつである。かかる威力威信が傷つけられる事態が生じた場合、暴力団はこれを回復す

注5　衆議院内閣委員会平成20年4月25日政府答弁

るため様々な行動に出るが、これも威力威信の維持拡大活動の一環といえる。こうした活動が暴力団の事業であることは、以下の判例でも述べられている。

威力威信が問われる他の暴力団との対立抗争について、後述の京都事件（裁判例⑩）の高裁判決は、対立抗争を暴力団の事業と認定している。同最高裁判決の北川裁判長の補足意見も、対立抗争行為自体を暴力団組長の事業そのものとみることも可能であるとしている。

さらに、暴力団の威力威信が傷つけられたことに対する報復・みせしめとして一般人が誤殺された事案（暴力団間の対立抗争ではない事案）においても、後述の韓国人留学生誤殺事件（裁判例⑪）地裁判決は「威力・威信の維持拡大活動も暴力団にとっての事業というべき」と認定した。暴力団の事業が資金獲得活動（シノギ）と対立抗争に限られないことを示すものである。

また、縄張内での暴力団の威力威信の維持のための制裁行為が問題となった事案でも、後述の横浜鶴見事件（裁判例⑭）の中間判決は、威力を利用した資金獲得活動と縄張の重大かつ密接な関係から「縄張内における暴力団の威力・威信を維持・拡大することも被告稲川らの事業に含まれる」と認定した。

　c　その他の活動

その他、暴力団組織の活動としては、集団の維持拡大活動（加入勧誘、組織内での規律統制、離脱妨害等）などが考えられるが、これらも暴力団の威力を利用した資金獲得活動や暴力団の威力威信の維持拡大活動の一環と捉えることにより事業性が肯定され得る。

　d　「事業」は合法なものに限られるか

使用者責任の要件である「事業」については、合法なものか違法なものかを問わないものと解するのが相当である。本条が報償責任、危険責任を趣旨としていることからすれば、違法な事業を行って利益を上げ、社会の危険を増大している者の責任を否定する理由がない。違法な事業活動を社

会的に容認すべきでないのはもちろんのことであるが、それは、現に違法な事業が行われ、市民に被害が出た場合に使用者に責任を負わせるかどうかとは別問題である。使用者の活動が違法であるがためにその責任を問えなくなるというのでは、現に生じた被害を「本来あってはならない損害」として黙殺するに等しく、損害の公平な分担の理念に反することになる。

イ　使用者性
a　指揮従属関係

民法715条にいう他人を「使用する」関係とは、一方（使用者）が指揮監督し、他方（被用者）がこれに服するという関係があることをいう。雇用その他の明確に意識された契約関係である必要はなく、事実上仕事をさせているに過ぎないような場合でもよい。また、有償である必要もない（最判昭和56年11月27日民集35巻8号1271頁）。共同不法行為（民法719）における教唆などとは異なり、被用者の当該行為について現に指揮している必要はなく、それを行い得る関係があればよい。

b　間接事実による立証

組長と組員との間の指揮従属関係については、直属組織型や、小規模な組織に関する組長責任訴訟にあっては、当該刑事事件記録などを用いて比較的容易に立証がかなうことが多い。他方、上位組織型の組長責任追及訴訟においても、当該階層組織において、上位組織組長の意向が傘下組織の構成員にまで伝達徹底される体制が存在することを、それを推測させる間接事実も併せて主張、立証することで、使用者性が肯定されることになる。裁判例においては、①擬制的血縁関係（盃）の連鎖によるピラミッド型階層組織が形成されていたこと、②「通達」や「告」等の文書により上位組織組長の意向が傘下組織の構成員にまで伝達する体制がとられていたこと、③上層部の意向に反した構成員に対する指つめ、破門等の制裁が行われていたことなどの間接事実をもって、大規模組織組長の末端組員に対する使用者性が認められている。

ウ　事業執行性（事業との密接関連性）

a　「事業の執行について」

使用者が被用者の行為について責任を負うのは、被用者の違法行為が使用者の「事業の執行について」行われた場合である（民法715Ⅰ）。「事業の執行について」とは、「事業の執行のため」より広く、被用者が使用者の利益を図るという主観的な目的までは必要ないものの、「事業の執行に際して」よりは狭く、単に事業の執行の機会に行われただけでは足りず、事業の執行との関連性が認められなければならないものとされている。

b　判例における判断基準

従来、被用者が暴力行為を働いた事案においては、「（使用者の）事業の執行行為を契機とし、これと密接な関連を有すると認められる行為」に、事業執行性が認められてきた（最判昭和44年11月18日民集23巻11号2079頁、いわゆる密接関連性基準）。そして、対立抗争中の殺人行為、すなわち被用者の暴力行為が問題となった後述の京都事件（裁判例⑩）最高裁判決（法廷意見）も、組織の威力を利用しての資金獲得活動を組長の事業ととらえ、対立抗争における殺傷行為についてはその事業の執行と密接に関連する行為だとして、組長の使用者責任を肯定した（京都事件最高裁判決では、従来の密接関連性基準から、「使用者の事業の執行行為を契機とし」という表現が省かれ、単に「事業の執行と密接に関連する」ことをもって事業執行性が肯定されている）。

c　暴力団の事業と事業執行性

暴力団は、実際に暴力を行使するなど、あからさまな違法行為をもって資金獲得活動や威力威信の維持拡大を行うこともしばしばであり、合法な分野でのみ活動しているわけではない。そのため、一般の事業体と暴力団とを一律に論じるのは適切ではない。そして、前述のとおり、暴力団の事業の範囲を、①組織的な暴力及びその威力を用いた資金獲得活動、②組織の威力威信の維持拡大活動と捉えた場合非合法な資金獲得活動にとどまら

ず、資金獲得のために行われた暴行、組織の威力を回復するために行われた殺人行為などといった暴力行為を含めて、暴力団の事業の執行そのものと見ることが可能となる。

京都事件（裁判例⑩）最高裁判決に付された北川裁判長の補足意見によれば、「対立抗争行為自体を暴力団組長の事業そのものとみることも可能」であり、「（対立抗争の過程で行われた）本件殺害行為は、上告人（組長）の指揮監督の下、その事業の執行として行われたものということができるのであり、このような見方も十分可能」とされている。

さらに、鶴見事件（裁判例⑭）も、「本件犯行は、縄張内における資金獲得活動をより効率的に行うことを目的とした縄張内の秩序維持ないし縄張内における稲川会等の威信の維持活動の一環として行われたものというべきであるから、被告稲川らの事業の執行として行われた」としている。

いずれにせよ、威力を利用した資金獲得活動にとどまらず、資金獲得のために暴行や脅迫行為が行われたり、組織の威力の維持拡大のために殺人行為が行われたような場合には、当該暴力団組織（組長）の事業、すなわち、①組織の威力を利用した資金獲得活動ないし②組織の威力威信の維持拡大活動について行われた、又はこれらに密接に関連して行われたものとして、事業執行性が認められる。

エ　代理監督者責任（民法715Ⅱ）

事件当時、組長が別件で収監されていたという事情の下、組長代行として実際に組織を取り仕切っていた者（後述裁判例⑨）、規約上の最上位者としての会長職に就き、貸元の襲名披露に対する承認、執行部役員の指名・選任、書状のうち重要なものの作成について報告を受けこれに対する承諾を与えるなど、組織運営について直接又は執行部を通じるなどして統制・関与していた者（後述裁判例⑪）につき、それぞれ代理監督者責任の成立が認められている（なお、代理監督者責任と使用者責任とは両立し、不真正連帯債務となる）。

組長が収監されている場合や、高齢等を理由に引退を間近にしており代替わりが見込まれる場合などには、本条項に基づき、代理監督者の責任追及を検討すべきである。

7　共同不法行為責任

共同不法行為責任（民法719）は、不法行為を実行した暴力団員やこれを教唆又は幇助した暴力団員らに対する責任追及に有用である。さらに、上位にいる組長であっても、関連共同性などの要件を充たせば、責任追及の手段として利用できる。

ア　共謀

暴力団組長が組員の不法行為について、指示を与えるなどして共謀していた場合、この責任を追及できることは明らかである。この立証は、状況証拠等の間接証拠の積み重ねによることもできる（佐賀事件、裁判例①）。

イ　作為義務違反

暴力団組長は、抗争時に抗争の終結等の指揮をすることができ、対立抗争が生じた場合には、直ちに和解（手打ち）あるいは抗争終結の宣言をするなどして、組員による殺人、傷害、器物損壊、銃刀法違反などの犯罪が行われないようにする注意義務がある。これに反して漫然と抗争の拡大を放置すれば故意又は過失を構成する（沖縄・高校生事件高裁判決、裁判例⑤）。

ウ　幇助

暴力団組長は、自らが率いる暴力団の組織防衛ないしは勢力拡大のため、対立暴力団との抗争に備えて資金や武器を備蓄したり、実行犯への報償や服役者の放免祝をするなどして抗争等における暴力行為を援助・助長している。これは実行犯に対する物理的・精神的な幇助を構成する。

8　損害

ア　慰謝料

暴力団による不法行為は、暴力団の威力や組織的背景に基づき、計画的かつ強固な犯意の下に決行されるものであり、被害者の恐怖や精神的苦痛

は深刻である。不法行為が故意になされた場合、慰謝料の算定に当たって、事件態様や被害状況を考慮して増額要因とすることが許されるとするのが実務であり、組長責任追及訴訟においても、当然その点が考慮されるべきである。

　なお、前述の佐賀事件（裁判例①）においては、通常の不法行為に比して３倍程度の慰謝料の支払が認められている。

　　イ　損益相殺

　とりわけシノギ型のケースにおいて、みかじめ料等名目での金銭請求が行われる場合に、合法的な取引に偽装するために、一定の対価（観葉植物、芳香剤、おしぼり、果物等）が提供されることも少なくない。しかし、これら対価部分は、損益相殺の対象とはならず、被害者が支払った全額を損害とすべきである。この点、いわゆる五菱会ヤミ金事件の最高裁判決（最判平成20年６月10日金判1296号21頁）が参考になる。

　　ウ　弁護士費用

　不法行為訴訟において弁護士費用が損害賠償の対象となることは、実務上確立しており、事案の難易、請求額、認容額その他諸般の事情を斟酌して相当と認められるものに限り、不法行為と相当因果関係に立つとされている（最判昭和44年２月27日民集23巻２号441頁）。そして、交通事故訴訟の場合には、認容額の１割程度が弁護士費用の相場になっている。

　しかし、暴力団を相手とする訴訟を行う場合、暴力団における沈黙の掟の下で行う証拠収集の困難さ、報復の危険を分散するために複数弁護士が事件を受任する必要性、原告の身辺警護等特殊な配慮の必要性等を踏まえれば、交通事故訴訟の場合よりも高額な弁護士費用が、事件と相当因果関係のある損害として認容されるべきである。

　この点、前述の佐賀事件判決（裁判例①）において、交通事故訴訟のほぼ２倍の弁護士費用が損害として認められていることが参考になる。

9 組長責任追及訴訟における立証
ア 刑事記録の閲覧・謄写
a 当該事件記録

（１）被害について刑事事件で立件されている場合には、構成員による不法行為の内容特定のため、犯罪被害者等の権利利益の保護を図るための刑事手続に付随する措置に関する法律3条（当該被告事件の訴訟終結後は刑事確定訴訟記録法4条）に基づき刑事事件記録を閲覧・謄写し、あるいは組長責任追及訴訟の提起後に文書送付嘱託（民訴法226）や調査嘱託（民訴法186）の手続を利用するなどして証拠を収集する。関係者の供述はもちろんのこと、実況見分に際して撮影された写真等に立証対象が含まれていることも少なくないので、見落とさないように注意する。

（２）いわゆる未提出記録についても、検察官との事前協議の上、弁護士法23条に基づく照会を行った結果、証拠化が成った例がある（千葉・留学生事件、裁判例⑪）。

なお、不起訴事件記録の開示については、平成20年11月19日付で法務省から全国検察庁に対する通知が出され、「より弾力的な運用」が図られることとなった（http://www.moj.go.jp/keiji1/keiji_keiji23.html、巻末資料編資料2参照）。

b 別件事件記録

使用者責任を追及する際には、当該団体の組織構造等の立証のため、系列団体の別の構成員が関与した別件の確定刑事事件記録が有用となる場合があるので、その利用を検討する（刑訴法53、刑事記録法4）。

閲覧、謄写の許否については記録管理者（検察官）の裁量によるところが大きいが、実際に行われた組長訴訟においては、閲覧も謄写も許されている（裁判例⑩、⑪、⑬など）。「犯人の改善及び更生」(刑事記録法4Ⅱ④)、「関係人の名誉又は生活の平穏」(刑事記録法4Ⅱ⑤) 等に優先する正当な理由の有無が問われ、当初の閲覧対象を判決書や証拠等関係カード、冒頭

陳述に限定し、必要な記録を選別した上で、あらためて申請を行うなど、配慮を求められることがある。申請に当たっては、上申書（書式14）に訴状、答弁書等の主張書面を付して相手の認否の状況を明らかにするなどして、使用者責任追及訴訟において当該別件記録が書証として重要であることを明らかにするほか、記録保管検察官、担当事務官らと協議を重ね、いかなる目的でどのような記録を閲覧・謄写したいのか、可能な限り意思疎通を図る。

申請の対象となる記録を特定するために必要な、被告人名、事件名（罪名）、判決日、判決の確定日等の情報については、報道されたもののほか、暴追センター、警察等の協力を得て入手することになる。

　　イ　その他の証拠資料

警察白書、実話誌等の公刊物のほか、警察、暴追センター等から提供された情報、資料等が有用な証拠となる。また、組織実態の解明のために、警察証人、当該組長本人等の人証調べについても検討すべきである。後述の千葉・留学生事件（裁判例⑪）では、暴力団側証人（指定暴力団の執行部役員）と警察証人の対質尋問が行われ、成果を残した。

10　組長責任追及訴訟の事例

従来、提起された組長責任追及訴訟の事例について年代順、類型別に整理する（判決内容、和解内容の詳細については、田上富信「違法な事業活動と使用者責任（上）―暴力団関連事件を素材として」判例評論477号180頁以下、淺田敏一・菅原英博「暴力団組長に対する損害賠償責任追及訴訟と山口組組長の使用者責任を認めた最高裁判決について（上）」警察学論集58巻5号48頁以下の各文献に負うところが大きい）。各地の弁護士有志の努力により、組長責任、とりわけ組長の使用者責任（民法715）の肯定される範囲が質的、量的に拡大されていく過程を見て取ることができる（下記事例①～⑭）。

さらに、平成20年5月、威力利用資金獲得行為に関する指定暴力団代表者等の損害賠償責任（暴対法31の2）が施行された後は、これを訴訟物と

する裁判事例も相次いでいる（下記事例⑮～⑲）。

　①佐賀事件（直属組織型、シノギ型、共同不法行為型）

　暴力団組長らがその組織の威力を利用し、運転代行業者の組合を組織して自己の支配下に置くことを企てた際、同組の複数の組員が、これに反対した女性が経営する運転代行会社の従業員に対して再三にわたり嫌がらせをしたほか、同女の顔面等を切りつけて約3週間の傷害を負わせたとの事案。刑事事件においては組長を共謀共同正犯として立件するには至らなかったが、同女等が、同組長から受けた不法行為による被害の回復のため提起した民事訴訟において、共同不法行為責任（共謀）に基づく損害賠償責任が認められた（佐賀地判平成6年3月25日判タ860号207頁）。共謀が認められた点、損害賠償額の点で特徴がある。

　②尼崎事件（上位組織型、抗争型、共同不法行為型）

　昭和60年に対立抗争の巻き添えで射殺された被害者の遺族が、実行犯の所属する二次組織の組長（東組清勇会会長）のほか、一次組織の組長（東組組長）を相手取り、民法719条（共同不法行為）に基づき損害賠償請求訴訟を提起した事案。裁判所の勧告により、以下の条項により和解が成立した（神戸地裁尼崎支部において平成7年5月29日和解）。

> 1　原告は、東組の組長である被告Y1に対する訴えを取り下げる。
> 2　被告Y2は東組清勇会の会長の立場にあるものとして、自己の配下である組員が原告の長女を殺害したことに対し、深く謝罪するとともに、本日被告Y2は原告に対し損害金として4,000万円を支払い、原告は受領した。
> 3　原告は、被告Y2に対するその余の請求を放棄する。
> 4　訴訟費用は各自の負担とする。

　③栃木事件（直属組織型、シノギ型、使用者責任型）

　平成5年5月、住吉会親和会光京一家野沢組組員が、縄張内のぱちんこ店の経営者にみかじめ料の支払を拒否されたため、同店に乗用車を激突させるなどして、店舗及び店舗内のぱちんこ遊技機等を損壊したことから、経営者等が、同組員のほか、野沢組組長に対し、民法715条に基づき、損

害賠償請求訴訟を提起した事案。裁判所は、平成8年1月23日、同組員の不法行為責任及び同組長の使用者責任を認め、同組長らに対し損害賠償として合計約773万円の支払を命じた（宇都宮地栃木支判平成8年1月23日判時1569号91頁・判タ900号296頁）。野沢組長は同判決を不服として控訴していたが、同年4月、原審判決と同内容の和解が成立した。

④**大阪事件**（最上位組織型、抗争型、使用者責任型）

平成2年6月に発生した五代目山口組と波谷組との対立抗争において、山口組傘下浅川会組員が、元会社員を対立する暴力団幹部と誤認して射殺した事件に関し、平成7年8月、その被害者の遺族が、同組員に対し民法709条に基づき、また、山口組組長及び山口組浅川会会長に対し、民法715条に基づき、損害賠償総額1億2,644万円余りの支払を求める訴訟を提起した事案。平成9年8月半ばに被告側から和解の打診があり、原告らが検討の上これを受諾したことから、平成9年9月12日、大阪地方裁判所において和解が成立し、同組員及び浅川会会長から損害賠償として請求額の満額に当たる総額1億2,644万円余り（うち慰謝料8,000万円、弁護士費用2,000万円）が、また、山口組組長から別途見舞金として2,000万円が遺族に支払われた（平成10年警察白書）。

和解条項の詳細は以下のとおり（判評477号185頁）

> 1　被告Y1・Y2（実行犯2名）・Y3（浅川会会長）は、連帯して原告らに対し、本件不法行為に基づく損害賠償債務として、金1億2,644万5,604円（ただし、原告妻に対する金7,322万2,802円及び原告長男・同二男・同三男に対する各金1,774万0,934円の合計額）の支払義務があることを認め、本日右金員を銀行振出しの保証小切手にて支払い、原告らは右小切手を受け取った。
> 2　被告Y4（五代目山口組組長）は、訴外亡Cが死亡するに至ったことに対し、深甚なる哀悼の意を表し、原告らに対し、前項記載の金員とは別途に見舞金として、本日、金2,000万円を銀行振出しの保証小切手にて支払い、原告らは右小切手を受け取った。
> 3　原告らの被告らに対するその余の請求を放棄する。
> 4　訴訟費用は各自の負担とする。

⑤沖縄・高校生事件（最上位組織型・抗争型・併合型）

平成2年9月に発生した三代目旭琉会と沖縄旭琉会との抗争中、沖縄旭琉会島袋一家Ｘ組の組員らが三代目旭琉会傘下組織事務所でフェンスの取付作業のアルバイトをしていた高校生を三代目旭琉会組員と誤信してけん銃を発射し殺害したことから、その両親が平成3年9月、同組員らに対し民法709条又は719条に基づき、また、沖縄旭琉会会長及び島袋一家総長に対し民法715条又は719条に基づき損害賠償請求訴訟を提起した事案（平成9年警察白書）。

　　㋐　地裁判決

平成8年10月23日、那覇地方裁判所は、「指定暴力団である沖縄旭琉会は、当該暴力団の威力をその構成員に利用させ、また、構成員が利用することを容認することを実質上の目的とし、さらには、幹部構成員のうちに占める犯罪歴保有者の占める比率が一般市民集団に対して高率なのであって、構成員の多くが犯罪経歴を有すること等に基づく暴力団の威力をその存立基盤とするものと考えられる。そして右のような沖縄旭琉会の威力の存在は、沖縄旭琉会の存立目的に照らせば、必要不可欠なものといえる。そこで、他の暴力団との抗争行為の事業該当性を見ると、敵対する暴力団組織と抗争することは、存立目的上不可欠な自己の組織の威力の維持、防衛、拡大につながるのであって、組織の存立及び事業の遂行を行う上で必要な行為であり、事業に該当するものといえる。したがって、暴力団組織同士の抗争行為は当該暴力団…の事業に該当する」として抗争行為の事業性を認め、沖縄旭琉会会長らの使用者責任の成立を認め、同会長らに対して損害賠償として約5,800万円の支払を命じた（那覇地判平成8年10月23日判時1605号114頁・判タ942号166頁）。

　　㋑　高裁判決

沖縄旭琉会会長らは同判決を不服として福岡高等裁判所那覇支部に控訴（原告側付帯控訴）。同高裁那覇支部は、「暴力団間の対立抗争は…それ自体、暴力的不法行為であって公序良俗に反する違法な行為として許されな

いことは明らかであるから…民法715条の『事業』とはなりえない」などとして、会長らの使用者責任の成立を否定する一方、当時の対立抗争の状況から無関係の者に誤殺傷等の事件が発生することを予見できたとしたうえで、会長の立場で配下の組員らに抗争を中止させるなどして誤殺傷等の事件発生を防止すべき注意義務があったにもかかわらず、何ら是正措置を取らなかった過失があるとして、沖縄旭琉会会長、同会島袋一家総長らに対して、同法719条に基づく共同不法行為責任を認め、損害賠償として総額約5,750万円の支払を命じた（福岡高那覇支判平成9年12月9日判時1636号68頁・判タ994号205頁）。

⑥千葉・ゴルフ場経営者事件（直属組織型・シノギ型・使用者責任型）

稲川会大草一家中台組山本組の組員3人が、ゴルフ場経営者から紛争（自称住吉会暴力団員からの因縁をつけられた云々）の処理を依頼されていたところ、これに乗じて同経営者から3億2,250万円余を脅し取った恐喝事件。同経営者が同幹部ら組員3人に対して民法709条に基づき、また、山本組組長に対して民法715条に基づき損害賠償請求訴訟を提起した事案（平成10年警察白書）。平成9年9月30日、千葉地方裁判所は、同幹部らの不法行為責任及び山本組組長の使用者責任を認め、同組長らに対し損害賠償として総額約2億2,600万円の支払を命じた（千葉地判平成9年9月30日判タ957号288頁）。

⑦茨城事件（直属組織型、シノギ型、共同不法行為型）

国粋会傘下組織組長を塾頭とする政治結社が、計59回にわたり、茨城県内の町長に対して辞職を求める街宣を行った上、同町長の実父宅の外壁に乗用車を衝突させるなどした事件につき、同町長等が、民法719条を根拠に損害賠償の支払を求めて訴訟を提起した事案（平成14年警察白書）について、平成13年4月27日、被告組長等に対し約600万円の支払及び謝罪広告の掲載を命じ、地元新聞に謝罪広告が掲載された（浦和地判平成13年4月27日判タ1068号119頁）。

なお、同組長等は判決を不服として東京高等裁判所に控訴したが、控訴

⑧**沖縄・警察官事件**（最上位組織型・抗争型・使用者責任型）

平成2年9月に発生した三代目旭琉会と沖縄旭琉会との抗争中、警戒中に対立組員と誤認されて射殺された警察官2人の遺族ら10人が、三代目旭琉会錦一家組員らに対し民法709条に基づき、また、三代目沖縄旭琉会会長及び錦一家総長に対し一次的に民法715条、二次的に民法719条に基づき損害賠償請求訴訟を提起した事案。

　㋐　地裁判決

那覇地方裁判所は実行犯の不法行為責任とともに幹部の使用者責任を認め、合計約3億3,000万円の賠償を命じた（那覇地沖縄支判平成14年3月14日判時1803号43頁）。

　㋑　高裁判決

三代目旭琉会会長は判決を不服として福岡高裁那覇支部に控訴したが、同裁判所は、共同不法行為を根拠に、同会長らの賠償責任を認めた（福岡高那覇支判平成14年12月5日判時1814号104頁）。

⑨**埼玉事件**（直属組織型・シノギ型・使用者責任型）

平成10年、稲川会岸本一家松田組組員が、縄張り内の居酒屋でキャンペーン中の演歌歌手に「組への挨拶がない」などと因縁を付けて事務所に連行して暴行し、死亡させた事件につき、遺族が、事件当時別件で収監中であった松田組組長に対して使用者責任（民法715Ⅰ）、松田組組長代行に対し代理監督者責任（民法715Ⅱ）に基づく、損害賠償請求訴訟を提起した事案。さいたま地裁は、組長代行の代理監督者責任を認めるとともに、松田組組長の使用者責任も肯定し、組長らに約3,628万円の支払を命じた（さいたま地判平成13年12月21日判時1774号17頁）。松田組組長は控訴、上告したが、いずれも棄却された（東京高判平成14年11月27日判時1807号84頁、最決平成15年4月25日判例集未登載）(平成14年警察白書）。

⑩**京都事件**（藤武事件）（最上位組織型・抗争型・併合型）

平成7年、五代目山口組と四代目会津小鉄の抗争事件に伴い、京都市内

の会津小鉄二次組織の事務所付近を警戒していた京都府警の警察官（藤武警部）が、山口組藤和会山下組の組員に会津小鉄の組員と誤認され、射殺された事件につき、その遺族が山口組組長に対して共同不法行為（民法719、幇助を含む）又は使用者責任（民法715Ⅰ）、山下組組長に対して共同不法行為又は使用者責任（民法715Ⅱ、代理監督者責任）に基づく、損害賠償請求訴訟を提起した事案。

　　㋐　地裁判決

　実行犯及びその直属する山口組傘下組織組長に対して、共同不法行為に基づき、約8,000万円の損害賠償を命じたが、山口組組長に対する使用者責任について、傘下組織の抗争は山口組組長の事業には含まれないとして棄却した（京都地判平成14年9月11日判時1820号100頁）。

　　㋑　高裁判決

　原告は地裁判決を不服として大阪高等裁判所に控訴した。裁判所は、実行犯及びその所属する直属組織組長に対して共同不法行為に基づく損害賠償を命じた一審判決を維持し、さらに、山口組組長に対する使用者責任についても、原審の判断を取り消し使用者責任の成立を認め約8,000万円の支払を命じた（大阪高判平成15年10月30日民集58巻8号2166頁）。

　　㋒　最高裁判決

　山口組組長は、即日、上告及び上告受理の申立てを行った（なお、同組長は、強制執行を免れるため翌日9,000万円の担保を提供して、執行停止決定を得た）。最高裁第二小法廷は、平成16年11月12日、上告を棄却する判決を下し、「山口組の威力を利用しての資金獲得活動」をもって山口組組長の事業とし、「上告人は、山口組の下部組織の構成員を、その直接間接の指揮監督の下、…事業に従事させていた」として山口組組長の傘下三次組織の組員に対する使用者性を肯定し、さらに「山口組の下部組織における対立抗争において、その構成員が行った殺傷行為は、山口組の威力を利用しての資金獲得活動に係る事業の執行と密接に関連する行為である」として事業執行性を肯定する旨の判示をした（最判平成16年11月12日民集58巻8号

2078頁)。

⑪**韓国人留学生誤殺事件**（最上位組織型・威力維持型・使用者責任型）

平成13年10月、住吉会幸平一家矢野睦会平田組の組員が何者かに殺害された事件をきっかけに、住吉会本部長らから殺害者を捜し出して「けじめをつけろ」と強い圧力をかけられた平田組組長、組員らが、焦りから杜撰な調査を行い、当該殺害事件とは全く無関係の韓国人留学生を殺害事件の関係者と決め付け、報復・みせしめの目的でけん銃で射殺した事件。相続人が原告となり、実行犯ら3名及び平田組組長に対しては共同不法行為（民法719）、その最上位組織である住吉会の代表者である住吉会総裁に対しては使用者責任（民法715Ⅰ）、住吉会執行部の長で組織のナンバー2の地位にある住吉会会長に対しては代理監督者責任（民法715Ⅱ）に基づく損害賠償を請求した事案。

東京地方裁判所は、威力威信を利用した資金獲得活動のみならず、威力威信の維持拡大活動も暴力団にとっての事業というべきであるとし、住吉会の威力威信を維持回復するために行われた本件殺害行為の事業執行性を認定して、住吉会総裁の使用者責任及び会長の代理監督者責任を認め、合計約5,900万円の支払を命じた（東京地判平成19年9月20日判時2000号54頁）。

住吉会総裁らは控訴したが、平成20年4月21日、東京高裁において、以下のとおり、和解金7,000万円の支払等を内容とする訴訟上の和解が成立した。

> 1　控訴人らは、本日、被控訴人らに対し連帯して支払うべき和解金7,000万円の支払のために同額の銀行振出の自己宛小切手（預手）を被控訴人ら代理人に交付し、被控訴人ら代理人はこれを受領した。
> 2　控訴人らは、故A（被害者）が殺害されたことにつき、ここに哀悼の意を表し、ご遺族である被控訴人らに対し遺憾の意を示すとともに、今後、市民の平穏かつ安全な日常生活の確保に向けて、二度と同種事件が繰り返されないように努めるものとする。
> 3　被控訴人らは、控訴人らに対するその余の請求を放棄する。

> 4　被控訴人らと控訴人らとは、被控訴人らと控訴人らの間に本和解条項に定めるほか何らの債権債務のないことを確認する。
> 5　訴訟費用は、第一、二審を通じて、各自の負担とする。

⑫和歌山事件（直属組織型・シノギ型＝威力維持型・使用者責任型）

　六代目山口組六代目佐々木組の組員が、平成13年夏ころから平成17年ころにかけて、日本料理店において、暴力団幹部の地位を利用するなどして断続的に恐喝行為等を行った事案につき、日本料理店の経営者が同組員に対して不法行為（民法709）に基づく損害賠償請求を、佐々木組組長に対して使用者責任（民法715）に基づく損害賠償請求を行った事案。

　和歌山地方裁判所は、「その生計の維持、財産の形成等のため、佐々木組の威力を利用して資金を得るために行う仕事全般」をもって佐々木組組長の事業とした上、組員が「暗に佐々木組の存在を臭わせたり」、「明示的に佐々木組の威力を利用したりして」行った恐喝行為のほか、同組員が「多数の佐々木組組員とともにツケ名下に飲食物の提供を受け」た行為についても「本件飲食物要求行為は、資金獲得活動そのものではないが、佐々木組の威力を背景に飲食物の提供を受け続けていたものといえ、客観的に佐々木組の威力を示し続ける手段として位置づけられる。…したがって、本件飲食物要求行為は、佐々木組の威力を利用しての資金獲得活動という事業の執行と密接に関連する行為である」として事業執行性を認め、使用者責任に基づき、約6,714万円の損害賠償の支払を命じた（和歌山地判平成20年6月17日判例集未登載）。

⑬前橋事件（最上位組織型・抗争型・使用者責任型）

　平成15年1月、住吉会幸平一家矢野睦会組員が、矢野睦会会長の指揮の下、前橋市内のスナックで飲食中の元稲川会大前田一家本部長を殺害しようと企て、拳銃十数発を発射し、無関係な市民3名を巻き添えにして死亡させた。被害者1名の遺族が、住吉会代表者である住吉会総裁、執行部の長である住吉会会長に対し、使用者責任を根拠に損害賠償請求を行った事案。

平成20年9月26日、前橋地裁において、住吉会総裁らから遺族側に和解金合計9,750万円を支払うこと、住吉会総裁らが傘下組織組員らの殺人行為について「責任を認め深く遺憾の意を表する」こと、「住吉会の構成員に適切な指導を行い、同種事件が繰り返されることがないよう努める」ことなどを約する内容で訴訟上の和解が成立した（平成20年9月26日付時事通信）。

⑭**鶴見事件**（最上位組織型・威力維持型・使用者責任型）

平成15年7月、横浜市鶴見区内で、稲川会三次組織の組員らが、縄張内で暴力団組織の構成員と思われる名刺を使用している者に制裁を加えようとし、同人とたまたま一緒に飲食していた被害者を暴行の上、死亡させた事件。被害者の遺族が、実行犯2名に対しては民法709条及び719条に基づき、実行犯が所属していた稲川会三次組織組長、上部団体である二次組織組長、さらに最上部団体代表者である稲川会総裁に対しては民法715条1項に基づき、損害賠償を請求した。

横浜地方裁判所は、平成20年12月16日、京都事件最高裁判決（裁判例⑩）と概ね同趣旨の判断枠組みを用いた上で、稲川会総裁の実行犯らに対する使用者性に関しては、稲川会の威力利用の容認、上納金制度の存在、下部組織の構成員に対する統制体制などからこれを認め、「稲川会等の威力を利用しての資金獲得活動に係る事業は、被告稲川らの事業というべきであり、（中略）縄張内における暴力団の威力・威信を維持・拡大することも、やはり被告稲川らの事業に含まれる」とした。その上で、実行犯らによる制裁行為は、「縄張内の秩序維持ないし縄張内における稲川会等の威信の維持活動の一環として行われたものであるというべきであるから、被告稲川らの事業の執行として行われた」と判断して、稲川会総裁を含めた被告全員の損害賠償責任を肯定した（横浜地中間判平成20年12月16日判時2046号110頁）。本中間判決後、原告の勝訴的和解が成立し、6000万円の賠償金が支払われた。

裁判例⑩⑪に本中間判決が加わることにより、3大指定暴力団（山口

組、住吉会、稲川会）全てに関して、組織の末端組員の不法行為による責任が使用者たる最上位組長にあることが示された。

　⑮**上野事件**（最上位組織型、暴対法31の2）

　六代目山口組三次組織の構成員3名が、自らが縄張としている東京都台東区内でタイ人がタイ式カード賭博をしているとの情報を得て、タイ人女性の経営する店舗に押し入り、店内を破壊し、店内にいた者に暴行脅迫の上、精神的苦痛を含む損害を与えたとして、被害者であるタイ人ら男女8名が、実行犯のみならず、六代目山口組組長に対しても損害賠償を請求した事案。暴対法31条の2に基づいて指定暴力団の代表者に対して損害賠償責任を追及した最初の訴訟事案となった。

　平成23年1月24日、第1審の東京地裁において原告らの勝訴的和解が成立し、合計900万円の和解金が支払われた。

　⑯**朝来事件**（最上位組織型、暴対法31の2）

　六代目山口組四次組織組長が、自らの縄張内で運転代行業を営む会社の代表取締役らに対し、所属組員を従業員として使用するよう再三要求し、これを拒否した代表取締役らを脅迫し、さらに会社に対する営業妨害行為を繰り返した。暴対法の中止命令が発令された後も、さらに当該組長は組員を使って、2トンダンプカーを運転代行会社の事務所に故意に衝突させ、建造物損壊による業務妨害を行った。運転代行会社及び代表取締役ら被害者が、実行犯のほか、暴対法31条の2に基づき、六代目山口組組長、同若頭を被告として損害賠償を請求した事案。

　第1審において原告らの勝訴的和解が成立し、和解金が支払われた。

　⑰**立川事件**（最上位組織型、暴対法31の2）

　中古車販売会社を営む被害者が、六代目山口組三次組織の構成員から暴力団の脅威を示され要求を拒否できないまま、金員の喝取、金員の詐取、融資の強要、携帯電話契約の強要、車両の強奪等の被害を被ったとして、実行者のほか、暴対法31条の2に基づき、六代目山口組組長及び同若頭を被告として損害賠償を請求した事案。

第1審において原告の勝訴的和解が成立し、和解金が支払われた。

⑱**柏事件**（最上位組織型、暴対法31の2）

住吉会四次団体の組長から、みかじめ料や無尽への参加料等の名目で継続的に被害を受けてきた中古車販売業者（被害者）が、警察とも相談のうえ組長との関係を断とうとしたところ、組長や配下の者が被害者を拉致し、暴行脅迫を加え続け、全治約2週間の傷害を負わせ金品を強取した。被害者が、暴対法31条の2に基づき、住吉会の会長及び総裁らに対し、損害賠償を請求した事案。

第1審において原告の勝訴的和解が成立し、和解金が支払われた。

⑲**豊橋ヤミ金事件**（最上位組織型、暴対法31の2）

豊橋市の飲食店店長であった被害者が、山口組二次組織に属する複数の組員らからトイチやシュウイチの高利で金員を借り入れた。被害者は高額の利息を支払う中、借入先ではない者が代理として取立に来たことに不信感をもったところ、代理を名乗る者は、被害者に執拗な暴行を加え、重傷を負わせ、その後、反抗できない被害者から借金の返済として総額25万円を喝取した。被害者が、実行者のほか、暴対法31条の2に基づき、六代目山口組組長を被告として損害賠償を請求した事案。

第1審において原告の勝訴的和解が成立し、賠償金は和解の席上で支払われた。

Ⅲ　被害回復手段としての動産執行

組長責任の追及を貫徹し、被害者の被害回復を図る手段として、不動産執行や債権執行とともに、動産執行を検討する。

例えば、暴力団の組長Aを被告とする金1,000万円の損害賠償金の支払を命じる判決を有する場合に、組長Aの自宅の動産及び組事務所の動産に対し、同判決に基づき動産執行の申立てを行うことが考えられる。

以下このような動産執行について、手続に沿って説明する。

1 動産執行の申立て段階

　動産執行の申立ては、差し押さえるべき動産の所在地を管轄する地方裁判所に所属する執行官に対して行う。申立てには、書式15のとおり、一つひとつの目的物を特定して記載することは不要であり、その代わり、差し押さえるべき動産が所在する場所を記載しなければならない（民執規99）。東京地方裁判所であれば、申立書用紙は執行官室で入手できる。

　申立人は、手数料及び職務の執行に要する費用の概算額を予納する（執行官法15Ⅰ本文）。東京地裁執行官室の予納金額の標準は後掲資料編資料3のとおりである。

　ただし、民暴事案の場合、複数の執行官に担当してもらう場合もあるため、その場合は費用が相当分加算される。

　執行期日については、動産執行の申立てがあったときは、やむを得ない事由がある場合を除き、申立てがあった日から1週間以内の日を執行開始の日時とすると定められているが（民執規11Ⅱ）、実務では1週間以内に期日が入らない場合もある。債権者代理人としては、執行に立ち会うべきであり、立会希望を明確に伝える。東京地裁執行官室では、動産執行への立会希望がある事件については、全件執行官面接が実施されている。

　執行官との面接や打合せの際には、以下の点に留意する。

① 債権者代理人の立会いを希望する旨及び希望する執行日時
② 執行官に対し、債務者が暴力団関係者であることなど債務者に関する情報を提供すること
③ 警察への警備要請について
④ 占有認定について
⑤ 目指す動産についての情報提供
⑥ 債務者使用を許すかなどの保管方法
⑦ 執行場所についての情報提供
⑧ 立会人及び解錠技術者などの用意
⑨ 競り売り予定日など競り売りについて

⑩ 予納金について

⑪ 事件記録のうち有益な情報の提供

　暴力団関係者の自宅や事務所への動産執行は、不意討ち的に行われることから、暴力団関係者の相当程度の抵抗が予想される。そこで、民暴事件の強制執行手続においては、執行官の安全と職務の執行を確保するため、執行官を通じて警察に警備要請をしてもらうことが必要不可欠となる。

　その際、警察への警備要請の主体は執行官（民執法6）であることから、債権者代理人としては執行官に警備要請の上申書を提出して積極的に執行官に警備要請の実施を求めることになるが、それに留まらず、債権者代理人が直接所轄警察署へ事案の詳しい説明に行くなどして、速やかに現場でのトラブルに対処できるよう備えるべきである。

2　差押段階

ア　占有場所への立入り・差押物件の捜索

　執行官は、債務者の占有する動産の差押えをするに際し、債務者の住居その他債務者の占有する場所に立ち入り、その場所において、又は債務者の占有する金庫その他の容器について目的物を捜索することができる（民執法123Ⅱ）。また、執行官は、職務執行に際し抵抗を受けるときは、その抵抗を排除するために、威力を用い、又は警察上の援助を求めることができる（民執法6）。

　債務者に不審な行動が認められる場合、債権者代理人は、執行官に働きかけ、そのような行動を阻止する。又、債務者以外の者が占有する動産は、占有者が任意に提出した場合には差押えることができるので（民執法124）、債権者代理人は任意に提出を求めるよう執行官に進言する。

　前述したように、暴力団関係者の自宅や事務所での動産執行は、暴力団関係者の抵抗が予測されるため、警察官の臨場を事前に要請しておく。

イ　差押えの対象物件

a　債務者の占有する動産

　動産の差押えは、債務者が占有する動産に対して行う（民執法123Ⅰ）。

差押えは、本来債務者の責任財産である所有物についてなされるべきであるが、債務者が占有する動産は、債務者の所有に属する蓋然性が高いことから、法は当該物件の所有権の帰属について実体法上の判断を要せずに差押えできるとしたものである。

ここでいう「占有」とは、外観上その物に対して直接支配を及ぼしている状態、すなわち「所持」を意味する。占有の有無の判断は、具体的な事案に応じて、その物の性状、外形的状況などを考慮して行う。

占有の認定において、建物内にある動産は、通常、その建物占有者の所持といえる。したがって、住居内の動産については、明らかに特定人の占有を認められない限り世帯主の占有であり、事務所であれば事業主（会社）の占有と認定されることが多い。もっとも、暴力団事務所の場合、暴力団組織に法人格はないことから、事務所内の動産は組長の占有と認定される。なお、家族や組員等は、通常、占有補助者であり独立の占有は認められない。

動産執行の現場では占有の認定が争いになることも多く、債権者代理人は執行官による適切な占有認定のため、情報提供をすることが必要となる場合もある。

　　b　債務者以外の者が占有する動産

債務者の財産として、債権者が提出する物又は第三者が差押えを承諾して任意に提出する物は差し押さえることができる（民執法124）。第三者が提出を拒む場合、債権者は債務者の第三者に対する動産引渡請求書を差し押える方法により強制執行を行うことになる（民執法163）。

　　c　差押禁止動産

債務者の生活維持などの観点から、一定の動産については差押えが禁止される（民執法131、生活保護法58、信託法23Ⅰなど）。

　　d　その他の差押え禁止又は取消し

動産の差押えは、差押債権者の債権と執行費用の弁済に必要な限度を超えてはならない（民執法128、超過差押の禁止）。また、差し押さえるべき動

産の売得金で手続費用を弁済して剰余を生ずる見込みがないときは、執行官は差し押さえてはならない（民執法129、無剰余差押の禁止）。さらに換価性のない動産については、執行官は差押えを取消すことができる（民執法130）。そこで、執行の際に、評価できる目利きの者を同行すると、無用な差押えをしないで済む場合がある。

　　ウ　差押物件の評価

　差押物の評価は、差押えをするときに執行官が行う（民執法128Ⅰ・129Ⅰ）。

　執行官は、高価な動産を差し押さえたときは、評価人を選任しその動産の評価をさせなければならない（民執規111Ⅰ）。また、必要があると認めるときは、評価人を選任し、差押物件の評価をさせることができる（民執規111Ⅱ）。

　　エ　調　書

　執行官は、差押えをしたときは、差押調書を作成しなくてはならない（民執規13Ⅰ）。また、執行官は、債務者、差押債権者又は第三者に差押物を保管させたときは差押物の保管に関する調書を作成しなければならない（民執規105Ⅰ）。

　　オ　差押動産の保管

　差押動産の保管は、執行官が行うのが原則である。執行官は、相当と認めるときは、差押物を債務者、差押債権者又は第三者に保管させることができる（民執法123Ⅲ・124、民執規104Ⅰ）。通常事件の実務では、金銭、貴金属等の価値の消耗や執行免脱の危険性のある物を除き、差押物を債務者の保管に委ねる場合が多い。しかし、民暴事案の場合には、債務者である暴力団関係者に差押物の保管を委ねるのは相当でなく、債権者代理人としては、原則どおり執行官が保管するよう働きかけるべきである。

　3　差押動産の換価手続

　執行官は、差押物を売却するには、入札又は競り売りのほか、最高裁判所規則で定める方法（特別売却、委託売却）によるとされているが（民執法

134、民執規121・122)、実務上は競り売りの方法がとられることが多い。競り売りとは、買受希望者に口頭で順次より高額な買受の申出をさせ、最高の価格による申込者を買受人として定める方法をいう。

競り売り期日は、やむを得ない事由がある場合を除き、差押えの日から1週間以上1月以内の日としなければならない（民執規114Ⅰ）。

競り売り期日を開く場所は、原則として執行官の裁量により、裁判所内の売却場その他適宜の場所を定めることができる（民執規114ⅠⅡ）。一般には債務者方で行われるいわゆる「軒下競売」が多いが、民暴事案の場合には、債務者方である組事務所等で競り売り期日を開くことは想定しがたく、基本的には裁判所において競り売り期日を開くことになると思われる。

法令の規定によりその取得が制限されている動産（刀剣類、毒物、麻薬類等）については、執行官は、買受けの申出をすることができる者を所定の資格を有する者に制限することができる（民執規132・33）。かかる動産については、特別売却の方法によるのが相当と考えられる。

4　動産に対する仮差押えの執行について

暴力団関係者等に対する損害賠償請求訴訟の実効性を担保するために、動産に対する仮差押えを行うという方法もある。

執行官は、債務者、差押債権者又は第三者に仮差押物を保管させた場合において、差押債権者又は債務者の申出があるときその他必要があると認めるときは、仮差押物の保管の状況を点検することができる（民保規40、民執規108Ⅰ）。債務者に仮差押動産の搬出や毀損をさせないように注意・警告するために、かかる点検執行を行った方がよい場合がある。

点検執行において新たに仮差押えすべき動産が発見された場合には、改めて仮差押えをやり直すか、又は、本執行に移行するときに併せて追加執行の申立てを行うことによって対処することになろう。

Ⅳ 被害者救済のための刑事手続

　民事介入暴力により生命・身体に対する被害を受けた被害者からの相談を受けたとき、民事・刑事の両面からの活動が求められる。

　平成16年12月に成立した犯罪被害者等基本法及びこれを受けて平成17年12月に閣議決定された犯罪被害者等基本計画（第1次基本計画）に基づいて、平成19年6月の刑事訴訟法等の改正により、犯罪被害者等が刑事裁判に直接関与することのできる被害者参加制度及び損害賠償請求に関し刑事手続の成果を利用できる損害賠償命令制度が導入され、いずれも平成20年12月から施行された。これにより、被害者及びその遺族等が主体的に刑事手続に参加することができるようになり、また、迅速に被害回復を図ることもできるようになった。

　なお、第1次基本計画は平成22年に計画期間が終了したことから、平成23年3月には、第2次犯罪被害者等基本計画が策定され、更なる犯罪被害者への支援の拡充が計画されている。

1 被害者参加

　事件の被害者や遺族等は、自ら又は自らの親族の身に起こった事件の帰趨を知りたい、犯人の刑事裁判に一定の関与をしたいと考えることが通常である。そのため刑事手続に関する被害者参加制度が設けられている。

ア 受任通知

　被害者参加等の依頼を受けた場合には、まず、担当検察官に受任した旨を連絡する（刑訴法316の33Ⅱ）。この際、被害者又はその遺族と共に担当検察官と面談を行うことができれば、速やかな状況把握が可能となるし、担当検察官との早期の信頼関係の構築にもつながる。これに加えて円滑な被害者参加等を行うために、裁判所担当部及び弁護人に対しても受任した旨を連絡する。担当検察官及び裁判所担当部への受任通知の際、公判期日における要望（被害者特定事項の秘匿、遮蔽措置、被害者による意見陳述、優先傍聴席確保等）があらかじめ定まっているのであれば、併せて申し出

おくとよい。

　被害者参加人が手続に直接関与できるのは、第1回公判期日以降に限られるが、被害者の意向を審理へ十分反映させるためには、検察官を通じた間接的なものであっても公判前整理手続に関与することが重要である。したがって、公判前整理手続前に参加の申出を行うことが望ましい。

　なお、弁護士が被害者参加の委託を受けた場合には、裁判所に委託の届出を行う必要がある（刑訴規217の33）。

　　イ　公判期日までの準備

　公判期日における被害者参加又は公判傍聴を充実させるため、担当検察官から公訴事実の要旨及び冒頭陳述の内容について説明を受け（平成26年度犯罪被害者等施策（被害者白書）72頁）、公判の進行に関して十分に打合せを行う。特に、後述する情状証人への弾劾尋問や被告人質問、被害者による意見陳述を希望する場合には、綿密な打合せが不可欠である。被害者等は、第1回公判期日後、裁判所に申し出ることにより、原則として事件記録の閲覧又は謄写が可能である（犯罪被害者保護法3Ⅰ）。事件が公判前整理手続に付されている場合には、第1回公判期日前は、裁判所での事件記録の閲覧及び謄写は認められないので、検察官に対し、公判前整理手続の段階でも公判前整理手続調書や事件記録の閲覧又は謄写を求めることも検討する。

　　ウ　被害者特定事項の秘匿

　暴力団事件の被害者又はその遺族にあっては、当該暴力団の構成員や関係者等からの報復や嫌がらせを受けるおそれがあることから、こうした被害者を特定することとなる事項を公開の法廷で明らかとされることを望まないことが通常である。このような場合、検察官へ申し出ることにより、被害者特定事項を秘匿する決定を求めることができる（刑訴法290の2）。裁判所が秘匿する旨の決定をした場合、裁判官、検察官、弁護人は、起訴状朗読（刑訴法291Ⅱ）、冒頭陳述、書証の朗読（刑訴法305Ⅲ）、証人尋問など（刑訴法295Ⅲ）に際し、被害者の氏名をそのまま呼称することはせず、

必要に応じ「被害者」等と読み替えることになる。
エ 公判期日における参加
a 公判期日への出席権
　被害者参加人又は委託を受けた弁護士（以下「被害者参加人等」という。）には、公判期日への出席権が認められる（刑訴法316の34）。公判期日に出席した被害者参加人には、旅費等が支給される（犯罪被害者保護法5）。被害者参加人には付添人が認められるほか、被告人や傍聴人との遮蔽措置も認められる（刑訴法316の39）。暴力団事件においては、暴力団員等の被告人の関係者が多数傍聴に来ることもあり、事実上の威迫を防ぐためにも遮蔽措置の必要性は高い。
　また、被害者参加をしない通常の傍聴を希望する場合であっても、同様の必要性から、検察官を通じて裁判所に申し出ることで、裁判長の訴訟指揮権の一環として傍聴席に遮蔽物を設ける運用を求めることができる。
　なお、当日被害者が法廷へ行く経路や法廷の警備等についても、事前に担当検察官及び裁判所担当部とよく打ち合わせておく。
b 情状証人に対する証人尋問
　被害者参加人等は、検察官に申し出ることにより、情状証人に対し、その証言を弾劾するための尋問を行うことができる（刑訴法316の36）。
　被害者参加人等が、証人尋問を希望する場合、検察官の反対尋問が終わった後、直ちに尋問事項を明らかにして検察官に申し出る必要がある。情状証人の証言の内容が予想される場合には、尋問事項について事前に検察官とよく打合せを行っておく。公判期日に証人の証言を終えた時点で初めて尋問の必要が生じた場合には、公判廷のその場で検察官に尋問の申出をすることになる。尋問事項は、謝罪・被害弁償に関する事項や情状証人の監督能力等の狭義の情状に関する事項に限られ、犯情や犯行の動機・目的等に関する尋問は原則として認められない。尋問の申出を受けた検察官は、自ら尋問する場合を除き、意見を付して裁判所に通知し、裁判所が許可すれば、被害者参加人等は、直接証人に尋問を行うことができる。

####　c　被告人質問

　被害者参加人等は、検察官に申し出ることにより、被告人に対し、直接質問を行うことができる（刑訴法316の37）。質問事項については、証人尋問と異なり制限が設けられていないため、裁判所の許可の範囲内であれば犯罪事実に関する質問も可能である。被告人に対する質問事項を明らかにして検察官に申出をすると、検察官は自ら供述を求める場合を除き、意見を付して裁判所に通知する。検察官との事前の打合せが重要であることは証人尋問の場合と同様である。

####　d　被害者参加人による意見の陳述

　被害者参加人等は、検察官に申し出ることにより、検察官の論告・求刑と同様の最終的な意見陳述をすることができる（刑訴法316の38）。被害感情等の情状に関する意見を述べる被害者等の意見陳述（刑訴法292の2）と異なり、犯罪事実と法律の適用の双方について意見を述べることができ、また、量刑についての意見も述べることができる。検察官の求刑を上回る求刑意見を述べてもよく、具体的な刑期を明示せず「法律上許される範囲でもっとも重い刑をお願いします。」、「1日でも長く実刑になって欲しい。」といった表現も考えられる。

　ただし、被害者参加人等の意見陳述は、被害者等の意見陳述と異なり量刑資料とはならないので、二つの意見陳述をうまく使い分けることが重要となる。また、被害者参加人等の意見陳述と検察官の論告・求刑もある程度の役割分担が必要となるので、検察官との事前の打合せが重要である。

###　2　損害賠償命令制度

####　ア　損害賠償命令制度とは

　損害賠償命令制度とは、刑事事件の訴因として特定された事実を原因とする不法行為に基づく損害賠償請求について、当該刑事事件を担当した裁判所が、刑事事件の成果を利用して、被告人に賠償を命ずる制度である。審理の対象は損害賠償請求のみであり、被害物品の返還等を求めることはできない。

損害賠償命令制度は、刑事被告人の責任が明らかな場合に迅速に債務名義を取得させる制度であるから、対象となる事件は、過失相殺が問題とならない故意犯に限られている（犯罪被害者保護法23Ⅰ）。また、対象となる犯罪はすべていわゆる身体犯であるため、被害者が法人である場合にも対象とはならない。対象事件の類型は限定列挙であり、厳格に解されている点に注意を要する。

なお、現行法上、申立ては地方裁判所に対してしか行うことができないとされているが（犯罪被害者保護法23Ⅰ柱書）、控訴審の段階に至って賠償を求める意思を決めることも考えられ、今後の検討課題といえよう。

　イ　申立書の提出

損害賠償命令の申立ては、①当事者及び法定代理人、②請求の趣旨及び刑事被告事件に係る訴因として特定された事実その他請求を特定するに足りる事項等を記載した申立書を裁判所に提出して行う（書式16：刑事損害賠償命令申立書）。裁判所に予断を生じさせないため、申立書の記載事項は規則で定められており、それ以外の事項を記載することはできない（犯罪被害者保護法23Ⅲ、犯罪被害者保護規20Ⅰ）。

申立ては公訴提起後、刑事事件の弁論終結までに行う必要がある。

申立てに要する印紙は一律2,000円とされているため、民事事件の訴訟提起費用よりも負担が軽く、損害賠償命令の対象となる場合には利用するメリットが大きい。ただし、民事訴訟に移行した場合には申立書記載の訴額に従った印紙代が必要となるため、訴額の設定においては、その点を考慮すべきである。

刑事事件の裁判所に申立書を提出すると、裁判所は被告人に対し、副本を送達する。

　ウ　審理及び裁判

申立人には、刑事事件に関する公判期日も通知されるが、損害賠償命令に関する審理及び裁判（刑事和解手続を除く）は、刑事事件の終局裁判の告知があるまでは行われない（犯罪被害者保護法26）。そのため、申立人が

刑事裁判にも関わりたい場合には、別途、被害者参加の手続をする必要がある。

　刑事事件について有罪の言渡しがあると、直ちに（通常は同日中に）損害賠償命令の審理が開かれる。審理は、口頭弁論を開くことなく審尋で行うことができるものとされている。期日には当事者双方を呼び出すこととされているが、裁判所は、いずれかの当事者が欠席しても申立書記載の理由が認められる場合には、損害賠償命令の決定を行うことができる。

　審理では、原則として、刑事事件の訴訟記録はそのまま取り調べられることになっている。

　審理期日は、原則4回以内で終結することとされており（犯罪被害者保護法30Ⅲ）、決定書の作成又は口頭の告知によって裁判がなされる。また、裁判所は仮執行宣言を付すことができる。

　　エ　申立ての却下

　損害賠償命令の対象とならない犯罪についての申立てや、無罪の判決が下された場合には、申立ては却下される（犯罪被害者保護法27）。

　もっとも、刑事手続において無罪となった場合であっても民事上の責任が認められる場合も想定できる。この場合に、時効が完成することを防ぐため、却下決定の告知を受けた時から6カ月以内に裁判上の請求等を行うことにより時効は完成しないものとされている（犯罪被害者保護法28）。

　　オ　異議の申立て

　損害賠償命令の裁判に対しては、送達又は告知を受けた日から2週間の不変期間内に当事者双方から異議を申立てることができる（犯罪被害者保護法33Ⅰ）。異議の申立てがあると、民事の裁判所に訴えの提起があったものとみなされる（犯罪被害者保護法34）。このとき、損害賠償命令の申立書が訴状とみなされるが、訴状に代わる準備書面を求められることもある。

　この場合でも、損害賠償命令の仮執行宣言の効力は失われない（犯罪被害者保護法33Ⅳ）が、申立人は、通常の民事訴訟事件を提起するために必

要な印紙を追加納付する必要が生じる。したがって、資力の乏しい依頼人に対しては、訴訟救助（犯罪被害者保護法40、民訴法82）や日本司法支援センター（法テラス）の利用を検討するべきである。

異議の申立てがあった場合には、刑事事件の裁判所書記官は、損害賠償命令事件の記録を民事の裁判所に対して送付する。

申立人は、刑事裁判所から送付された刑事記録のうち書証とすべきものを特定することで書証の申出をすることができる（なお、この場合の「特定」とは、「文書標目、作成者、その文書の特定のために必要な事項」を記載すれば足りる（犯罪被害者保護規31）。）。これにより、従前、被害者が刑事裁判所や検察庁において記録の閲覧謄写申請を行い、副本を作成して裁判所と相手方に送付していた負担が大きく軽減されることとなった。

カ　民事訴訟手続への移行

損害賠償命令を申し立てた場合であっても、期日が4回より多くなることが予想される場合又は当事者が通常の民事裁判を求めた場合には、一定の要件のもとに民事訴訟手続への移行がなされる（犯罪被害者保護法38）。

Ⅴ　その他

犯罪被害に遭ったとき、被害者本人が後遺障害等により仕事ができなくなることがある。また、家族が犯罪被害に遭ったことにより、そのケアのために仕事を休まざるを得ない状況に陥ることもある。

被害者本人の資力が十分でない場合には、日本司法支援センター（法テラス）を利用し、弁護士費用の立替えなどの援助を受けることができるほか、被害者参加人のための国選弁護人の選定を請求することもできる。また、同センター（法テラス）では、犯罪被害者のために支援情報の提供を行うとともに、状況に応じて被害者支援に精通した弁護士の紹介も行っている。

故意の犯罪行為により、重傷病若しくは障害を負い又は死亡した被害者やその遺族に対し、社会の連帯共助の精神に基づき給付金が支給される犯

罪被害者給付金制度もある。この給付金の申請は被害者又は遺族の住所地を管轄する都道府県公安委員会に対し行うが、その受付は各都道府県警察本部又は警察署で行っている。給付金支給の要件に該当する場合、重傷病を負った被害者には上限120万円、重度の後遺障害が残った被害者には上限3,974万4,000円、犯罪被害者の遺族には上限2,964万5,000円の給付金が支給できる制度となっている（平成25年10月現在）。

　また、犯罪被害者又は遺族からの相談を受け、その精神的なケア等を行う組織として、各都道府県に被害者支援センターが設立されている。

第3編
不当要求への対応

第1章 不当要求行為とは

I　不当要求行為とは

不当要求行為とは、概要、義務のないことを行わせ、若しくは権利の行使を妨害する行為又は社会通念上許容される限度を超える要求行為をいう（注）。

1　不当要求行為の要素

不当要求行為は、①不当な要求（法律上通らない要求、過大な要求）、②暴力による威嚇（恫喝、害悪の告知、街宣・ビラ・糾弾活動などの示威行為）、③属性の仮装（えせ同和行為者、えせ右翼、総会屋、暴力団関係企業など）という3つの要素のいずれかあるいは全てを備えているのが通例である。

本来通るはずのない不当な要求を強引に押し通すため、暴力によって威嚇し、他方で権利行使に見せかけて摘発を免れるため属性を仮装する。暴力を背景とする不当要求が民事介入暴力の本質であり、属性の仮装はその本質を見破られないようにする隠れ蓑にすぎない。

2　不当要求行為の分類

また、不当要求行為は、概ね詐欺型と恐喝型に分けることもできる。

詐欺型は、何らかの債務を負っていると被害者を欺罔して金銭を支払わせる手口であり、詐欺罪を構成することが多い。個人情報を悪用して架空の請求書を無差別に送りつける「架空請求」が典型例であり、還付金があるかのように語り金銭を振り込ませる「還付金詐欺」や、後述のいわゆる「振り込め詐欺」もその亜流といえる。

注　社会通念上許容される限度を超える要求行為であれば、行為に応じる法律上の義務があるとしても、そのような要求行為自体許されない。

第1章　不当要求行為とは

　恐喝型は、恫喝したり害悪を告知したりして被害者を畏怖させて金銭を支払わせる手口であり、恐喝罪を構成することが多い。昔から「因縁をつける」「ゆすり」「たかり」などと呼称されている手口である。路上で肩が触れた、電車内で目が合った、停めてある車が邪魔だ、注文した食べ物に異物が入っていた、商品説明が足りなかった等々、因縁をつけるきっかけは多様である。請求される金銭も代金返還、迷惑料、慰謝料、取引逸失による機会損失など多様である。因縁ではないが、「押し売り」もこの類型である。

　なお、この2類型は、警察への被害届提出、あるいは刑事告訴の際に罪名を選択する基準とはなるが、これに拘泥する必要はない。民事介入暴力の本質は暴力を背景とする不当要求行為であり、不当要求者は、詐欺を試みても不当要求が達せられない場合には、容易に恐喝型に移行する。例えば、交通事故を偽装して損害賠償金名下に金銭を支払わせる「当たり屋」や、情交を持った女性の夫や恋人を装って慰謝料名下に金銭を支払わせる「美人局」は、被害者の何らかの債務を偽装する点で詐欺型といえるが、実際に被害者に責任を認めさせて要求金額を支払わせようとする過程では、恫喝や害悪の告知が行われるのが常態である。

　また、特に一般市民については日常生活で反社会的勢力のような不当要求者と接点をもつことは必ずしも多くなく、当初より恐喝目的ではあるが被害者との接点を作るためにあえて詐欺を先行させているともいい得る（詐欺で入って恐喝で落とす）。したがって、恐喝型にこそ不当要求行為の本質があるということができる。

3　不当要求行為の問題点

　不当要求行為に対して漫然と応じてしまうとその者は与しやすい者と思われ、1度ならず2度、3度と繰り返し不当要求の標的にされてしまう。また、不当要求者は市民や企業等の団体から経済的利益を得ることになるが、この経済的利益は不当要求者の活動資金となり、新たな不当要求の被害者を生み出していく。

そのため、不当要求行為に対し適切に対応することは、不当要求行為を受けた被害者を救済し、保護するだけでなく、新たな不当要求行為の被害を防止するためにも、極めて重要である。

Ⅱ　不当要求行為への対応（総論）

不当要求行為を受けた場合又はその相談を受けた弁護士がすべき対応として留意すべき事項は、以下のとおりである。なお、当方が個人であるか企業等の団体か、また、相手方の具体的な行為の内容によってその対応方法は異なるところもあるので、それらは個別に述べることとする。

1　相談者の不安を取り除くこと

弁護士が、相談者から不当要求を受けたとの相談を受けた場合には、まず相談者の不安を取り除くことが求められる。弁護士に不当要求行為を受けたと相談をする者は、もともと、不当要求を受けたと感じ、不安に思ったからこそ弁護士にその相談している。この時点では、今後どうなるのか、強い不安をもっている。そのため、このような相談者の不安を取り除かないと、相談者は、簡単に不当要求行為に屈してしまうおそれがある。これは、絶対に避けなければならない。

そこで、不当要求行為を受けたという相談者に対しては、通常の法律相談の場合もそうであるが、特に、今後の事件処理の見通しを示すことを通じて、相談者の不安や動揺を取り除き、依頼者が不当要求行為に応じることのないようにしなければならない。

なお、受任する際は、単にアドバイスだけをして相手方とのやりとりは相談者にさせるという事件処理方法ではなく、弁護士自身が相手方と接触するようにし、相談者が相手方と直接接触することはさせないようにすることは当然である。

2　相手方の要求を知ること

まずは、相手方が具体的に何を要求していたのかをできる限り正確に把握する必要がある。相手方の要求を把握しないと、以後、不当要求行為と

して対応すべきかを判断することはできない。

　特に、弁護士が相談を受ける場合においては、相談者は、相手方の風貌や口調からその要求をよく把握しないままに不当要求ではないかと思い、不安になって弁護士に相談することもある。このような事案の中には、もちろん不当要求行為もあるが、そうではないもの、具体的には、被害に遭ったことにより興奮した者が権利行使をする際に、その要求する口調や言動がやや乱暴になっている、などというものもある。もちろんこれは程度問題でもあり、決して、相手方の暴行行為や脅迫行為をそのまま甘受しなければならないということではない。社会通念上許容される限度を超える暴力行為や脅迫行為は、不当要求行為そのものである。

　もちろん、相談者から聴き取りを行った結果、相手方の言い分は結局「誠意を見せろ」などという、判然としないものであることもある。そういうときは、相手方の要求はそういうものだとして次の対応を検討することになる。また、事案によっては、この時点で相手方に受任通知を発し、弁護士が直接相手方に要求を確認する作業が必要になることもある。

3　相手方の要求に応じる義務があるか検討すること

　相手方の要求が特定できたとして、その要求に応じる義務があるのか、速やかに、かつ慎重に検討する必要がある。

　まず検討すべきは、相手方の要求に応じなければならない法的義務が有るか否かである。その次に、こちらに何らかの法的義務があったとした場合でも、相手方の要求する行為態様が社会通念上許容される限度を超えるものではないかを検討することとなる。

　相手方の要求に対する対応を決めるにはこの2段階の検討が不可欠であるから、原則として、相手方の要求に対し即答することは控えるべきであろう。実は相手方の要求は不当でないということもあり得るからである。それにもかかわらず、直ぐに相手方からの要求を拒絶する回答をしては、かえって新たな紛争を生じさせ、解決までに時間を要することになってしまうこともある。

もっとも、不当要求者は、即時の回答を求めるのが通例である。不当要求者は、相手方が冷静に判断できない時を狙って、自分に都合のよい回答を言わせ、それを根拠に後日更に不当要求行為をするのである。そのため、不当要求者は、まずは「直ぐ答えろ」と言うし、それに対して、なんとか「後日回答する」と答えると、「ではいつまでに回答するか、回答期限を約束しろ。」などという。しかし、いつまでに回答できるかということは、要求に応じる義務があるのか調査をしないと分からない。いつ回答することができるかは、しかるべき調査にどのくらい時間がかかるかによる。回答期限を約束すると、それを守れないことが、新たな不当要求の種になることに留意する必要がある。

　したがって、回答期限を約束するよう求められても、安易に何時までに回答する、と答えるのは望ましくなく、そういう場合は、例えば、「〇日後までに、回答可能か、あるいは更に調査に時間が必要かということを連絡する」などとして一定の日までにその時までの進捗状況を伝える旨を説明することになる。

4　不当要求は毅然として断る

　最後に、相手方の要求が不当要求であると判明した場合は、法的義務のない要求に対しては、速やかに、毅然と断る。不当要求である部分につき「要求には応じられない」ということを端的に、かつ明確に伝えることが大切である。不当要求行為をする者は、それによって生活の糧を得ているのであり、業務効率性、つまり低コストで高リターンであることと事業継続性を追求している。そのため、隙を見せる相手方からは徹底して利益を収受し、毅然と断る相手方からは速やかに撤退して次の標的を探すからである。

　弁護士としては、依頼者に対して、このような不当要求者の行動原理を説明し、ここでその場の恐怖から逃れようとして、今回だけは相手方の要求を甘受して穏便に済まそうとすることは、第2、第3の不当要求を招くだけであり無駄であること、毅然と断ることが新たな被害を防止するため

に重要であることを丁寧に説明する必要がある。

5　弁護士が受任した後の動き

その上で、相談者から不当要求行為への対応等について委任を受けた弁護士は、必要に応じ、受任後速やかに、依頼者や、必要に応じてその家族を同行し、依頼者の自宅を管轄する警察署の組織犯罪対策を担当する課を訪問し、事件を受任した旨、事件の概要と今後の処理方針、刑事事件に発展する可能性などを担当者によく説明することが肝要である。その際、依頼者の承諾を得たうえで、警察に対し、事案の概要を説明した文書や、その時点で存在する資料等の写しを渡すことも理解を深めてもらうためには有益である。

第2章 不当要求行為の類型毎の対応方法

Ⅰ 市民に対する不当要求行為の類型とその対応

1 市民に対する不当要求行為

市民に対する不当要求行為は、従来、暴力団等の経済活動（いわゆるしのぎ）とは離れたところで単発的・偶発的に行われる傾向があり、組織的活動というよりは、末端暴力団員による小遣い銭稼ぎという色合いが強かった。

しかし、もはやそういった位置づけではなく反社会的勢力が関与するヤミ金融、いわゆる「母さんたすけて詐欺」（振り込め詐欺）のように一般市民を対象とした不法な経済活動が組織的に行われるケースもある（第3編第2章Ⅷ参照）。また、暴力団が表面に出ず、暴力団関係企業や暴力団と共生する者を利用して、一般市民を対象とした資金獲得活動が行われることも多い。

本稿では、以下、古典的な、しかし現在でも脈々と行われている市民に対する不当要求行為の類型を概観し、そのような事件への対応方法について述べる。

2 市民に対する不当要求行為の類型

以下、市民対象暴力の手口として、古典的でもあるが、従来から見られる二つの類型を紹介する。いずれも詐欺型に分類できるが、事案によっては詐欺と恐喝の混在型になる。これらの類型は、古典的ではあるが、これらの類型を基礎にした手口が、手を変え品を変え行われてきているので、いまなお、知っておくべき手口である。

　ア　紳士録商法
　　a　手口

企業や団体の役員などが標的とされることが多いが、対象はこれに限られない。

突然電話がかかってきたり、ダイレクトメールが来たりする。「A出版の者です。当社の紳士録にあなたの名前が載っています。今回改訂になりまして、継続するなら掲載料として10万円、継続しないなら抹消料として30万円が必要です。今からそちらに集金に行きます」と金銭を要求する。断ろうとすると、「もう印刷に回っている」「抹消するにも金がいる」などと執拗に金銭を要求する。もし支払いに応じると、次々と「A出版です。先日は全国版の掲載を抹消しましたが、今度は地方版が改訂になります」「B新聞社です。当社の紳士録にもあなたの名前が載っており、今回改訂になります」「C協会です。当社の紳士録にあなたの名前が載っているので、1冊買ってもらいます。1冊20万円です」「D連合会です。当社の紳士録にも名前を掲載してください。掲載料は30万円です」など、別団体を名乗るところから、繰り返し金銭の要求がある。

また、「E調査企画の者です。紳士録のことでお困りですね。当社には専門のガード保障があり、加入されれば専門スタッフがすべての紳士録業者からあなたを守ります。加入料は100万円です」などという手口や、当初は掲載料が無料だからと勧誘し、後から高価な紳士録の買取りを求めるという手口もある。

　　b　対　応

社会的地位の比較的高い人が標的にされるのは、トラブルに巻き込まれるのを嫌い、経済的にも余裕があるからである。金額が低廉だからと金銭解決に走ってはならない。

そもそも契約を結ばない限り金銭支払義務はない。最初の電話で断固として拒否する。書面での要求は一切無視する。

なお、相手方が送りつけてきた書面には「継続する」「来年以降は継続しない」という項目に丸をつけさせるものがあり、よく読むと結局継続することになっていたりするものがある。前述のとおり、一切無視するべきで

あるが、何らかの理由により回答する場合には、回答には注意を要する。

弁護士名の内容証明郵便で拒絶の意思を明確にすれば、通常、それ以上金銭を要求してくることはない。

仮に承諾をしてしまった後でも、金銭を支払う前に断固として拒否する。契約不成立、特定商取引法の規定に基づくクーリング・オフ、消費者契約法による取消し、民法による詐欺取消し・錯誤無効などを主張する。

イ　セミナー商法

a　手　口

個人事業主や中小企業の経理担当者などを標的として、税務セミナーや経営セミナーを勧誘する。

突然訪問する。「A税経協会の者です。今日は税務セミナーの案内に来ました。上手に節税するのにとても役立ちます。講師は税理士や元税務署員、会場は商工会議所です。連続講座ですが、たった3万円で入会できます。説明資料が多いので後で見ておいてください」などと信用させ、金銭を支払わせる。

その後、「年会費が別途8万円必要です」「2名分受講できるのであと1名分を支払ってください」「教材を送りましたので教材費20万円を支払ってください」「特別講習会費として1回2万円、24回コースなので48万円必要になります」「支払わなければセミナーに参加できません」など、次々と追加の費用を請求する。

b　対　応

そもそも契約を結ばない限り金銭支払義務はない。最初の訪問時に断固として拒否する。内容証明郵便等で拒絶の意思を明確にする。

仮に承諾をしてしまった後でも、金銭を支払う前に断固として拒否する。契約不成立、民法による詐欺取消し・錯誤無効の主張や、事業者でない個人が契約してしまった場合にあっては特定商取引法によるクーリング・オフ、消費者契約法による取消しなどの主張を検討する。

Ⅱ　企業に対する不当要求

1　企業対象暴力の問題点・現状
ア　企業対象暴力とは

　企業対象暴力とは、暴力団等の反社会的勢力が企業に対して行う暴力を背景とする不当要求行為の総称であり、民事介入暴力のうち企業を被害者とする類型をいう。

　企業の商取引に関するものかどうかを問わず、また被害者が大企業であると中小零細・個人企業であるとを問わない。

　暴力団等の反社会的勢力は、かつては賭博・薬物売買等の非合法活動を始めとするみかじめや用心棒等の裏稼業による収益をその資金源としてきたが、バブル経済期に表社会の経済活動に積極的に進出して莫大な収益を上げた。バブル経済が崩壊し、平成4年に暴力団対策法が施行された以降も、企業対象暴力による収益を維持してその勢力を拡大してきた。

　平成8年から9年にかけて、わが国を代表する大企業や金融機関が反社会的勢力に多額の資金を提供していたことが次々と発覚し、大きな社会問題となった。問題企業の役員らは刑事責任や民事責任を問われ、国を挙げて企業対象暴力の排除、反社会的勢力との絶縁を宣言した。政府は平成9年7月に「いわゆる総会屋対策のための関係閣僚会議」を設け「いわゆる総会屋対策要綱」を発表した。警察庁も「過去は問わない」と本格的な絶縁指導に踏み切った。経団連は平成8年12月に「企業行動憲章」を改定し反社会的勢力との決別姿勢を明確にした。平成9年12月には商法が改正され、利益供与罪の罰則強化と利益供与要求罪の新設という法整備がなされた。

　その内容は、平成16年成立の会社法にも引き継がれている。

　さらに平成19年には政府により企業が反社会的勢力による被害を防止するための指針が制定され、その後平成22年以降は各都道府県によって、暴排条例が制定・施行され、一切の関係遮断の理念が明記され、利益供与の

禁止規定等が設けられた。

　こうした一連の動きにより、企業対象暴力対策は一定の成果を上げる一方で、暴力団等の反社会的勢力との関係自体が、企業の存亡も左右しかねないリスクであると認識されるようになっている。

イ　企業対象暴力の問題点

　ある企業が不当要求行為に屈することは、当該企業の資金を不当に社外流出させ、当該企業の資産を毀損する背任的行為として、経営者の善管注意義務・忠実義務違反という法的問題を惹起する。不当要求行為の排除は、企業コンプライアンス（遵法経営）の一場面である。

　しかし、より大きな問題は、そうして流出した資金が反社会的勢力の資金源となり、反社会的勢力の維持拡大に寄与するという側面である。企業が不祥事の隠蔽や経営陣の保身を図るために支払う金は、反社会的勢力の資金となって新たな不当要求行為に再投資される。結果として不当要求行為の再生産を促し、反社会的勢力の企業対象暴力ビジネスを助長し、ひいては一般社会に大きな害悪をもたらす。こうした企業の社会的責任（ＣＳＲ）に反する行為が一般社会から厳しい非難を浴びるのは当然である。

　特に、一般市民が少額の不当要求を断固拒否し、反社会的勢力の資金源を断とうと必死の暴排運動を展開する傍らで、資金力のある企業が「金額が僅少」とか「金を払った方が安い」などという「安易なコスト判断」で、反社会的勢力に多額の資金を提供することになれば、一般市民の暴排運動の努力は水泡に帰する。

　この点、企業に対する不当要求に関し、いわゆる蛇の目ミシン株主代表訴訟最高裁判決（最判平成18年4月10日民集60巻4号1273頁）は、企業の不利益を回避ないし防止するために、当該不当要求に応じてはならないとの判断を示している。同判決の事案は、グリーンメーラー（保有した株式の影響力をもとにその発行会社や関係者に対して高値での引取りを要求する者をいう）から株主の地位を濫用した不当な要求（脅迫行為）がなされたというものであるが、会社経営者としては優良会社としてのイメージ毀損、会

社経営に与える影響の拡大を防止する目的でグリーンメーラーの理不尽・不当な要求に応じてはならず、むしろ、グリーンメーラーの要求を退けるためには同人の言動について警察に届け出るなどの適切な対応を採ることが期待されるのであって、これを怠った経営者には過失責任があるとの判断が示されたものである。

　この最高裁判例からも明らかなとおり、不当要求を受けた企業としては、これに安易な対応をすることは、一般社会への害悪にもつながりかねないことを自覚し、不当要求に対しては断固拒否しなければならない。

ウ　企業対象暴力の現状

　平成24年に、全国の企業10000社を対象に実施されたアンケート調査結果（全国暴力追放運動推進センターＨＰ「平成26年度『企業が反社会的勢力による被害を防止するための指針』に関するアンケート」）によれば、回答企業のうち、4.0％の企業が過去5年間に反社会的勢力から要求を受けており、うち要求等を受けた経験のある企業のうち、51.4％の企業が1年に1回以上の不当要求を受けている。

　不当要求相手方（自称）は、①右翼構成員（22.4％）、②同和（20.6％）、③社会的・政治的な活動家（14.0％）、④善意の第三者（11.2％）、⑤貴社からサービスの提供を受けた者（10.3％）、⑥近隣住民（9.3％）、⑦暴力団（9.3％）の順であり、不当要求者が暴力団を自称することは少なくなっている。一方、要求を受けた企業側の相手方に対する認識は①えせ同和（30.8％）、②相手方が何者か分からなかった（28.0％）、③えせ右翼（25.2％）、④暴力団（暴力団員）と何らかの関係を有する者（19.6％）、⑤暴力団員（14.0％）、⑥暴力団関係企業や従業員（3.7％）であり、不当要求における暴力団やその関係者による割合は以前高いものと考えられる。

　不当要求等の内容については、①機関紙・書籍・名簿などの購読要求、②寄付金・賛助金・会費等の要求、③因縁をつけて金品や値引きを要求する行為が多い。

　そして要求を拒否した企業が107社中85社であったのに対し、結果的に

要求に応じてしまった企業が21社あった(要求の一部に応じた企業を含む)。

また、「指針」に沿った取組みを行った、または暴排条例施行に伴う取組みを行ったとする企業は1,193社であり、その取組内容を見ると、「契約書等に暴力団排除条項を盛り込んでいる(または盛り込む予定である)」が87.1%と特に多く、これに次いで「対策の基本方針を示し、社の内外に宣言した」(49.2%)、「組織全体として対応する仕組みを導入した」(42.7%)となっている。

「ネット等を利用して相手方が反社会的勢力か確認」(17.6%)、「反社会的勢力のデータベースを業界等と共有」(23.6%)といった、反社会的勢力との関係遮断に向けた取組みも徐々に進んできている。

また暴排条項を盛り込んでいると答えた企業のうち、暴排条項を活用して契約等を解約(解除)した企業は10.7%であった。

2 企業対象暴力の類型とその対応

ア 企業対象暴力の類型

a 接近型

商取引を仮装して企業に接近し、不当な利益を得ようとする類型である。機関紙(誌)購入の要求、物品購入の要求、寄付金・賛助金の要求、下請契約締結の要求などがこれに当たる。

b 攻撃型

ミスや不祥事につけこんで企業を攻撃し、口止め料や解決金名下に不当な利益を得ようとする類型である。えせ右翼の街宣活動、えせ同和行為者の差別糾弾行動、製品の欠陥・不適切な対応を口実とした過大な示談金等の要求行為、野党総会屋などがこれに当たる。

c 癒着型

企業側も反社会的勢力を利用する形で継続的に利益を提供する類型である。利益供与罪で摘発された与党総会屋、バブル期に横行した地上げ屋、債権取立て屋などがこれに当たる。

イ　企業対象暴力への対応

　対応のポイントは、早期に毅然とした態度で拒絶の意思を明示することに尽きる。

　具体的に留意すべき点については、以下、類型毎に指摘するが、いずれの類型においても、交渉窓口を専門部署へ移管することが重要になる。

　例えば、商品クレームの場合、最初に交渉窓口になるのは、営業・サービス部門であることが多い。サービス不足を非難された場合、法的責任なしと毅然と対応するのは難しいこともあろう。

　そういう場合には、対応部署へ情報を集約させ、もって適切かつ迅速な対応ができるよう、速やかに総務部門や顧問弁護士に交渉窓口を移管させることが肝要である。

a　接近型への対応

　接近型への対応としては、契約自由の原則が支配する領域であるため、契約を締結しないこと、つまり反社会的勢力からの商取引の申込みを拒否すれば足りる。

　内容証明郵便によるなどして、拒絶の意思を相手方に明確に伝える。

　恐喝罪や強要罪など何らかの犯罪行為に該当する可能性があれば、速やかに管轄警察署への被害届や刑事告訴を行う。これにより拒絶の意思が一層明確になり、摘発を恐れた相手方が撤退する可能性も高まる。

b　攻撃型の対応

　相手方の属性がどうであれ、その要求が正当な権利行使である限り、ここにいう攻撃型の範疇には入らない。この場合に相手方の属性を考慮することは無用である。攻撃型とは、あくまで相手方の要求が不当要求行為である場合の類型である。

　相手方は、企業のちょっとした事務上のミスなどをことさらに言い立てて、企業が何らかの損害賠償債務を負っているかのごとく迫ってくる。多くは全くの言い掛かりである。あるいは、謝罪すれば事足りる程度の責任はあっても金銭賠償を要するような法的責任がない場合であるか、又は法

的責任があっても相手方の要求が過大な場合である。

　企業としては、事実関係を確認して、法的責任の有無を判定し、金銭に見積もるべき損害賠償責任があると判断した場合には適正な損害額を算定してその賠償を申し出ることで足りる。したがって、まずは相手方の要求内容を特定する必要がある。「誠意をみせろ」などと要求が曖昧な場合には、相手方との交渉の中で要求内容を絞り込ませ、要求内容を特定する。

　企業の法的責任の範囲と、相手方の要求内容の双方を明らかにした上で、両者が明らかにバランスを欠いていること、企業の法的責任に照らして相手方の要求が不当ないし過大であることを、法的根拠を示して明らかにし、不当要求を拒否する。拒絶の意思を明確にすることは接近型と同様である。

　なお、企業側に何らかの非が認められる場合、必要な範囲・程度で謝罪したり再発防止を約したりすることは差し支えない。法的責任が認められる範囲で金銭支払を提案することもあり得よう。ただし、事実関係もよく確認することなく、上記の法的判断を経ることなく、ただ暴力による威嚇に怯えて頭を下げることは禁物である。

　　　c　癒着型の対応

　癒着型においては、過去のしがらみから、企業内の秘密やスキャンダルを相手方に握られている場合が多く、そもそも過去に相手方と癒着していたこと自体が一つのスキャンダルになる。

　しかし、世間がより注目するのは不祥事の有無やその内容よりも、企業の自浄能力である。世間体や風評悪化を案じて、悪い話を隠そうとするのは容易だが、こうした隠ぺい体質は企業の風評を致命的に毀損する。反社会的勢力との絶縁を宣言するとともに、自ら進んで不祥事を公表し、社内処分と再発防止策を的確に講じ、高い自浄作用があることを世間に示せば、企業の風評はむしろアップする。

　こうした決意をすれば、あとは不当要求を断固拒否するだけである。

　　ウ　企業対象暴力の多様性

上記３類型とは別の観点である不当要求行為を行う者が仮装する属性から企業に対する不当要求行為を眺めて見ると、その属性は、サービスを受けた者、えせ同和行為者、えせ右翼、暴力団、暴力団関係企業、総会屋の順に多いとされる。

 えせ同和行為者は社会運動を標ぼうし、法の下の平等などを盾にとる。えせ右翼は政治活動を標ぼうし、表現の自由、政治結社の自由などを盾にとる。暴力団関係企業は、一般民間企業を仮装し、営業の自由や契約上の地位を盾にとる。総会屋は、株主や投資家を仮装し、株主の権利を盾にとる。

 しかし、反社会的勢力による属性の仮装は、権利行使に見せかけて摘発を免れるための隠れ蓑にすぎないため、同一人物が仮装する属性を変遷させたり、複数の属性を使い分けたりする例が多く見られる。

 平成13年8月には、ある出版社が同和問題に関する高額な書籍を官庁等に売りつけ、1年間に約2億円の収入を得ていたことが発覚した。この出版社の事実上のオーナーは右翼団体の会長であり、以前には山口組系暴力団幹部として恐喝容疑で逮捕され、実刑判決を受けていたとのことである。

 上記の典型的属性のほか、企業対象暴力には次のようなバリエーションもみられるが、不当要求の本質に変わりはなく、その対応も変わらない。

a 株式上場、株式市場（増資等）に絡むケース

 企業の株式上場は、創業者株主に莫大な利益をもたらす。新興市場での上場を目指すベンチャー企業の中には反社会的勢力対策の甘い企業が少なくない。これに目をつけた反社会的勢力が、上場前の企業に食い込んで利益を収奪しようとする事案が見られる。

 平成12年10月、東証マザーズ上場第1号企業の前社長が、監禁等の容疑で逮捕される事件（リキッドオーディオ・ジャパン事件）があり、反社会的勢力との関わりについて非難を浴びた。この事件を契機に、各市場は上場審査基準に反社会的勢力との関わりを禁ずる条項を設けた。

また、平成18年2月、大証二部に上場していた精密機器メーカーの社長らが逮捕された事件がある。この事件は、臨時株主総会で取締役に選任され、同社代表取締役となった社長が、仕手筋として有名な人物らと共謀し、海外の金融会社をダミーとして8億円の転換社債型新株予約券付社債を発行し、当該金融会社から振り込まれた8億円を他社への貸付けとして全額流出させた上で、当該金融会社をして新株予約権を行使させて得た自社株式を売却して多額の利益を上げたという事件である。同社社長は、当該増資を内容とする虚偽登記をしたとして電磁的公正証書原本不実記録等の罪で逮捕され、実刑となっている。

その他、ベンチャーファンドによる投資を装ったり未公開株を担保に融資したりして、上場前の未公開株を入手しようと画策する例がある。暴力団関係企業自身が株式上場を企図したり、上場が近いと吹聴してその未公開株を不当に高い価格で買わせるなどの例もある。

例えば、平成22年11月に韓国ドラマのイベント会社が上場見込みのない同社の未公開株を「近く上場する」などと偽って全国の約460人に販売し、計約10億円を集め、その一部を指定暴力団住吉会系組長が受け取った事件が存在する。

b 民事再生に係る犯罪

平成19年2月、大証ヘラクレスに上場していたコンピューター周辺機器製造会社の民事再生手続中に、同社の元副社長（元暴力団組長）が役員を務めるソフト販売会社から不必要な会計ソフトを購入し、会社財産を債権者の不利益に処分したとして、同社の元社長や元副社長を民事再生法違反の罪（詐欺再生罪）で逮捕した。この事件は、暴力団関係者が新興上場企業の中枢にまで深く食い込んでいる実態を明らかにした。

c ブラックジャーナル（新聞・雑誌ゴロ）

ジャーナリストの取材・執筆活動を仮装し、表現の自由を盾にとる。その実態は、不利益事実のメディアへの公表という害悪の告知を手段とする企業恐喝である。

ブラックジャーナルである以上、当該メディアの世論形成力は著しく乏しい。取材拒否と無視が対応の基本であり、必要に応じて弁護士名の内容証明郵便で警告を発する。また、出版前であれば出版差止めの仮処分申請、出版後であれば謝罪広告や損害賠償の請求も考えられる。刑事上の手続としては恐喝罪や威力業務妨害罪、名誉毀損罪等を理由に刑事告訴も考えられる。

d ネット告発

街宣やビラまきという示威行為に加え、最近では「インターネットで告発するぞ」という脅し文句が使われるようになった。これも表現の自由を盾にとった、不利益事実の公表という害悪の告知を手段とする企業恐喝である。

インターネットの告発サイトが不特定多数人の目に触れる可能性は著しく低く、匿名による掲示板への書き込みなどは、その多くが無責任な誹謗中傷であるため、その世論形成力は著しく低い。

無視が対応の基本である。掲載禁止の仮処分申請などを検討する場合にも、そうした過剰反応が世間の耳目を集めるリスクを十分に考慮する。

削除を求める方針をとる場合には、発信者に対して警告書を発し、掲載禁止の仮処分申請等を行う。発信者が特定できない場合には、特定電気通信役務提供者の損害賠償責任の制限及び発信者情報の開示に関する法律（プロバイダ責任制限法）に基づき、プロバイダに対して発信者の氏名等の情報開示請求をする。また、プロバイダに対して削除や損害賠償を請求することも考えられる。プロバイダについては、ドメイン名を管理する株式会社日本レジストリサービス（ＪＰＲＳ）のホームページ（http://whois.jprs.jp/）のＷＨＯＩＳ検索で調べることができる。掲示板へ書き込みがなされた場合には、掲示板の主催者に削除を求め、削除されなければ削除を求める仮処分申請が考えられる。

e 商品クレーム

暴力団等の反社会的勢力が、企業と何らかの接点を持とうとした場合、

商品やサービスの提供を受ける消費者に仮装するのが最も容易である。企業側も、たとえ不当要求者であることが明らかになっても、当社の商品を買ってくれたお客様であることに変わりはなく、対応に苦慮することになる。いわゆる"お客様第一主義"の呪縛であり、反社会的勢力が消費者に仮装する所以である。

しかし、企業がお客様第一主義を唱える場合、それは目の前にいる不当要求者をお客様と捉えるのではなく、総体としてのお客様を第一に据える必要がある。声の大きい不当要求者に屈し、他のお客様には提供しない特別の利益を提供することは、総体としてのお客様の中に不平等を作り出し、お客様をないがしろにする行為にほかならない。"お客様第一主義"よりも、"お客様平等主義"を優先する必要がある。

消費者を仮装した不当要求に遭った場合、「他のお客様から同じ要求があっても応じるだろうか」「目の前のお客様の暴力性に怯えて金を払おうとしているだけではないか」と繰り返し自問してみる。他のすべてのお客様に同じ対応ができないとしたら、それこそが不当要求であり、断固拒否する。

 f NPO法人

NPO法人の多くが善意に基づくボランティア活動などの社会公益活動を行っており、クリーンなイメージを持たれていることを利用して社会公益活動を仮装するために、NPO法人を設立する例が見られる。元政治団体がホームレスに生活保護を申請させて徴収し、職住を提供する活動を行うNPO法人を設立する例（平成12年7月6日付朝日新聞）、同和団体を標ぼうするNPO法人の幹部がバカラ賭博場を開設し、売上げから数億円を複数の指定暴力団に渡していた疑いがある例（平成12年8月18日付産経新聞）、このNPO法人の元役員らが中小企業金融安定化特別保証制度の融資を仲介し法外な手数料を得ていたとして出資法違反で逮捕された例（平成12年10月23日付産経新聞、平成13年2月5日付朝日新聞、同日付産経新聞）、産廃処理会社に「環境への配慮が足りない」と迫り、取引先や行政機関に

悪評を流さない見返りに入会金や賛助金の名目で現金を要求し、約2年で合計約5,000万円を集めていたNPOの幹部で元暴力団員らが逮捕された例（平成15年12月22日付日本経済新聞夕刊）などが報道されている。

　NPO法人理事が、出版関係者や総会屋とともに、東証マザーズ上場の不動産賃貸会社に対し、元山口組系組幹部の運営する岩盤浴運営会社に店舗を賃貸していたことを材料に脅して逮捕された例もある（平成20年2月23日付日本経済新聞夕刊）。また、山口組系幹部が関与して設立した生活相談センターに対し、東京都から助成金をだましとったとして、自治体が認可を取り消した例なども見られる（平成22年12月26日付日本経済新聞夕刊）。

Ⅲ　えせ右翼・えせ同和行為者・街宣活動に対する法的対応

1　えせ右翼行為

ア　えせ右翼行為とは

　えせ右翼行為とは、「右翼団体あるいは右翼運動を標ぼう若しくは仮装して、民事紛争に介入し、団体又は個人に対し、義務なき行為を求めたり、不当な要求ないし違法な行為をし、それにより直接的若しくは間接的に利益を得若しくは得ようとする行為」をいう。右翼団体又は右翼運動を標ぼうする者たちが、一般市民・企業・自治体等の恐怖心を利用して民事紛争に介入することは、実質的に民事介入暴力行為にほかならない。

　えせ右翼行為の本質は、暴力を背景とする不当要求であるが、政治活動を仮装し、表現の自由や政治結社の自由を盾にとり、届出政治団体を隠れ蓑として企業恐喝で摘発されることを免れようとするところに特徴がある。しかしながら、「憲法上の表現の自由、政治活動の自由も、本件街頭宣伝等の如き違法行為を許容するものではない」（宗教法人について街頭宣伝等を繰り返した右翼団体代表者に対する、それらの行為の禁止を命じた仮処分が認可された事例。静岡地富士支決平成4年7月15日判タ796号227頁）とされているように、具体的な行為が客観的に見て法的に許容されないもので

あれば、それは「えせ右翼行為」として排除されなければならない。

イ　えせ右翼行為の態様・類型

えせ右翼行為の目的は金銭であり、誰から金銭を受け取るかによって二つの類型に分けられる。

a　直接型

えせ右翼が自らを当事者として対象者に対し不当要求を行い、対象者から解決金、賛助金、機関紙（誌）購読料などの不当な利益を得ようとする類型である。

b　間接型

ある依頼者が何らかの目的のためにえせ右翼の暴力性を利用し、報酬を支払って街宣活動等を委任し、えせ右翼がこれを受任する類型である。対象企業に対して何らかの不満や恨みを持つ者が依頼者になることが多く（例えばリストラされた元役員・従業員、派閥抗争の相手方など）、依頼者の知る内部事情を悪用・歪曲して街宣活動のネタにする。

間接型の方が、企業を加害者、依頼者等を被害者に仕立てることが容易で、また利益を対象企業から直接収受するわけではないので、社会正義追求のための糾弾という外形をとりやすい。

ウ　えせ右翼行為の具体的手口

えせ右翼行為の本質は、右翼標ぼう運動を隠れ蓑にした不当要求であるから、その最終的な目的は金銭であり、その手口は多様である。

例えば、次のような事例が考えられる。

＜直接型＞
- ・北方領土返還、環境保護運動等の政治目的を掲げ、賛助金を要求。
- ・機関紙（誌）・広報誌と称する雑誌の定期的購読を要求。
- ・銀行等の金融機関に対して融資を強要。
- ・企業の商品やサービスにクレームをつけ、解決金を要求。
- ・企業の不祥事やスキャンダルを徹底追及する威勢を示し、あたかも社会的正義であるかのような公開質問状・抗議文等を送りつけ、口

止め料や解決金を要求。
・担保物件を不法占拠し、競売妨害により立退料を要求。
＜間接型＞
・交通事故、労務紛争、労災事故、倒産事件などの民事紛争に当事者の代理人として介入する。

2　えせ同和行為

　ア　えせ同和行為とは

えせ同和行為とは、同和団体を名乗り、あるいは同和問題を口実にして、企業や官公署などに違法・不当な利益や義務のないことを要求する行為である。

「同和問題はこわい問題であり、避けた方が良い」という誤った意識が、えせ同和行為の横行の背景となっている。このようなおそれと知識不足につけ込んで、本来通らないはずの不当要求を強引に通そうとするのがえせ同和行為であり、えせ同和行為は、同和問題と全く無関係の不当要求行為である。えせ同和行為は、これが単に不当要求であるというに留まらず、誤解に基づく差別を助長し、同和問題を複雑化させ、関係者が長年にわたって努力してきた同和問題解決のための啓発活動及び教育の効果を蔑ろにするという意味でも、強力に排除が推進されなければならない問題である。

かつては、「えせ同和団体」の存在が問題とされたことがあったが、今日では、行為者が同和団体に所属しているか、それがどのような団体かにかかわらず、同和団体ないし同和問題の名の下に不当要求を行う「えせ同和行為」そのものが問題であるとの意識が一般化している。

なお、えせ同和行為者が暴力団との関係をちらつかせて不当要求行為におよんだり、暴力団幹部が同和団体を隠れ蓑に不当要求行為を行ったなどの事例もあり、えせ同和行為が暴力団の資金獲得活動の一部となっていることが強く窺われる。

　イ　えせ同和行為被害の実態

第3編　不当要求への対応

　このようなえせ同和行為に対して、地域改善対策協議会の昭和61年12月11日付意見具申「今後における地域改善対策について」において、えせ同和行為の排除が明言され、「えせ同和行為は、何らかの利権を得るため、同和問題を口実にして企業・行政機関等への不当な圧力をかけるものであり、その行為自体が問題とされ、排除されるべき性格のものである」「企業・行政機関等が、不当な要求は断固として断り、また、不法な行為については、警察当局に通報する等厳格に対処することが必要となる」と意見が述べられた。

　しかし、その後の関係者の努力にもかかわらず、今日においてもなお、えせ同和行為による被害は深刻な状況にある。

　公益財団法人人権教育啓発推進センターが平成26年3月に発表した「平成25年中におけるえせ同和行為実態把握のためのアンケート調査結果概要」(注)によると、回答のあった4,398事業所のうち、えせ同和行為による違法・不当な要求を受けた事業所の割合は4.6パーセントであり、前回調査（平成20年）に比して、11.5ポイント減少しているが、1事業所が違法・不当な要求を受けた平均件数は、前回調査より0.3件上昇し、2.1件となっている。

　一方、えせ同和行為による違法・不当な要求に対して、78.9パーセントの事業所がこれを拒否しているが、全部又は一部の要求に応じたとする回答も14.2パーセントにのぼっている。

　また、要求1件当たりの被害金額は、1万円以上10万円未満が9.8パーセントと最も多く、100万円以上の高額の被害を受けたと回答した事業者はなかった。これは、後述するとおり、えせ同和行為の内容が図書購読要求など比較的少額の要求が多いことによるものと推察され、逆に比較的少額の要求であるがゆえに、不当要求に応じている面もあると思われる。

注　アンケート結果の詳細については下記ＵＲＬ参照のこと。
　　http://www.moj.go.jp/content/000121613.pdf

ウ　えせ同和行為による不当要求の内容

前記アンケート調査結果によると、不当要求行為の内容は、次のとおりとなっている。

〔表4〕

(注)複数回答

要求の種類	順　位	割　合(%)
機関紙・図書等物品購入の強要	1	74.0
寄附金、賛助金の強要	2	12.3
講演会・研修会への参加強要	2	12.3
下請への参加強要	4	10.3
機関紙等への広告掲載の強要	5	4.4
名簿の購入の強要	5	4.4
物品の寄附強要	7	2.5
契約締結の強要	8	1.5
融資の強要	9	1.0
債務の免除・猶予の強要	9	1.0
示談金の要求	11	0.5
職員への採用強要	11	0.5
口座開設の強要	13	―
着手金の強要	13	―
謝罪文の強要	13	―
その他・無回答	―	10.8

(出典)　公益財団法人人権教育啓発推進センター「平成25年中におけるえせ同和行為実態把握のためのアンケート調査結果概要」

えせ同和行為による不当要求の内容としては、機関誌・図書等物品購入の強要が74.0パーセントと圧倒的多数を占めている。その他の要求内容は、同和問題に名を借りて直接的に寄付金、賛助金といった金品や物品を要求するもの、債務の免除・猶予、示談金の強要など民事上の紛争に介入

してくるもの、下請への参加強要、機関紙等への広告掲載の強要、名簿の購入強要、契約締結の強要、融資の強要など取引を求めるものなど、暴力団やえせ右翼による不当要求行為の内容と大差はない。しかし、講演会・研修会への参加強要、職員の採用強要などは、同和問題を口実にしやすいことから、えせ同和行為として特徴的な行為ともいえる。

　エ　えせ同和行為への対応
　　a　接近型への対応
　上記アンケート結果からも分かるとおり、えせ同和行為は、類型的にはいわゆる「接近型」(本編第2章Ⅱ2参照)に分類されるものがほとんどである。
　「接近型」への対応は、契約を締結などしないこと、つまりえせ同和行為者からの商取引の申込みや要求を断固拒否することに尽きる。
　えせ同和行為者との最初の接点は、電話であることが多い。したがって、まず、電話対応の段階で、拒絶の意思を明白にすることが必要である。
　えせ同和行為者の手口は、同和問題に対する知識の不足を責めたり、一方的に差別であると決めつけるなどして、図書購入や、金品の交付、契約締結などを要求するというものである。例えば、「同和問題をどれだけ知っているか」と切り出し、同和問題に対する社員の知識不足をなじり、「そんなことも知らないのか」「会社は同和教育をしているのか」「同和教育が足りない」「同和教育をしないのは差別だ」と畳みかけ、会社が差別をしているような錯覚に陥らせたり、面倒な相手にからまれたと思わせる。その上で、「ぜひ我々の機関紙(誌)や同和文献を購入されたい」「会社の同和教育は我々の団体に任せてほしい」と不当要求を行う。拒絶しようとすると、「我々の同和運動に協力しないというのか」「協力しないのは差別だ」と畳みかけ、最後に「協力しないというのなら差別糾弾闘争を行う」「同志を動員して会社に押しかける」「マスコミに訴える」などと害悪の告知をする。

このような手口は、応対者を動揺させ、議論に巻き込み、結果的に要求に応じざるを得ないように仕向けるためのテクニックであるから、えせ同和行為者の議論に乗らず、不当要求に対しては、理由を付することなく毅然と拒否すればよい。同和問題に対する知識が不足していることによって、契約締結を強要される理由はないし、相手方の申込みに応じなかったことが差別になるわけでもないから、何ら怯むことはないのである。

　しかし、それによっても相手方の要求が収まらない場合や、電話対応を誤ったために要求が継続している場合などは、代理人弁護士名の内容証明郵便による拒絶などの方法により、拒絶の意思を相手方に明確に伝える。

　なお、えせ同和行為に対する対応については、法務省人権擁護局作成の「えせ同和行為対応の手引き」（http://www.moj.go.jp/content/000122217.pdf）に詳しい。

b　関係機関との連携

①　法務局との連携

　法務局（本局、地方法務局、支局）では、えせ同和行為の排除のために、人権相談所においてえせ同和行為の相談を受け付けている。

　えせ同和行為者から、同和問題の知識の不足を責められたり、一方的に差別であると決めつけられて議論に巻き込まれそうになった場合は、「当社の同和教育が不足しているかは法務局人権相談所の判断を仰ぐ」「必要な同和教育も人権相談所にお願いする」「あなたの団体の同和運動に協力しないことが差別になるかどうかも人権相談所の判断を仰ぐ」などと回答する。なお、えせ同和行為者が法務局に、相談があったかどうか確認の電話をすることがあるので「法務局の判断を仰ぐ」などと回答した場合は、必ず、人権相談所に相談しておく。

②　警察との連携

　えせ同和行為が恐喝罪や強要罪など何らかの犯罪行為に該当する可能性があれば、速やかに管轄警察署へ相談し、被害届の提出や刑事告訴を行う。これにより拒絶の意思が一層明確になり、摘発をおそれたえせ同和行

第3編　不当要求への対応

為者が撤退する可能性も高まる。

　③　弁護士との連携

　えせ同和行為者からの要求が交通事故の示談など民事上の紛争に起因する場合、えせ同和行為者との契約を解除したい場合、えせ同和行為の被害に対して損害賠償を請求したい場合、えせ同和行為による不当要求を差し止めたい場合、その他えせ同和行為対策に関して弁護士の援助を得たいときは、速やかに弁護士と連絡を取り、必要な措置を講ずる。弁護士に心当たりがない場合でも、各弁護士会の民事介入暴力相談窓口において、えせ同和行為の相談を受け付け、必要があれば弁護士が受任する態勢をとっている。

　オ　機関誌・図書等物品購入要求に対する対応

　前述のとおり、えせ同和行為として最も被害報告が多いのは、機関誌・図書等の物品購入の強要である。

　　a　購入要求があったときの対応

　まず購入申込みの段階で「お断りします」と拒絶の意思を明確に示すことが肝要である。ここで、「検討します」「今回は結構です」などと曖昧な回答をしては、えせ同和行為者に付け入る隙を与えることになってしまう。

　また、仮に、少額だからと購入に応じると、同じ行為者からの不当要求が何度も繰り返されたり、噂を聞きつけた別の行為者から次々に不当要求が来ることになりかねない。安易なコスト計算は禁物であり、不当要求と判断したら断固拒否する。

　拒否する場合に、理由を述べる必要はない。仮に述べるとすれば、法務局人権相談所の判断を仰ぐと述べる。

　また、企業、官公庁のどこの部署にアプローチがあっても対応できるよう、職員向けの研修を行ったり、マニュアルを作成するなどして、社内、庁内で対応策を周知徹底しておくことも必要である。

　　b　機関誌、図書等が一方的に送付されたときの対応

送り主に心当たりがなければ、受取りを拒否する。

郵便であれば、郵便配達人に受取拒否することを告げるか、郵便物の宛名面に「受取拒否」と記載した付箋を貼付してポストに投函する。宅配便であれば、宅配業者に受取拒否の意思を告げ、返送してもらう。

中身を確認するために開封した場合でも、書籍の売買契約は成立しない。仮に「返事がなければ購入したとみなす」とか「購入しなければ返送せよ」と書かれていても、売買契約は成立せず、返送義務も負わない。

なお、蔵書印を押印するなど、承諾の意思表示と認めるべき事実（民法526Ⅱ）があったとのクレームの材料になりかねない行為は避ける。

特定商取引に関する法律59条はこのような送り付け商法の取扱いを定める。販売業者が売買契約の申込者以外の消費者に売買契約を申し込んで商品を送付した場合、商品送付日から14日以内（販売業者に対して商品引取りを請求した場合は請求日から7日以内）に送付を受けた者が申込みを承諾せず、販売業者も商品を引き取らないときは、販売業者は、送付した商品の返還を請求できなくなる。この場合、書籍を任意に使用しても処分しても構わないが、拒絶の意思を明確にする意味からは、書籍を返送し、購入を拒絶する意思を明確にすることが望ましい。

　　　c　いったん購入を承諾してしまったときの対応

購入を承諾するに至った経緯について関係者から事情をよく聴取し、錯誤無効（民法95）、詐欺・強迫取消（民法96）などの主張が可能かどうか、検討する。

また、訪問販売に基づき購入を承諾してしまった場合には特定商取引に関する法律9条1項、電話勧誘に基づき購入を承諾してしまった場合には特定商取引に関する法律24条1項を根拠として、契約を解除することができる（いわゆる「クーリング・オフ」）。クーリング・オフ期間は、クーリング・オフ制度に基づいて契約解除ができることなどの法定の事項を記載した書面を受け取った日から8日間であり、解除の効力が生ずるのは解除通知を発信した時である（特定商取引法9Ⅱ、24Ⅱ）。このような書面の交付

を受けていない場合や書面の交付を受けていても法定の要件を満たしていない場合には、理論的にはいつまでもクーリング・オフできることになるが、拒絶の意思を明確にする意味から、速やかに解除を通知することが望ましい。クーリング・オフ制度によって契約を解除した場合、既に送付された商品の返還、引取費用は売主の負担となる（特定商取引法9Ⅳ、24Ⅳ）。

契約取消・無効・解除などの通知は、内容証明郵便によって行う。

なお、特定商取引に関する法律は、購入者が営業のために又は営業として締結する売買契約はクーリング・オフ制度の適用除外としているが（特定商取引法26Ⅰ①）、会社の行為であっても営業のためにする行為に当たらないと判示した下級審裁判例が複数存在するので（営業者にクーリング・オフの適用を認めた裁判例として、越谷簡判平成8年1月22日消費者法ニュース27号39頁、神戸地判平成15年3月4日金判1178号48頁など）、主張の可否を積極的に検討する。

d これまで購読していたものを中止するときの対応

今後は購読しない旨の内容証明郵便による通知を発送する。弁護士名の通知が届けば、以後の購読要求がぱったりとなくなるケースも多い。

相手方から中止の理由を明らかにするよう求める電話連絡や訪問があった場合には、今後必要ないことを明確に述べる。

えせ同和行為対応の手引＜抜粋＞（法務省人権擁護局作成）

基本的注意事項

1 基本的姿勢

　えせ同和行為に対する基本的姿勢は、違法・不当な要求は断固として拒否することにある。

　応ずることのできない違法・不当な要求を拒否するのは当然のことであって、たとえその要求が同和問題への取組等の名目で行われても結論は同じである。

2 怖いものという意識を捨てること

　同和問題の名の下に不当な要求をする者は、そのことによってもはや同

和問題を論じる資格はないというべきである。その者の要求行為は、えせ同和行為そのものであり、恐れる必要のないものである。

3　初期の対応

　最初から一貫して、き然とした態度で対応する。

　最初の対応の誤りが事件を拡大させるので、最初に相手にすきを見せたり、脈ありと思わせてはならない。

4　安易な妥協はしないこと

　えせ同和行為者は、弱い者に強く、強い者には弱い。したがって、安易な妥協をすると、更につけ込まれる。その場しのぎの安易な妥協は、火に油を注ぐ結果となる。

　例えば、えせ同和行為者は、刑事事件になることを恐れて、具体的な金銭の要求をせず、「誠意をみせろ。」、「善処しろ。」などと執ように攻めてくるが、それに根負けして金銭で妥協してはならない。

5　脅しを恐れないこと

　えせ同和行為者自身、刑事事件になることを恐れているため、激しい言葉を発言しても実際に暴力的行為に出ることはまずない。仮に、暴力的言動があった場合には、直ちに警察へ要請、通報し法的手続をとるべきである。

6　同和問題への取組を非難された場合

　同和問題への取組や同和研修の在り方を口実に不当と思われる要求を受けたときは、相手方に対し、「法務局に申し出て、それが人権侵害になるかどうか、また、今後どうすべきかについて、法務局の処理に委ねたい。」と伝える。その後直ちに法務局に相談して態勢を整える。

7　弱みを追及された場合

　弱みを追及された場合でも、密室での取引を排して、紛争の適正かつ妥当な解決を図るための正当な手続によるべきである。相手の指摘する内容が仮に事実であるとしても、法的な観点から見れば、損害賠償等を認めるには、故意過失の有無、賠償の対象になるかどうか、適正妥当な賠償額はどうかなどの検討を要する。

したがって、それらの検討をしないまま、安易に相手の要求を認めたり、謝罪的な発言をしてはならない。

事務上の過誤等の処理は、法律に従った正しい手続によって行うべきであり、それを口実にする相手方の違法・不当な要求は、断固として拒否すべきである。

8　組織全体で対応

えせ同和行為に対しては、組織全体で対応すべきである。支店等で不当な要求を受けた場合は、支店長等が個人的に又は支店限りで、その要求に応ずるべきではない。相手は、個人的な又は支店限りの対応の不備等を口実にして、本店に対し、より大きな要求をしてくることが多いので、本店に報告したり、本店に指示を求めるなどして、組織全体として対応すべきである。

9　官公署の影響力が利用された場合

えせ同和行為者は、企業に対して不当な要求をする場合、その手口として、その企業の監督官庁等に連絡をとり、その官庁の企業に対する影響力を悪用しようとすることが多い。

各行政機関は、都道府県単位の「えせ同和行為対策関係機関連絡会」への参加を通じるなどして、えせ同和行為の排除に積極的に取り組んでおり、えせ同和行為者に加担することはないので、このようなえせ同和行為者の手口にだまされないようにしなければならない。

10　法務局への相談

法務局・地方法務局の本局及び支局では、えせ同和行為の排除のための相談を受け付けており、必要に応じて、警察、弁護士会と連絡をとる体制を敷いているので、同和問題を口実にする不当な要求を受けたときは、法務局に相談する。

11　警察への連絡等

警察は、えせ同和行為者の排除に積極的に取り組んでいる。現在、都道府県警察では、「企業対象暴力対策本部」等を設置して、暴力団やえせ同和行為者等に関する企業からの各種相談に対応しているほか、これらとの

関係遮断に取り組む企業に対しては情勢に応じて必要な警戒を行うなど、関係者の身辺の安全を確保するための保護対策を実施している。暴力団やえせ同和行為者等から不当な要求を受けた場合又は受けるおそれがある場合には、次のように対処する。
（1）警察本部（暴力団対策課等）、最寄りの警察署又は暴力追放運動推進センターに速やかに連絡をとり、対応等について助言を受ける。
（2）緊急を要する場合は、ちゅうちょせず110番通報する。

12　弁護士への相談
（1）日本弁護士連合会（日弁連）は、民事介入暴力対策委員会を中心に、えせ同和行為の排除に取り組んでいる。また、そのために各都道府県にある弁護士会に民事介入暴力被害者救済センターを置き、えせ同和行為者に対する対応について相談を受けている。
（2）えせ同和行為は、かなり知能犯的である場合が多いので、弁護士にもよく相談し、事案に応じてその解決を弁護士に依頼する。
（3）なお、民事上の手続として、以下のものが挙げられる。これらの手続について、弁護士と相談することも有益である。

　　ア　内容証明郵便の送達
　　　　相手方の行為が継続すると予想される場合には、法的手続をとる前に内容証明郵便を送達する。内容証明郵便には、次のような事項を記載することが考えられる。
　　　① 相手方の行為が刑法上脅迫罪・強要罪・恐喝罪等を構成すること（あるいは民法上不法行為となること）。
　　　② 弁護士に依頼済みのときは、今後の連絡は弁護士事務所宛てにされたいこと。
　　　③ 違法行為があるときは、断固として法的手続をとる意思があること。

　　イ　仮処分の申請
　　　　不作為の仮処分（面談禁止、架電禁止、立入禁止、業務妨害禁止等）の申立を裁判所に対して行う。

第3編　不当要求への対応

> ※　仮処分決定を得ることにより、禁止事項が明確になり、相手方の動きが止まる効果が期待できる。
> ウ　債務不存在確認の訴えの提起等
> 　些細な誤りにつけ入り損害賠償を求めてくる場合には、相手に対して訴訟を提起するよう促し、これに応じないときは、逆に債務不存在確認の訴えを提起するなど、紛争を裁判によって解決する方策をとる。

具体的対応の要点

1　面談する場所は、自分の管理が及ぶ範囲内（例えば、自社応接室等）とする。
　呼び出しがあっても、相手の要求する場所には出向かない。
2　対応は、担当者が行い、幹部を出さない。
3　対応は、必ず2名以上で行う。
　場合により、弁護士に交渉を委ねたり、弁護士を立ち会わせたり、又は弁護士、警察官に待機してもらうなどする。
4　相手方を確認する。
　相手方の氏名、所属団体、所在（場合により電話番号）等を確認する。他人の代理人と称する場合には、その関係、委任の事実の確認をする。
5　話の内容は、面接の場合でも電話の場合でも、できるだけ録音するか、又は詳細に記録をとる。
　相手方がそのことを指摘した場合には「上司に報告するため。」と言う。
　関連していると思われる無言電話も、その時間、状況等を記録しておく。
6　相手の話はよく聞き、その趣旨、目的を明確にしておく。
7　言動には特に注意する。
（1）おびえず、慌てず、ゆっくりと応対し、無礼な態度を見せないよう注意する。

第2章　不当要求行為の類型毎の対応方法

　　　　相手方の挑発に乗ってはならない。まして、相手方を挑発してはならない。
（2）相手方の要求に応じるべきでないと考えたときは、例えば「当社としては、あなたの要求には応じられません。これ以上お話しても結論は変わりません。どうぞお引き取りください。」などと明確に答え、「検討する。」とか「考えてみる。」など、相手方に期待を抱かせる発言をしてはならない。
（3）当初の段階で「申し訳ありません。」「すみません。」など、自らの非を認める発言をしてはいけない。
（4）相手方が念を押したときは、「はい。」、「いいえ。」で答えず、自らの主張を繰り返す。
（5）誤った発言をした場合は、その場で速やかに訂正する。
8　相手方の要求に即答、約束をしない。
　　「一筆書け。」と言われても書く必要はないし、書いてはならない。いかなる場合でも署名、押印をしない。
9　特別の事情がない限り、自ら相手方に電話をしない。その約束もしない。

3　街宣活動

ア　街宣活動

　えせ右翼行為やえせ同和行為においては、暴力による威嚇の手段として街宣活動がしばしば行われる。また、「要求に応じなければ街宣を行う」と告げるなど、街宣が脅迫の一手段として用いられることも多い。

　街宣活動は、街頭宣伝車両が拡声器から大音量で軍歌などを流し、マイクで対象企業やその役職員の不祥事やスキャンダル等について大音量で演説し、周辺で通行人にビラをまき、企業の名誉や信用を毀損する誹謗中傷を行う（時には対象企業を支援する意向を表明することもある。いわゆる「ほめ殺し」）。

　街頭宣伝車両にはバスなどの大型車両が使用され（近年はステーション

ワゴン等の一般車両が使用されることも多い)、政治団体の名称、標ぼうする政治目標(「環境保護」「社会的弱者保護」「北方領土返還」等)、看板、日章旗などが大書、掲揚されている。これらの車両は黒っぽい色に全面塗装され、窓も目隠しされるなど、全体として威圧感を与える外装が施されている。演説を行ったりビラをまく者も、戦闘服や特攻服に身を包んでいることが多く、威圧感を醸し出している。

街宣行為の対象地は、対象企業の本社、支店、営業所のみならず、取引先、メインバンク、監督官庁、役職員の自宅、最寄りの駅頭など、広範囲におよぶことがある。所定の道路使用許可を得て行われる場合が多く、街宣活動自体が何らかの行政法規に抵触することはさほど多くない。このような街宣行為を繰り返し行うことにより、標的となった被害者を精神的に追いつめ、被害者をして「何とか街宣行為をやめてもらえないか」と安易な妥協に走らせ、街宣行為の中止と引換えに、金銭を交付させたり、背後で操る者(紛争の実質的な相手方)の要求を呑まさせたり、場合によってはえせ右翼団体の活動への協賛を約束させたりするのである。

イ 街宣行為への対応

不当要求に対しては、要求の不当性を前面に打ち出し、断固拒否することに尽きる。

違法な街宣活動については、速やかに弁護士に委任し、法的対応をとる。

a 被害者への対応

被害者は、「大型の街頭宣伝車が周回しながら大音量で街宣行為をする」という行為に対し、非常に強い恐怖感を抱く。また、トラブルを抱えていることが職場や自宅周辺で公にされることとこれにより失う信用について、いいようのない不安に陥れられ、特にトラブルの内容が被害者にも落ち度のあるケースであれば、その不安や恐怖心は倍加し、事案によっては羞恥心のあまり何もかもえせ右翼団体の言うとおりにしようという気持ちすら働くのである。被害者が企業である場合も、街宣活動により従業員

が恐怖感を抱き、通常業務に支障を来すこと、取引先や近隣住民等から問い合わせや苦情が来ることなどから、一刻も早くトラブルをおさめようとするあまり右翼団体の要求に応じてしまうこともある。

　したがって、違法街宣行為の被害者から相談があれば、まず被害者の窮状を正確に理解することに努め、適切な助言指導を行い、依頼があれば法的措置を速やかに取る。

　まず、弁護士は依頼を受ける当初の段階において、今後の方針・法的な対抗手段等を明確に分かりやすく説明することが大切である。依頼者の多くは、初めての経験で混乱し、漠然とした不安を抱えている。そこで、対抗手段の法的な根拠、他の同種事案ではどのような経過で、どのような解決が図られたかなどを具体的に説明して、解決までのステップを被害者に十分理解させ、被害者の混乱を整理し、漠然とした不安を取り除くことが必要であり、その上で被害者が相手方に対して取るべき対応策を具体的に明示すべきである（取るべき対応策については後述）。特に、相手方の要求に安易に応じることが最もリスクが高い行為であることを十分に説明すべきである。また、解決までにかかる時間と費用については、概算でも依頼者に明示しておくことが望ましい。

　　　b　法的対応

　民事手続上の対応としては、街宣禁止・面談強要禁止・架電禁止の仮処分申請、債務不存在確認請求訴訟の提起、損害賠償や謝罪広告掲載を求める訴訟の提起などがある。

　刑事手続上の対応としては、被害届の提出や刑事告訴がある。

　　ウ　街宣等禁止の仮処分申請等

　　　a　相手方の特定

　相手方を特定（住所、氏名）し、裁判所に対し疎明するための資料収集として次のものが有用である。

　①　街宣行為前に相手方から送付された公開質問状、抗議文
　②　街宣行為前に相手方が代理人等と称して交渉をしてきた際に受領し

た名刺、相手方作成のビラ、パンフレットなど
③　街宣行為時に車体に団体名を表示し又は団体名を名乗る場合は、写真、録音、録画等の記録
④　街宣車両のナンバーが判明している場合は、登録事項等証明書(注1)
⑤　団体名が判明している場合は、政治団体名簿（財団法人地方財務協会発行）(注2)
⑥　連絡先として指示された電話（携帯）番号が判明している場合は、電話会社に対する弁護士法23条の2に基づく契約者の氏名、住所等の照会回答結果（ただし、電話会社によっては回答されない可能性がある。）
⑦　道路使用許可（道路法77Ⅰ）を申請している場合は、その内容
⑧　調査嘱託の利用

　　債務者を特定する情報について保有している企業等が判明しているものの、個人情報保護等を理由として弁護士法23条の2に基づく照会を拒否する場合も考えられる。

　　このような場合には、債務者不特定のまま、仮処分を申し立てるとともに、調査嘱託（民訴法186）の申立てを行うことも検討する。
⑨　警察署・暴追センターから提供された情報（ただし、訴訟資料とするためには提供者の了解を得る必要がある。）

　　b　債務者の表示

注1　登録事項等証明書の交付申請には、原則として自動車登録番号及び車台番号（下7桁）の明示が必要である。通常は車台番号までは不明なため、弁護士法23条の2に基づく照会による。
注2　政治団体が総務省所管団体（2以上の都道府県の区域にわたり主として活動する団体等）であれば、総務省のホームページ（http://www.soumu.go.jp/senkyo/seiji_s/naruhodo04.html）から政治団体名簿を確認し、都道府県選挙管理委員会所管団体（都道府県の区域において主として活動する団体）であれば、各都道府県の選挙管理委員会に問い合わせる。

仮処分申請の債務者として、政治団体名と個人名の選択肢があるが、仮処分決定が破られた場合の強制執行などを考慮し、個人名を選択することも事案によって検討する。「政治団体〇〇〇〇こと〇〇〇〇」と団体の代表者と債務者として表示する。政治団体の社団性にこだわる実益はない。

　　　c　対象場所、債権者

街宣の対象場所は、対象企業の本社、支店、営業所のみならず、取引先、監督官庁、役員の自宅、最寄りの駅頭など、広範囲に及ぶことがある。

何度も仮処分申請を追加しなくて済むよう、現在街宣の対象とされている場所以外にも、街宣車が立ち回る蓋然性のある場所はもらさず仮処分の対象地に含めておく。

役員の自宅を対象地とする仮処分申立てを行う場合は、役員個人の生活の平穏を被保全権利として、役員を債権者に含める方が早いこともある。この場合、役員の家族も対象に含めることを検討する。

上記の選別については、攻撃対象が企業活動に限定されているかがメルクマールとなろう。

　　　d　差止めの範囲

街宣等禁止の仮処分決定では、対象地から1000メートル以内ないしそれに近い距離での街宣等を禁止する主文例が多い。

また、1000メートルを超える地点であっても、最寄駅などで街宣活動が行われる場合には、そこも禁止対象に含める。

●主文例1

> 債務者らは、自ら又は第三者をして以下の行為をし、若しくはさせてはならない。
> 1　債権者本社事務所（群馬県……）正面玄関を中心とする半径1000メートルの範囲内において徘徊し、大声を張り上げ、街頭宣伝車を用いて演説をし、又は音楽を流す等して債権者の業務を妨害する一切の行為
> 2　債権者役員及び従業員に対し、債権者代理人弁護士を介することなく、面会又は架電等の方法で、直接交渉を要求する行為

第3編　不当要求への対応

●主文例2

> 債務者らは、自ら下記の行為をしてはならず、第三者をして下記の行為を行わせてはならない。
>
> 記
>
> 1　別紙仮処分対象者目録記載の事務所ないし自宅の入口から半径700メートル以内において、街宣車で徘徊し、演説するなどして、債権者らの業務、生活を妨害する一切の行為
> 2　別紙仮処分対象者目録記載の事務所ないし自宅に対し、債権者○○を誹謗中傷する内容のビラを配布し、債権者らの業務、生活を妨害する一切の行為
> 3　別紙仮処分対象者目録記載の事務所ないし自宅に対し、立ち入り、架電し、面談を強要するなどして、債権者らの業務、生活を妨害する一切の行為

●主文例3

> 債務者らは、債権者らに対し、下記の行為をしてはならない。
>
> 記
>
> 1　別紙物件目録記載の各建物の正面入口から半径2,000メートル以内の地域において、別紙放送文句概要記載の文句を、該当街宣車により放送する等して、債権者らの業務を妨害し、又はその名誉及び信用を毀損する一切の行為
> 2　債務者○○○○社は、債権者らに対し、下記の行為をしてはならない。
>
> 記
>
> 上記債務者が発行する月刊新聞「○○○○」紙において、別紙記事概要記載の内容の記事を掲載して、債権者らの業務を妨害し、又はその名誉及び信用を毀損する行為

　　e　被保全権利

被保全権利は、企業であれば人格権（営業権（法人の営業権が被保全権利となるか否かは争いがあるが、「平穏に営業活動を営む権利」に基づく差止を認

めたものとして東京地判平成21年9月10日判タ1314号292頁などがある。）、名誉権、信用権）や、業務遂行権（東京高決平成20年7月1日判タ1280号329頁参照）、営業的人格権などを、個人であれば人格権や生活の平穏を挙げる。

   f 疎明すべき事項、疎明資料
   ① 債務者の摘示する事実が虚偽であること
    街宣活動が表現の自由を盾にとる以上、虚偽の事実摘示であって表現の自由の埒外であることを疎明する。債務者作成の公開質問状、街宣の録音テープの反訳書、虚偽であることを示す客観的な社内資料など。
   ② 街宣の態様が被保全利益を侵害しており、深刻な被害が生じていること
    街宣の態様が社会的相当性を逸脱しており、被保全利益を守るために差止めが不可欠なことを疎明する（虚偽でない事実指摘の場合は、これを強調）。ビデオや写真、録音データ、反訳書、街宣の時間・場所・行動経路を示した一覧表などで街宣の状況を疎明する（街宣行為対策チェックリスト参照）。また、従業員の報告書等により、近隣住民の苦情、取引先からの問合せ、監督官庁への対応、疎明資料の作成保全など、街宣が開始されたことにより通常業務以外のどのような業務にどの程度時間を割かれ、業務の平穏がどれほど侵害されているかを疎明する。
   ③ 債務者の要求の不当性
    純粋な政治活動ではなく、不当な利益を得るための企業恐喝であることを疎明する。債務者との交渉経過を示す報告書、債務者作成の公開質問状、名刺など。
    なお、疎明資料の作成保全のために、債務者の肖像をビデオや写真に記録することは、社会通念上相当な方法で行われる以上、肖像権を侵害しない。

〔表５〕 街宣行為対策チェックリスト

分担	ビデオ撮影班		写真撮影班	録音班		騒音班		街宣車移動図班
	屋外係	屋内係		屋外係	屋内係	屋外係	屋内係	
責任者 （氏名）								
班員 （氏名）								
携帯電話 （番号）								
住宅地図 コピー （有無）								
位置 （地図コピーに記載）								
用具 （確認）	ビデオカメラ バッテリー充電器 マイク 望遠レンズ 三脚		カメラ 電池 ズームレンズ 三脚	ICレコーダー 電池 マイク		騒音計 テープ予備 電池 レベルレコーダー		住宅地図コピー
要チェック項目	街宣車 ① ナンバー ② 団体名 ③ 運転者 ④ 同乗者 背景 業務妨害		街宣車 ① ナンバー ② 団体名 ③ 運転者 ④ 同乗者	開始時刻 終了時刻				移動経路 開始時刻 終了時刻

（『第52回　民事介入暴力対策高知大会協議会資料』　64頁より（一部改））

疎明資料一覧

> ①　債権者：登記事項証明書（法人）、報告書
> ②　債務者：公開質問状、抗議文、名刺、街宣車両の登録事項等証明書、（携帯）電話会社に対する弁護士照会の結果（住所・氏名）、道路使用許可に関する弁護士照会結果（住所・氏名）、街宣車両の写真・ビデオ、住民票、報告書
> ③　対象場所・範囲：現場地図・写真
> ④　被保全権利：不動産登記簿謄本、賃貸借契約書、報告書
> ⑤　街宣行為・内容：写真、録音データ（反訳書）、ビデオ、騒音測定器による測定値、報告書（街宣の場所、行動記録、時間等の詳細な状況）
> ⑥　交渉経緯と業務支障内容：相手方からの文書、当方からの文書（内容証明）、報告書（監督官庁への対応、通常業務への影響等業務の平穏が侵害されていることの指摘）

g　裁判官面接

仮処分申請後、担当裁判官と面接する。申立書に記載しきれなかった周辺事情を口頭で伝え、債務者の目的が金銭であること、街宣活動は不当要求の手段にすぎないこと、直近の街宣行為や事件の筋をよく説明し、理解を得る。なお、表現の自由（憲法21）への影響から仮処分決定をためらう裁判官に対しては、街宣活動の目的は不当要求を通すことであって、正当な表現活動ではないことや、その内容・態様から表現の自由の保障の範囲外であることを説得的に説明する。

また、債務者審尋期日を1日でも早く指定するよう要請する。

h　債務者審尋

無審尋での発令を求めるべき事案もあるが、債務者審尋は反社会的勢力と司法の場で対峙する貴重な機会であるので、無審尋が原則と考える必要はない。

実際には、債務者審尋期日が指定されても債務者が欠席することもある。欠席すれば、特に申立書に反論がないものと認められ、速やかに仮処分決定が出される。

債務者が出頭して反論してきた場合には、審尋の場で、摘示事実の根拠

が薄弱である点、街宣行為の態様が不当である点などを積極的に指摘し、街宣が不当要求の手段であることを裁判官の前で露呈させる。

期日において、債務者が今後は街宣をしない意向を示すことも少なくない。この場合、審尋調書に和解条項を盛り込んで和解を成立させることもある。この場合、仮処分対象地はもとより今後一切の街宣活動を行わないことを確約させ、これに違反した場合のペナルティを具体的に記載し、抑止力を持たせる。なお、街宣をしないことは当然のことなので、債務者が今後は街宣をしない意向であることを示したとしても、和解に応じず仮処分決定を得るという判断もあり得る。

逆に、債務者が今後も街宣を続ける意向を示せば、その発言を調書化してもらい、直ちに仮処分決定を発令するよう申し入れる。

　　i　保証金

債務者の街宣活動が差し止められても、これにより債務者に何らかの財産的損害が生じるとはおよそ考えられない。債権者の負担や保証金取戻しの手間を指摘して、無担保での発令を申し入れる。無担保であれば、供託等の手続が不要となり早急に仮処分命令が発令されるため、1日でも早く街宣活動から解放されたいと考える被害者の希望に沿うことができる。無担保で発令される例も多く、仮に担保を積んでも債務者1人当たり5～10万円という例が多い。保証金については、各裁判所の保全部で対応が異なることが考えられるが、保全担当裁判官に、全国の事例傾向を説明し、できるだけ無保証あるいは少額での決定を出してもらうよう説得する。

　　j　仮処分決定の効力

仮処分決定は決定正本が債務者に送達された時点で効力を生ずる。ただし、仮処分決定が発令されたことをより早く債務者に告知しておけば、より早く街宣活動を中止させることができ、また、告知後の街宣活動が違法な認識の下に行われたことを明らかにできる。そこで、街宣を行っている者に対し、仮処分決定正本の写しを手交することも検討する。

　　k　各裁判所の運用の確認

保全に関する手続については、各裁判所で運用が異なる場合もあるため

（裁判官面接の要否など）、地方の裁判所で申し立てを行う場合などは、事前に電話等で詳細を確認しておくべきである。

エ　間接強制の申立て

仮処分の対象地以外に街宣活動が行われた場合は、追加で仮処分申立てを行う。

仮処分の対象地で街宣活動が続けられた場合は、仮処分破りであり、速やかに間接強制を申し立てる。あるいは、債務者が債務者審尋期日において仮処分を破ることを公言した場合、その発言を調書化し、速やかに間接強制を申し立てる。

また、仮処分申立ての時点から仮処分破りの蓋然性が高い場合には、仮処分申立てと同時に「その他の必要な処分」（民保法24）として、間接強制と同様の処分を申し立てることも可能である。

間接強制決定は、金銭債権を生ずる債務名義である。間接強制決定の送達後に仮処分破りがあった場合、事実到来執行文の付与を申し立てて執行文の付与を受け、債務者の財産に対する強制執行を申し立てる。

●主文例4

主　文
1　債務者らは、本決定送達の日以後、別紙仮処分対象者目録記載の事務所ないし自宅の入口から半径700メートル以内において、街宣車で徘徊し、演説するなどして、債権者らの業務、生活を妨害する一切の行為を自ら行い又は第三者をして行わせた場合には、債権者に対し、その妨害行為の時間に応じ、妨害行為1分当たり金25万円の割合の金員を支払え。
2　債務者らは、本決定送達の日以後、別紙仮処分対象者目録記載の事務所ないし自宅に対し、債権者○○を誹謗中傷する内容のビラを配布し、債権者らの業務、生活を妨害する一切の行為を自ら行い又は第三者をして行わせた場合には、債権者に対し、その妨害行為の回数に応じ、妨害行為1回当たり金25万円の割合の金員を支払え。
3　債務者らは、本決定送達の日以後、別紙仮処分対象者目録記載の事務所ないし自宅に対し、立ち入り、架電し、面談を強要するなどして、債権者

らの業務、生活を妨害する一切の行為を自ら行い又は第三者をして行わせた場合には、債権者に対し、その妨害行為の回数に応じ、妨害行為1回当たり金10万円の割合の金員を支払え。

オ 本案訴訟の提起

　仮処分決定で保証金を積んだ場合、保証金を取り戻すために街宣等差止請求の本案訴訟を提起する。また、無担保であった場合も、違法な街宣活動により被った企業の損害を賠償させるため、損害賠償請求訴訟を提起する。その際、債務者より起訴命令の申立てが出てから、本案訴訟の準備にかかるという受け身の姿勢ではなく、積極的に債権者側から本案訴訟の提起とその勝訴判決を獲得することによって事件としての最終解決を図っていくという姿勢が必要である。

　もっとも、債務者から起訴命令の申立てがなされた場合を除けば、本案訴訟は必ず提起しなければならないというものではない。本案訴訟を提起するかどうかは、事案の種類（紛争の本質）、債務者の特性と従前の債務者の行動歴、仮処分決定に対する債務者の対応状況（完全に街宣行為その他一切の妨害活動を止めたかどうか）、背景となった紛争事件について解決の目処が立ったかどうか、依頼者の意向（街宣を止めることが主な目的）を勘案して、決定するということになる。

　依頼者が街宣行為が止まれば慰謝料等の損害賠償請求までは求めないという意向を示している場合は、二度と街宣行為をさせないことを明らかにするためにも、また、街宣被害を根絶するためにも、違法な街宣行為は絶対に許さないという強い意思で本案訴訟に臨むべきであるという代理人としての基本的考えを説明し、その上で最終的には依頼者の判断に任せるべきであろう。特に、依頼者が企業である場合には、反社会的勢力に対する断固たる行動をとることが企業の社会的責任を果たすことにもなることを説明すべきである。

　なお、仮処分保証金を立てている場合において、これを取り戻すためには、原則として本訴提起が必要となる。本訴提起を見送れば保証金取り戻しの機会を失うことになるので、本訴提起するか否かを判断する際には、

この点についても考慮する。

さらに、本案訴訟提起前に、刑事事件として立件され債務者が逮捕された場合は、本案訴訟の勝訴判決獲得がより容易になるということで、本案訴訟を直ちに提起する判断に至る場合もあろうし、逆に、刑事事件の中で影の黒幕も含めて街宣事件の全容が判明する場合もあり、しばらく様子を見るという場合もあると思われる。

なお、町長が街宣活動によって名誉を毀損されたことなどを理由として損害賠償及び謝罪広告掲載を請求し、これが認容されるという画期的判決が出されている（浦和地判平成13年4月27日判時1757号42頁）。これは、損害賠償金の回収や謝罪広告掲載によって、実効性のある被害回復を図ると同時に、将来の街宣活動に対する抑止力を効かせることの一例である。

カ　本案訴訟における請求の趣旨、請求の原因

本案訴訟における請求の趣旨は、①街宣行為自体の禁止のほかに、上述したように、②慰謝料・営業（企業）損害の損害賠償請求、③街宣行為のきっかけとなった紛争についての債務の不存在又は債権者の権利の確認等が考えられるが、①の請求の趣旨について、仮処分の時点より街宣行為の禁止を場所的、人的に広げることは可能であるので、これらの選択は仮処分決定後における債務者側の反応をみて決めるべきである。

仮処分決定より狭い内容の請求の趣旨としてはならないことは当然である（一部の本案訴訟提起となって、仮処分の一部取消しとなり、勝訴判決が確定しても担保取消決定が得られない危険がある）。

＜請求の趣旨の具体例＞

1　原告の被告に対する別紙紛争目録記載の紛争に関する損害賠償債務は存在しないことを確認する。 2　被告は、原告に対して、自ら下記の行為をしてはならず、代理人、構成員又は第三者をして下記の行為をさせてはならない。 　（1）　別紙物件目録記載の土地及び建物付近（別紙物件目録記載の建物の玄関から半径〇〇〇メートル以内）を徘徊し、大声を張り上げ、街頭宣伝車を用いて行進若しくは停車し、街頭宣伝車による演説を行い、あ

るいは、音楽、読経を放送する等して、原告の業務を妨害し、又は信用を毀損する一切の行為
　　（２）　原告の許可なく、別紙物件目録記載の土地及び建物に立入る行為
　　（３）　原告に対して、面会又は電話をするなどの方法で直接交渉を要求する行為
３　被告は原告に対し、金○○万円及びこれに対する本訴状送達の日の翌日から支払済みまで年５分の割合による金員を支払え。
４　訴訟費用は被告らの負担とする。
との判決並びに２項、３項につき仮執行の宣言を求める。

キ　警察との連携

　えせ右翼等の不当要求、街宣活動が何らかの刑罰法令に該当する場合には、速やかに被害届の提出、刑事告訴などの刑事対応をとる。威力業務妨害罪、名誉毀損罪、信用毀損罪、恐喝罪、強要罪、暴力行為等処罰ニ関スル法律違反などを検討する。刑事告訴については、前述（ウ　街宣等禁止の仮処分申請等、ｆ　疎明すべき事項、疎明資料）の証拠資料の収集が重要になることは言うまでもない。

　特に、街宣活動が行われる前に相手方と何らかのトラブルを生じている場合、その時点で警察に相談しておくことも後の手続を円滑にするために有用である。また、警察と連携して不当要求や街宣活動に対処するためにも、仮処分の申立てや仮処分決定の発令等についても管轄警察署に情報を提供しておく。

　なお、警察では右翼団体等が街宣行為を用いて行う活動のうち市民の平穏な生活に影響を及ぼす悪質なものについてはさまざまな法令を適用して取締りに努めている（平成24年度の取締り状況　暴騒音条例に基づく停止・中止命令（104件）、勧告（175件）、立入り（10件）、威力業務妨害等による検挙（29件、48人））（平成25年度警察白書）。

街宣行為等禁止仮処分申立手続の概要

０．被害者（依頼者）からの相談→対応・方針説明
１．事前準備

第2章 不当要求行為の類型毎の対応方法

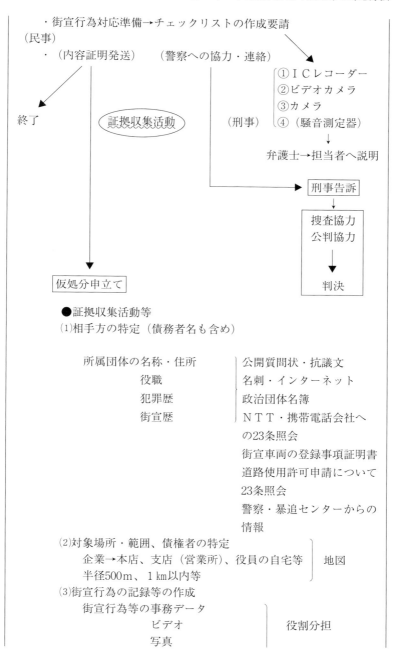

●証拠収集活動等
(1)相手方の特定（債務者名も含め）

所属団体の名称・住所	公開質問状・抗議文
役職	名刺・インターネット
犯罪歴	政治団体名簿
街宣歴	ＮＴＴ・携帯電話会社への23条照会
	街宣車両の登録事項証明書
	道路使用許可申請について23条照会
	警察・暴追センターからの情報

(2)対象場所・範囲、債権者の特定
　　企業→本店、支店（営業所）、役員の自宅等　　　地図
　　半径500ｍ、1 km以内等
(3)街宣行為の記録等の作成
　　街宣行為等の事務データ
　　　　ビデオ　　　　　　　　　　　役割分担
　　　　写真

　　　　　　　　　　（騒音測量器）
　　　　　　チェックリストの作成（責任者）
　　　　　　　　　　　　↓
　　　　　　被害状況の記録（業務への具体的な支障）
　　　　　　街宣直後の資料作成
　　　　　　　　日時・場所・時間
　　　　　　　　　　　　　　　　　現認者がまとめて報告書作成
　　　　　　　　車の台数・街宣内容
　　　　　　　・録音データ反訳、ビデオのダビング等
2．仮処分の申立て
　(1) 場所的・範囲の吟味
　　　　どれくらいの範囲にするか
　(2) 債務者の吟味
　　　　政治団体等の当事者性→「政治団体〇〇〇こと〇〇〇」
　(3) 債権者の吟味
　　　　企業のみを債権者とすることで足りるか（役員及び担当者の自宅は？攻撃対象は企業活動に限定されているか？）
　(4) 申立ての趣旨
　　　　別紙場所目録記載の場所の建物正面入口から半径〇〇メートル以内において、徘徊し、大声を張り上げ、街頭宣伝車を用いて演説し、音楽を放送する等して債権者の業務を妨害し、信用を毀損する一切の行為
　(5) 申立ての理由
　　　　①保全の必要性→　・債権者・債務者の特性
　　　　　　　　　　　　　債権者については詳細に！債務者については疎明資料の裏付ある属性等
　　　　　　　　　　　　・紛争の原因、交渉経緯、街宣の実態、業務妨害の態様・被害の実態→さらなる被害拡大の生じる危険（民事保全法23条2項）
　　　　②被保全権利→　企業→営業権、業務遂行権、営業的人格権など
　　　　　　　　　　　　個人→平穏かつ安全に生活をおくる人格権
　(6) 疎明資料
　　　　証拠収集活動等記載の(1)、(3)参照、報告書
　(7) 保証金
　　　　民事保全法14条→0を目指すが一般的には5～10万円程度
　(8) 審尋（民保法23Ⅳ）

　　　　　　申立書に記載できなかった周辺事情、直近の街宣行為や事件
　　　　　の筋を説明。
　　　　　無審尋ではない場合→速やかな期日設定の申入→和解も視野
　　　　　　　　　　　　　　に入れて審尋にのぞむ
　　(9)送達
　3．仮処分決定違反等への対応
　　(1)間接強制の申立て
　　　①申立ての趣旨
　　　　　a．債務名義の主文をそのまま記載
　　　　　b．aを履行しないとき…1日（回）につき〇〇円の割合による
　　　　　　金員を支払え
　　　②申立ての理由
　　　　　a．仮処分決定の発令と送達
　　　　　b．aに反して、街宣行為を実施
　　(2)再度の仮処分の申立て
　　　　　　形式的には仮処分に反しない場合（場所・債務者が違う場合）
　4．本案申立て
　　　↓
　　本案訴訟の提起と勝訴判決獲得で保証金を供託した場合はその取戻
　　しにより事件の最終解決を図る

Ⅳ　執行妨害

事　例

　X社はY社の所有する土地及び地上建物（テナントビル）に抵当権の設定を受けて金銭を貸し付けた。

　その後、Y社の業績が悪化し、資金繰りに窮して高利貸しに手を出すようになったとの情報が入り、約定弁済が途切れ、延滞が発生した。

　そこで、担保物件のテナントビルを実査したところ、不審な人物が出入りして内装工事を行っており、1階には「Z有限会社」という表札が掲出されていたので、この会社の商業登記簿謄本を確認したところ、指定暴力団W組の三次団体V連合の組長といわれる人物が代表取締役であることが判明した。また、近隣の噂では、そのテナントビルはV連合の

組事務所になったということであった。

X社から相談を受けた弁護士として、どのように対応すべきか。

1 執行妨害とは

執行妨害とはその名のとおり、強制執行や担保権の実行等、民事執行手続を妨害することであり、上記の事例は執行妨害の典型例である。

広くは、賃料回収妨害（物上代位による賃料差押えを免れるべく転貸や債権譲渡等の外形を作出する。）や債権回収妨害（担保不動産について少額で担保抹消に応じるよう圧力をかけるなど。場合によっては街宣活動におよんだりする。）も執行妨害という概念に含まれるが、狭義に執行妨害とは、占有の外形を作出するなどして不動産競売手続を妨害しようとするものをいう。妨害を止めることの対価として明渡料等さまざまな名目の金員を要求し、不法不当な収益を狙うのである。

このような執行妨害の主体は、暴力団員やその周辺者、暴力団関係企業などが多く、まさにその本質は民事介入暴力、企業対象暴力であり、彼らのしのぎ（ビジネス）である。

不法占拠には法的手続で対応し、支払うべき法的理由のない不当な金銭要求には一切応じるべきではない。

2 不動産執行における執行妨害対策

ア 債権者（抵当権者）が取り得る対策

a 売却のための保全処分（民執法55、188）

（1）制度の概要

執行妨害（狭義）がなされると、入札後のトラブルや明渡しの困難さを嫌って入札そのものが敬遠されることになりかねないので、担保権者（債権者）としては、売却のための保全処分等の民事執行法上の保全処分を申し立てることになる。

その内容としては、事案に応じて、決定の主文で価格減少行為を禁止し、又は適切な排除のための行為が命じられる。具体的には、占有移転禁

止、退去、建物建築工事・工事続行の禁止、土砂搬入禁止・土砂撤去等のほか、価格減少行為をする者に対し不動産に対する占有を解いて執行官に不動産の保管をさせること（執行官保管と呼ばれる）などがある。

　（2）申立てに当たっての留意点

　民事執行法55条は、「価格減少行為（不動産の価格を減少させ、又は減少させるおそれがある行為）」を要件としている。

　この点、執行妨害の態様として、暴力団事務所の看板を掲げたり一見して暴力団員風の人間が出入りするなど、明らかに暴力団の関与が窺えるような分かりやすい事例はむしろ減少してきており、現実には、素性のよくわからない者が出入りしていたり、占有屋が自分ではなく外国人など他人を使って占有させていたりする例が数多く報告されている。

　そこで、現地調査はもちろんのこと、債権者や周辺の居住者から事情を聴取したり、必要に応じて所轄の警察署に相談の上事情を聞き、念入りに報告書等を作成の上、価格減少行為を疎明する必要がある。

　また、民事執行法55条の2では、「当該決定の執行前に相手方を特定することを困難とする特別の事情がある」場合に、相手方を特定しないで保全処分を発令することを可能としている。執行妨害事案の場合、占有者を特定することは非常に困難な場合があり、その場合は、本制度の積極的な活用を検討する。

　この点、まず、手続的には、債権者としては占有者の特定について相当の調査を行い、かかる調査にもかかわらず占有者の特定ができなかったという経過を報告書として裁判所に提出し、その記載された経過内容が特別事情の判断資料になると考えられる。

　また、調査経過としては、債権者としてなし得るべき調査を尽くしたことを示すことが必要であると考えられる。例えば、①郵便受け等に記載された名義人の会社登記簿謄本や住民票を取得したものの、表示に該当する占有主体の存在が判明しなかったこと、②債権者としては定期的に占有状況の確認のため現地に赴いているものの、占有の入れ替わりや人の出入り

自体が多くて、占有者を捉えきれないこと、などの事情を示すことが考えられる。

ただし、相手方を特定しないで発令が得られたとしても、執行時には占有者が特定できなければ、結局のところ保全処分の執行は不能となってしまう（民執法55の2Ⅱ）。

かかる事態に陥らないような対応としては、執行申立ての際の執行官との打合せにおいて、占有者の特定はできないまでも、具体的な占有状況についてできる限りの情報を提供することである。

b 抵当権に基づく妨害排除請求

権原なき占有者に対する抵当権者の明渡しについて、最判平成11年11月24日は最判平成3年3月22日を変更し、一定の要件の下、抵当権者が抵当不動産の所有者の妨害排除請求権を代位行使することにより直接抵当不動産の明渡しを求めることができること、及び抵当権に基づく妨害排除請求として不法占有者に対し妨害状態の排除を求めることができること等を認めた。この判決によって抵当権に基づく妨害排除請求権が実体法上の権利として承認されたことになり、これを被保全債権とする民事保全手続によっても執行妨害を排除できる道が開かれたといえる。なお、その後、有占有権原者の事案についても同様の趣旨の最高裁判例が出されている（最一小判平成17年3月10日民集59巻2号356頁）。

このような民事保全法による対応と、民事執行法上の保全処分と、いずれの手段を採るべきかという点については、基本的には事案ごとの判断となる。

c 内覧制度（民執法64の2）

内覧とは、債権者の申立てにより、不動産の買受けを希望する者の立入りを認める制度である。

執行妨害を直接的に排除する制度ではないが、執行妨害者に対し、競売手続が進み将来的には排除されることを認識させる効果はあると思われる。

d　抵当権侵害に基づく損害賠償請求（民法709）

前記した妨害状態の排除は事前的な対向手段であるが、事案によっては事後的な手段として、不法占有等の執行妨害等による抵当権侵害に基づく損害賠償請求を検討する余地がある。この場合、損害額の算定やその立証について問題となることが多いが、暴力団事務所として使用占有していたこと等を理由に、妨害により売却ができなかった期間の最低売却価格の低下額を損害額と認めた福岡高判平成17年6月14日（判時1922号86頁）が参考となろう。

イ　競落人が取り得る対策

a　引渡命令（民執法83Ⅰ）

（1）事　例

> その後、X社は不動産競売を申し立て、自己競落して所有権を取得した。
> 競売事件の物件明細書によれば「Z有限会社の占有は債権回収目的である」との記載がある。
> X社から相談を受けた弁護士として、どのように対応すべきか。

（2）制度の概要

引渡命令とは、不動産競売手続等において代金を納付した買受人が、債務者又は占有権原を対抗できない占有者に対し、不動産を買受人に引き渡すことを命じるよう執行裁判所に対して申し立てる制度である。執行手続内で認められている簡易・迅速な債務名義である。申立書の記載も簡潔で済み、発令についても東京地裁では通常、申立てから2～3日ほどの期間しかかからない。

ただし、申立時期について、原則として代金納付の日の翌日から6か月以内（差引納付の申出を行った場合には配当又は弁済金交付の日の翌日から6か月以内）という制限がある。

なお、平成16年民法改正による短期賃貸借制度の廃止（ただし明渡猶予

について民法395Ⅰ）に伴い、最先順位の担保権設定に後れて占有を開始した占有者のすべてが引渡命令の対象となった。また、平成16年の民事執行法改正による明渡催告の明文化（民執法168の2。催告後の占有者の変更に対しても、承継執行文の付与を受けることを要しないで断行をすることができる）、明渡断行期日における目的外動産の即日売却（民執法168Ⅴ）等により引渡命令の執行を含む不動産明渡執行に関してその実効性の向上が図られている。

近時の執行妨害の傾向として、要求する立退料を低額にしていわば「薄利多売」で儲けようとしている占有屋の存在も報告されているところであるが、そもそも、執行妨害や占有屋がなくならない一番の理由は、不当な金銭支払要求に応じる買受人がいるからにほかならず、そのような要求には一切応じるべきではない。

（3）申立て及び執行に当たっての留意点

申立ての相手方は、前所有者又は現実の占有者である。

この点、買受けに先行する競売手続で、民事執行法上の保全処分として占有移転禁止の仮処分が執行されている場合には当事者恒定効が認められ、買受人は当該保全処分の被申立人を相手に引渡命令を申し立てればよい（民執法83の2）。しかも、被申立人以外の占有者に対する承継執行文についても、債務者を特定しないでこれを付与できる（民執法27）。

しかし、現況調査が終わった後に執行裁判所が把握していないところで占有が移転されていることも執行妨害としては十分に考えられる。競売情報誌や裁判所で現況調査報告書を見て空き家の競売物件を探し、ピッキングで物件の鍵を勝手に取り替えてこれを占有し、物件の落札者から立退料を得ていた疑いで暴力団幹部らが逮捕されたという事例も報告されている。

そこで、申立てに当たって、買受人としては当該物件の占有状況を現地に赴いて確認することが必須である。その上で、前記の占有移転禁止仮処分の執行がされていない場合には、民事保全法上の占有移転禁止仮処分の

申立ても検討する。民事保全法上の占有移転禁止仮処分についても、債務者を特定しないで発令することができる（民保法25の2Ⅰ）。

また、引渡命令の執行の現場においては、債権者代理人は執行官に対し、占有認定について積極的に意見を述べ、執行が円滑に進むよう協力すべきである。

　　b　買受申出人又は買受人のための保全処分（民執法77）

引渡命令の執行までの間でも、価格減少行為等がある場合、価格減少行為等の禁止を求め、買受申出人又は買受人から保全処分を申し立てることができる。

3　刑事手続

　ア　刑事手続の意義

妨害の態様・程度が悪質な場合、捜査機関に対して告訴・告発を行い刑事責任を追及することも検討する。

相手方に対し刑事処分という強力な制裁を加えることができれば、当該執行妨害行為のみならず、以後の執行妨害に対しても強力な抑止力となるのであり、刑事対応が可能な事案についてはその手間を厭うべきではない。

　イ　適用法条

執行妨害に対して適用可能な刑事法令としては、公契約関係競売妨害罪（刑法96の6Ⅰ）、強制執行妨害目的財産損壊罪（刑法96の2）、封印等破棄罪（刑法96）、建造物侵入罪（刑法130前段）、不動産侵奪罪（刑法235の2）、公正証書原本等不実記載罪（刑法157）等が挙げられる。

この点、悪質な強制執行妨害事犯等に適切に対処するために、平成23年の刑法改正（平成23年7月14日施行）によって、封印等破棄罪（刑法96）等の量刑が、2年以下の懲役又は20万円以下の罰金などから、3年以下の懲役若しくは250万円以下の罰金に引き上げられ、併せてこれらの併科も認められるようになった。また、同改正によって、強制執行妨害に対する犯罪行為態様の整理や新たな犯罪態様の創設（強制執行行為妨害等罪（刑法96

の3))、加重規定の創設(加重封印等破棄罪(刑法96の5))等も行われた。

なお、いわゆる暴力団対策法の暴力的要求行為の禁止項目(暴対法9)には、執行妨害行為をやめる対価として「明渡し料その他これに類する名目で金品等の供与を要求すること」が挙げられている(暴対法9⑭)。

　　ウ　相談窓口

被害者として警察に被害申告しようとする場合には、直接、最寄りの警察署や都道府県警察本部に相談するとよい。また、既に裁判所に対し、売却のための保全処分等を申し立てている場合には、執行裁判所に報告して対応を協議することも考えられる。裁判所も暴力団員による執行妨害事例については憂慮すべき問題とし、告訴を含めて厳正に対処する方針であると伝えられている(判時1399号144頁)。

　4　近年の執行妨害事件の衰勢

近年では、①警察による摘発の徹底、②平成16年の民法・民事執行法改正、③平成23年の刑法改正等により執行妨害事件は激減している。具体的には、短期賃借権が否定され、占有による利益の収受に対しては収益執行で対応でき、立退料要求に対しては引渡命令(民執法83Ⅰ)が容易に出るといった実務慣行によって、妨害手段が制限されてうま味がなくなり、反面、執行妨害に対する犯罪の罰則が強化されたことが一要因と考えられる。

なお、従来は、金融機関が不良債権を処理するために、競売を申し立てて根抵当権の元本の確定を行った上で第三者に債権譲渡していたが、法改正によって根抵当権の確定は根抵当権者が単独でできることになり(民法398の19、不登法93)、不動産競売申立件数自体も減少している。

Ⅴ　倒産と民事介入暴力

1　債権者代理人の立場から

　　ア　事例

X社は、多額の借金を抱えていて、資金繰りができず、債務超過の状態にあったが、相当額の資産も保有していたため、元本の返済が滞っていても、債権者らは定期的に弁済の督促をするのみで法的手段をとることはなかった。X社の社長は、個人名義で高利貸しから借金をして、会社の事業資金に充てていたが、会社を建て直すことはほとんど不可能な状態となっていた。

　このような状況下で、コンサルティング会社の社長と称する人物Yが、風体のよくない多数の人物を従えて、いきなりX社に押しかけてきて、X社の従業員を排除し、事務所を占拠してしまった。X社社長が抗議すると、Yは、「自分はX社の債権者から依頼されて、X社に対する債権回収をするために派遣されてきた者だ。あなたもこれに協力する旨の書面を作成しているのだから、自分らのいうとおりにしてほしい」などと言い、何枚もの書面をX社社長に示した。書面の中には「X社の財産処分について一切の権限を任せる」と書かれた委任状、「返済できなくなったときは事務所を明け渡しても異議はありません」と書かれた明渡承諾書、X社が貸主となっている事務所の賃貸借契約書などがあり、いずれもX社社長の実印の捺印があり、印鑑証明書も添付されていた。X社社長は、その文面は記憶になかったが、高利貸しからお金を借りるとき、「形だけだから」と言われて何枚もの書面にX社の社名を記入するとともに、実印による捺印を行い、X社の印鑑証明書を交付していた。

　ここに至って、X社社長も、X社を法的手続きによる処理に委ねるしかないと判断し、弁護士にX社の破産申立ての依頼をした。弁護士としてはどのように対応すべきか。

　　イ　手続選択
　X社から相談を受けた弁護士としては、可能な限り、X社の再建可能性を検討するのが基本であるが、本事例のように、高利貸しに手を出したた

めに暴力団関係者の関与が疑われる事案においては、破産申立ての選択もやむを得ない場合が少なくない。

X社としても、事務所を占拠した者に対して立ち退きを求めるとともに、立ち退きを断られた場合であっても、X社の実印、銀行取引印及び帳簿類等財務状況の手掛かりになる資料を可能な限り搬出する（事務所を占拠した者も、これらの資料を保持する理由はないはずである）。また、什器備品や車両等の資産の所在を確認する。

ただし、事務所の立ち退きや動産の取り戻しに時間を空費するのは適切ではない。これが難航する場合には再建可能性はいよいよ乏しいと見るべきであるから、破産申立てを急ぎ、破産管財人の処理に委ねる。

一方、取引銀行には、預金引き出しに応じないことを通知し、また、可能であれば口座を解約して預金をX社代理人に預けるよう指示し、また、売掛先にはX社の社員やその代理人若しくは債権譲受人と称する者に売掛金を支払わないよう通知するとともに、X社代理人の預り金口座に売掛金を送金するよう指示するなどして、できるだけ財産の散逸を防ぎ、かつ破産管財人に対する引継現金を確保させるための手段をとる。

　ウ　占有屋について

「占有屋」と呼ばれる集団が倒産処理に関与してくる場合があるので、以下、この占有屋について述べる。

　　a　占有屋とは

占有屋とは、法律上の用語ではないが、高い利率で金銭を貸し付け、貸付けの際に債務者の畏怖や混乱に乗じて書かせた書面により、家屋、事務所などの不動産に事実上の占有を開始して、不法収益を上げている者を指す。

占有屋の典型的な手口として、貸付時に、賃貸借契約書、明渡承諾書、動産売買承諾書等の書類に債務者の署名と実印の押印をさせることが多い。そこで、これらの3種類の書類を「3点セット」と称することもある。

賃貸借契約書は、債務者を貸主、債権者を借主とする、債務者所有物件の賃貸借を内容とする契約書で、占有屋の占有が債務者の同意を得ていることを装うために用いるものであり、ほとんどの場合、賃料は数年分を前払いした形式になっている。明渡承諾書は、債務者が約定の返済を遅滞したときは、物件を債権者に明け渡すことを内容とするもので、債務者が後日物件の返還を要求したときに、その要求を拒むために用いる書面である。動産売買承諾書は、債務者が約定の返済を遅滞したときには、家屋内にある債務者及びその家族の所有とする動産類はすべて債権者によって売却処分されても異議を述べないという内容になっており、占有屋が物件の占有を開始した後に動産を処分することを正当化するための書類である。

占有屋は、これらの書類を債務者から徴求しておいて、債務者の返済が遅滞した段階で、鍵を交換するなどの実力行使により債務者を排除して占有を開始し、物件内の動産を勝手に処分、換価してしまうのである。

　　b　占有屋に対する対応

占有屋への対抗手段として民事手続（明渡断行の仮処分、占有移転禁止の仮処分、処分禁止の仮処分及び明渡訴訟等）や刑事手続の利用を検討はすべきであるが、破産手続開始を申し立てることとのバランスを考慮する。すなわち、破産管財人が破産者の財産の管理処分権を有する点や、否認権を行使できる点において、債務者代理人と比較して、より主体的かつ能動的な事案処理をすることが可能である。また、破産申立て前の段階において長い時間を割くよりは破産管財人に委ねた方が占有者らが不当な利益を得る道を閉ざすことにもつながり得る。

2　破産管財人の立場から

　ア　事　例

　　裁判所から債権者申立ての破産事件につき、破産管財人への就任を打診された。当該事件は以下のような内容であった。

　　破産者は、小規模のサービス業の株式会社とその代表者である。会社

は、自社物件の事務所を有しているが、銀行の抵当権が設定されており、余剰の見込みがない不動産である。また、事務所内に若干の什器備品等がある可能性がある。

なお、本件破産申立ては、債権者申立てであり、債権者からの情報によれば、破産者は破産申立て等の法的手続がとられることに対し、強硬に反対している。また、最近、債権者に対し、代理人と称する弁護士でない者から威迫めいた問い合わせの電話があったことから、暴力団員等が関与して破産手続を妨害しようとすることが懸念されるとのことである。

イ　破産管財人の管理処分権

破産手続開始決定があった場合には、破産財団に属する財産の管理処分権は破産管財人に専属し（破産法78Ⅰ）、破産管財人は直ちに管理に着手しなければならない（破産法79）。

そこで通常、破産管財人は、破産者及び申立代理人に速やかに面談し、財産の引継ぎを受けたうえで開始決定日を迎えることとなる。

ウ　破産者から協力を受けられない場合

本事例のように、債務者が破産申立てに強硬に反対しており、債権者と対立した結果、債権者申立てによる破産開始決定がなされたような場合、破産財団の引継ぎに破産者から協力を受けられないことがある。このような場合であっても、破産管財人としては、債務者に不動産等の資産があれば、速やかに換価・処分しなければならない。仮に当該不動産がオーバーローンの状態であっても、安易に放棄すべきではなく、任意売却を検討することにより、財団の形成に努める。

a　現場保全

現場保全の方法としては、破産管財人・破産管財人代理等の現地派遣、従業員を即時解雇せず一定期間、補助者として現場の管理をさせること等に加え、告示書の掲示が考えられる。

本事例においては、破産者側の協力が得られないと見込まれることから、裁判所と開始決定日及び時間帯を調整の上、開始決定後即時に、事務所を訪れ、建物入口等に、当該事業所及び事業所内の物品は破産管財人が占有管理するものであり、許可なく事業所内に立ち入り、または物品を持ち出す行為は刑法により処罰されることがあることを表示した告示書を掲示する。また、事務所内の施錠を確認し、写真撮影による証拠化を行う。帳簿や金券類があれば事務所外に引き上げて保管する。

　　b　引渡命令

破産者又は破産会社の代表者が破産管財人に協力せず、破産財団に属する事務所の明渡しや在庫類の引渡しを拒む場合、破産手続の円滑な進行を図るため、裁判所は、破産管財人の申立てにより、引渡命令を発令することができる（破産法156）。破産管財人は、当該制度を利用して債務名義を取得できることとなり、迅速な強制執行が可能となる。

他方、事務所内に第三者の立ち入りや第三者が管理する物件である旨の張り紙がされる等、いわゆる占有屋が既に占有を開始し、破産者による間接占有が認められないような場合には、引渡命令の発令を受けることはできない。この場合には、別途、当該第三者に対する債務名義を取得し、強制執行をすることとなる。

　　c　封印執行

任意又は強制執行により、破産管財人が不動産の占有を回復した場合や、第三者の不法占有が開始されている場合には、執行機関（東京地裁では裁判所書記官）に申立て、封印執行（破産法155Ⅰ）をすることが考えられる。

　　（1）事前の検討

封印執行は、不動産の占有を回復する手続ではないので、前述のとおり、任意又は強制執行により、破産管財人が不動産の占有を回復していることが申立ての前提となる。すでに破産管財人が平穏に占有している場合は大きな問題とならないが、建物明渡強制執行に続いて封印執行を行うような場合には、封印執行を行う執行機関と手順について入念に打合せを行

う。破産管財人の職務の執行に際し抵抗を受ける可能性がある場合は、裁判所の許可を得て、警察上の援助を求めることができるので（破産法84）、現場を管轄する警察署の組織犯罪対策課に連絡をして、封印執行現場への警察官の臨場を要請する。

　　（2）封印執行現場での問題

　封印執行は、不動産の場合には、入口等に公示書や封印票を貼付する方法で、動産の場合には、個々の動産に封印票を貼付する方法でそれぞれ行われるのが原則である。ただし、動産が多数あるときは、建物を施錠の上、開閉部や鍵に封印票を貼付する。その上で、見やすい場所に裁判所書記官等名義の公示書を貼り、公示する方法により行われる。

　封印執行の際には、破産管財人は、現場の写真撮影等の作業を行い、不動産等を保全した状況を証拠化し、後日の占有者から動産の紛失などの損害賠償請求などの嫌がらせが破産管財人や裁判所書記官等に対してなされないように注意する。

　すでに破産管財人が平穏に占有している場合は、下見を行うことにより所要時間を適切に見積もり、すべての手続を終えるために必要な執行時間を確保する。建物明渡強制執行に続いて封印執行を行うような場合には、十分な下見を行うことができない場合があるので、余裕を持って執行時間を確保する。

　　（3）封印執行完了後の処理

　封印執行を完了したからといっても、封印破棄罪（刑法96）の適用ができるようになったというにすぎず、将来的にも占有者を排除できることが保障されているわけではない。

　したがって、封印執行後も物件の管理には十分に注意を払い、物件の価値を保持しつつ、任意売却による買受人を探す。

　　Ⅵ　振り込め詐欺

1　振り込め詐欺とは

第2章　不当要求行為の類型毎の対応方法

　振り込め詐欺とは、電話や郵便を利用して受け手を欺罔し、金銭の振込みを要求する詐欺犯罪行為の総称である。従来、「オレオレ詐欺」、「架空請求詐欺」、「融資保証金詐欺」、「還付金詐欺」などと呼ばれていたものを含み、手口が多様化する中で、より一般的な名称で呼ばれるようになったものである（なお、警視庁は2013年5月に、この類型の詐欺の名称を一般募集し、「母さんたすけて詐欺」との名称を発表した。）。

　振り込め詐欺事件は、匿名性を悪用した犯罪行為であり相当程度の共通スキルが存在するが、通常、加害行為に継続性がなく、被害発生後に被害を認識するに至る。それゆえ、被害の発生防止が社会的に最も重要であることはいうまでもないが、弁護士による事件処理業務に関する限り、被害発生の阻止といった防衛的活動より、被害金の回収がクローズアップされることになる。

2　振り込め詐欺の主な態様

ア　母さんたすけて詐欺

　息子や孫を名乗り、「示談金でお金が必要だ」などと述べてお金を騙し取ったり、警察官や銀行協会職員、弁護士、裁判所職員等を装い、「あなたの口座が振り込め詐欺に使われていた。暗証番号を変更しないといけないので番号を教えて欲しい、キャッシュカードを取りに行く。」などと言い、自宅まで来てキャッシュカードを騙し取り、銀行口座から現金を引き出す手口である。

イ　架空請求詐欺

　携帯電話やパソコンに、「総合情報サイト利用料金未納」、「無料期間が過ぎても退会手続がされていない」等不安にさせる内容のメールを送り、文中の連絡電話番号に電話をすると「本日中であれば間に合う」、「あなたがアクセスしたログが残っている」等の丁寧な口調で説明され、記載してある額面の他、延滞料、調査料、退会料などを上乗せして、多額の料金を請求する手口のものである。最近は口座振込みだけでなく、レターパック等で送金させる手口もある。

ウ　融資保証金詐欺

　融資保証金詐欺とは、資金繰りに窮した個人や中小企業者に対し、融資する意思がないのにもかかわらず、はがきやダイレクトメール、ファックスなどに「誰でも融資」、「簡単審査」、「担保不要」などと記載して融資を誘い、融資を申し込んできた者に対し、「保証金が必要です」、「信用実績が必要です」等と口実をつけ、現金を口座に振り込ませるなどして騙し取る手口のものである。中には、「当社の名前をかたる悪質な業者にご注意下さい」などの文言を記載してあるものもある。

エ　還付金詐欺

　社会保険事務所、税務署、自治体等の職員を装って電話を架け、保険料、税金、医療費等の還付があり指示どおりＡＴＭを操作すれば還付金が戻ってくると欺罔し、実際には、ＡＴＭの前にいる被害者と携帯電話で連絡をとり、「これから振り込みを行いますので【お振り込み】ボタンを押してください。」、「今からいうお客様番号を入力してください。」などと言ってＡＴＭを操作させ、お金を騙し取る手口のものである。

3　手口の巧妙化

　振り込め詐欺の中でも最も多くを占めている母さんたすけて詐欺であるが、発覚を遅らせることにより収益の確保と犯人の検挙を困難ならしめるために、最近では従来のように金融機関を通じて「振り込ませる」ものに加え、犯人が現金やキャッシュカードを直接自宅等に取りに来る「振り込ませない」振り込め詐欺（いわゆる「受取型」の手口）が増加している。銀行口座を経由する等、客観的な証拠が残る方法を避けることによる被害の拡大が進んでいる。

4　犯罪利用預金口座等に係る資金による被害回復分配金の支払等に関する法律（振り込め詐欺被害者救済法）

　口座凍結はその後の口座の悪用を阻止するとともに、振り込め詐欺やヤミ金融事件による被害金が振込先口座に残っている限り、被害金の回収にも資する。その上で、当該口座を消滅させるとともに被害者による被害金

回収の手続負担を軽減することが社会的な課題となる。

　また、刑事事件化した際、このようにして凍結された口座や発見された加害者の隠し口座について、これを没収するよりも被害回復に充てた方が良いが、他方で、埋没している被害者に対し情報を提供し、その手続負担を軽減しても、なお掘り起こされる被害者が少なく、没収しなかったことにより却って加害者に違法収益が残ってしまうということがあってはならない。

　そこで、このような課題に対処するために振り込め詐欺被害者救済法が制定され、平成20年6月21日施行に至った。

　　ア　法律の概要
　　　a　預金口座取引の停止
　金融機関は、捜査機関等から当該預金口座等の不正な利用に関する情報の提供があることその他の事情を勘案して犯罪利用預金口座等である疑いがあると認めるときは、当該預金口座等に係る取引の停止等の措置を適切にとる（振込詐欺法3）。

　　　b　預金消滅手続（失権手続）
　金融機関の求めにより（振込詐欺法4）、預金保険機構は、疑わしい預金口座等について、権利行使の届出・払戻しの訴え・強制執行に係る期間を定めて預金消滅手続開始の公告を行い（振込詐欺法5）、この期間内に預金債権の権利行使の届出等がなかった場合には当該預金口座は消滅する（振込詐欺法7）。

　　　c　被害回復分配金の支払手続
　預金口座が消滅した場合、金融機関の求めにより（振込詐欺法10）、預金保険機構は、支払申請期間を定めて、当該預金口座について被害回復分配金の支払手続開始に係る公告を行う（振込詐欺法11）。

　被害者が被害回復分配金の支払を受けようとするときは、消滅預金口座に係る金融機関に対し所定事項を記載した申請書と疎明資料を添付して被害回復分配金の支払申請を行わなければならない（振込詐欺法12）。

この申請に対し、支払申請期間が経過したとき、金融機関は、各申請者について支払該当者決定とその犯罪被害額の定めをなし（振込詐欺法13）、各支払該当者に対しその犯罪被害額の割合により按分して、消滅預金債権額から被害回復分配金を支払う（振込詐欺法16）。なお、金融機関は、各支払該当者に対する各被害回復分配金額を記載した決定表を作成し（振込詐欺法16Ⅲ）、預金保険機構はこの決定表への記載の事実を公告する（振込詐欺法16Ⅳ）。

d 手続の終了等

金融機関は、その求めに応じて（振込詐欺法18）、預金保険機構が被害回復分配金の支払手続が終了した旨の公告をした場合において、消滅預金債権額に余剰があるときは、これを預金保険機構に納付し（振込詐欺法19）、預金保険機構はこれを犯罪被害者等の支援の充実のために支出する（振込詐欺法20）。

イ 法律の留意点

a 預金消滅手続

疑わしい預金口座について払戻しの訴え、強制執行、保全手続が行われている場合には、金融機関による預金保険機構に対する預金消滅手続開始の公告の求めはなされず（振込詐欺法4Ⅱ①）、預金消滅手続開始の公告で定められた期間内に権利行使の届出・払戻しの訴え・強制執行がなされたときは預金は消滅しない（振込詐欺法7）。

一般に個々の被害者に過度の手続負担を掛けずに、多数の被害者を一挙に救済できる点で、預金口座の消滅手続とこれに引き続く被害回復分配金の支払手続は、裁判手続に比し、メリットがあるといえる。しかし他方で、刑事事件化したことにより加害者の多額の預金口座が発見されたにもかかわらず、依然として掘り起こされていない膨大な数の被害者が存在している可能性が高い場合には、被害救済に充てるべき貴重な責任財産が失われてしまう、という問題がある。

そのような場合に、当該預金について、債権者代位訴訟により払戻しの

訴えを提起したり、強制執行や保全手続をとって行くということを検討する余地がある。ただし、これらの手続が阻止されることによって、被害回復分配金の支払を待っている他の被害者の救済がさらに遅れてしまうことには留意する必要がある。

　　　b　分配手続
　被害回復分配金を受ける権利は、預金保険機構による、決定表への各支払該当者の各被害回復分配金額の記載の事実の公告があった時から6か月で消滅する。
　よって、被害回復分配金の支払申請をした場合には、支払該当者決定にもかかわらず、過誤による期間徒過により失権しないよう注意する必要がある。

　　ウ　預金口座への振込みを利用した他の犯罪行為への適用
　振り込め詐欺救済法は、同法の適用対象となる「振込利用犯罪行為」について、「詐欺その他の人の財産を害する罪の犯罪行為であって、財産を得る方法としてその被害を受けた者からの預金口座等への振込みが利用されたもの」(振込詐欺法2Ⅲ)と定義しており、振り込め詐欺以外にも、預金口座への振込みを利用した詐欺（投資詐欺、ギャンブル必勝法詐欺、インターネットオークション詐欺等）、恐喝なども適用対象である。

　5　受任の際の注意点
　稀とは思われるが、振込み前に相談を受けた場合には、相談者に冷静さを取り戻させ、急ぐ必要がないことを納得させ、事実関係を確認した上で、これに基づいて対処すればよい。
　これに対し、通常は、既に振り込んだ後に相談を受けることになる。
　この場合、被害金の回収が受任事項となり、かつ通常、加害者の匿名性から加害行為において指定された銀行等の口座に振り込んだ被害金自体が唯一の責任財産となってしまう。このため、相談段階において、警察への被害届提出の有無と口座凍結要請の有無を確認し、これが未了の場合、加害者による払戻しを阻止するため、これを直ちに実行するとともに、口座

残高を確認して受任した場合の回収の見込みについて判断をする。

　加害者によって当該口座から被害金が既に払い戻されてしまった場合には、受任をしても回収の見込みが立たないため、通常は、刑事事件化して責任財産が発見されるなどの事情の変更があるまで継続相談とするほかない。

　これに対し、当該口座から被害金が払い戻される前に口座凍結がなされた場合には、被害金回収の見込みがあるので、相談者に対し受任の申入れを求める。この際、精神的な落胆から、不合理に自らを責めたり、諦める被害者がいるので、騙した者が最も悪く騙されても無理がないことや、リスク説明をしつつも不合理に諦めて泣き寝入りする必要は全くないことなどを十分に説明するよう心掛ける。

6　受任後の注意点

ア　関係者との交渉

a　母さんたすけて詐欺の場合

（1）金融機関に対する口座情報提供の要請

　まず、事件処理を受任した弁護士としては、被害回復のための法的手続をスムースに行うため、被害者が振り込んだ預金口座の情報を入手しなければならない。

　そこで、弁護士としては、被害者から振込先の預金口座の金融機関名、支店名、口座の種別、口座名義人、口座番号を聴取し、この情報を基に金融機関及び捜査機関に対し、「振り込め詐欺等不正請求口座情報提供及び要請書」を送付し、口座情報の提供及び口座凍結を求めることになる（書式及び送付先は、日弁連の会員用ホームページ https://w3.nichibenren.or.jp/member/index.cgi に掲載されている）。

　もっとも、金融機関によっては、個人情報の保護を理由として、預金口座名義人の住所、漢字表記の氏名、口座残高等の開示を拒む場合もある。

　この場合、弁護士としては、弁護士照会、後述の仮差押申立て又は訴訟提起とともに行う調査嘱託、被害者本人の依頼による警察の捜査関係事項

照会等の手段により、口座情報の入手に努めることになるが、口座情報の提供を迅速に受けるため、あらかじめ金融機関の担当者との折衝において、いかなる手段を採れば必要な情報の開示が得られるのかを確認しておくことが必要である。

また、振り込め詐欺事件においては、金融機関の振込明細票が重要な証拠となるので、被害者が口座振込みの際の振込明細票を紛失している場合には、振込元の金融機関に対し、振込明細票の再発行を求める必要があろう。

（2）警察等の捜査機関との連携

被害者は、振り込め詐欺被害に気づいた場合、被害者の住所を管轄する警察署に対して被害届を提出し、それに基づく捜査が行われていることから、被害者が弁護士に事件を依頼する段階では、既に警察署が振込先の預金口座の情報の詳細を把握していることが多い。

そこで、事件を受任した弁護士は、所轄警察署の担当警察官に口座情報の提供を求めることも有用であり、被害者本人による請求でなければ口座情報を開示しない旨回答を受けた場合には、被害者に教示させる方法を採ればよいであろう。

（3）口座凍結要請の際の注意点

口座名義人に察知されないよう注意するとともに、被害者本人からの聞き取りを行い、その内容が正しいか確認することが大切である。特に、詐欺犯と口座名義人が異なっているような場合には、慎重な対応が求められる。

現に、口座凍結を要請した警察や弁護士に対して、違法行為であるとして損害賠償請求が提起された事例が存在する（東京地判平成20年11月12日判タ1305号117頁、東京地判平成24年9月13日判タ1384号212頁）。何をどこまですべきかについては、なかなか一般化できるものではないが、でき得る限りの調査を尽くしていれば、損害賠償請求が認容される可能性は低いものと思われる。

b 架空請求の場合

（1）類型による方針の検討

　アダルトサイトや出会い系サイトの利用料名目の請求であっても、サイトを全く利用していない「完全架空請求型」においては、架空請求業者は預金口座に振込みがあるごとに預金の払戻しを受けて被害金の隠匿を行いつつ、被害者がだまされていることに気づいたと知るや否や取立てをやめて連絡が途絶えるため、母さんたすけて詐欺（オレオレ詐欺）と同様に直ちに「振り込め詐欺等不正請求口座情報提供及び要請書」を使用して預金口座の凍結を行わなければならない。

　これに対し、サイトの利用行為はあるものの、利用料の算定を過大に行って高額な利用料を請求する「一部架空請求型」においては、被害者に対して執拗な取立てが続くことが多く、取立て行為の阻止を優先させる必要性が大きい。そこで、弁護士としては、ヤミ金融事件処理と同様に、直ちに架空請求者に対し、書面又は電話等の口頭による受任通知により、被害者及びその関係者に対する取立て行為を直ちに止めるよう強く求めるとともに、止めない場合には恐喝等で刑事告訴を行う旨警告することが必要である。

　なお、「一部架空請求型」や、一般的な振り込め詐欺以外の振込利用犯罪行為においては、相談初期の段階では正当な請求であるか否かの判別が困難であることから、被害者から事情聴取を行うなどして、被害金額、相談者の利用実態、相手方との取引・サービスにかかる契約や利用規約の内容、取立て行為の態様等につき十分な調査を行った上で、口座凍結要請を行うことが望ましい。

（2）架空請求であることを裏づける証拠の収集

　架空請求のうち、一部架空請求型の事案においては、弁護士介入後においても架空請求業者が正当な請求であると主張して請求を継続することも考えられることから、架空請求業者の主張を排斥できるよう証拠を収集する必要がある。また、架空請求業者による取立て行為の阻止について警察

の協力を求める場合や刑事告訴を行う場合には、執拗な取立てが行われていることを示す証拠、架空請求であることを示す証拠を警察に提出するのが効果的である。

そこで、弁護士としては、架空請求業者の請求に係るアダルトサイトや出会い系サイトのホームページの利用料が記載された画面をプリントアウトしたり、携帯電話の画面のデータを保存したり、画面を保存することができない場合には画面を写真撮影する必要がある。また、携帯電話の通信履歴の取り寄せを携帯電話事業者に請求する。さらに、架空請求業者による脅迫的取立ての電話を録音することも必要であろう。

イ 被害回復のための手段
a 新法の被害回復分配金の支払手続による場合

被害者がお金を振り込んだ預金口座について、振り込め詐欺被害者救済法の被害回復分配金支払のための公告（振込詐欺法11）が行われている場合、被害回復のための手段としては、新法の分配手続により行うべきである（なお、公告や支払申請の書式は、預金保険機構ホームページ：http://furikomesagi.dic.go.jp/に掲載されている）。

金融機関は、公告の日の翌日から30日以上の期間を定めて、被害者からの支払申請を受け付けることとされており（振込詐欺法12）、弁護士としては、被害者に対しその期間内に支払申請を行わせること、弁護士が被害者を代理して、支払申請を行うことが必要である。

また、被害者が直接振り込んだ預金口座のみならず、預金口座から資金を移転することを目的として利用され、振り込まれた資金と実質的に同一と認められる預金口座（移転先口座）も支払申請の対象となるので（振込詐欺法2Ⅳ②）、依頼を受けた弁護士は、移転先口座に資金が残っているかどうかも公告により確認しなければならない。

なお、被害回復分配金支払のための公告に先行する預金消滅手続（失権手続ともいう。振込詐欺法5）は、既に預金等の払戻しの訴えや強制執行、仮差押等が行われていたときには開始されず（振込詐欺法4Ⅱ）、預金消滅

手続が開始され、失権公告が行われた場合（振込詐欺法4Ⅰ）においても、債権者の権利行使の届出や預金払戻しの訴えの提起若しくは強制執行等（「権利行使の届出等」）があったときには終了し（振込詐欺法5Ⅰ⑤・6Ⅲ）、被害回復分配金の支払手続は行われない。この場合には、後で述べる本案訴訟、仮差押申立てを行うほかない。

そこで、相談を受けた弁護士としては、金融機関への問合せを行ったり、預金保険機構のホームページを確認するなどして、被害者が振り込んだ預金口座に関して、預金消滅手続の開始の有無、終了の有無について、情報を入手しておく必要がある。

　　b　仮差押え、本案訴訟による場合

振り込め詐欺犯人が誰であるかを特定することは困難であり、捜査機関による捜査の結果、詐欺犯人を特定できた場合を除き、口座名義人を相手方とする法的手続を検討することになる。

この点、口座名義人は、振り込め詐欺行為によって法律上の原因なく預金債権を取得したことになるので（最判平成8年4月26日民集50巻5号1267頁）、振り込め詐欺被害者は口座名義人に対して、不当利得返還請求権を有していると考えられる。また、口座名義人は、振り込め詐欺事件等の何らかの犯罪に使用されることを予見すべきであったにもかかわらず、漫然と自己の預金口座を譲渡若しくは貸与し、その結果被害者に損害が生じたものとして、不法行為に基づく損害賠償請求権を有していると考えることも可能である。

そこで、口座名義人に対し、不当利得返還請求、不法行為に基づく損害賠償請求訴訟を行うとともに、これらを被保全権利として、金融機関に対して預金払戻しの訴え（債権者代位訴訟）を提起する。ほかに被害者がいる場合や口座名義人に債権者が存在する可能性がある場合等、預金債権の保全の必要性がある場合には、金融機関を第三債務者として預金債権に対する仮差押申立ても行うべきである。

本案訴訟提起時や仮差押申立て時に口座名義人の漢字氏名、住所が不明

な場合、本案訴訟の提起や仮差押申立てと同時に調査嘱託申立てを行い、金融機関に対して口座名義人の氏名、住所を回答してもらえばよい。

　また、仮差押えを行う場合には、保証金の捻出が問題となるが、裁判官面接の際、保証金の額を適正な額にとどめるために粘り強く説得することが必要な場合もあろう。

　さらに、本案訴訟において、勝訴判決を得た後、強制執行を行う場合には、執行供託となることを避けるため、申立書の差押債権目録に仮差押えからの移行であることを明記する。

　　　c　架空請求事案の場合

　架空請求事案においては、被害者が支払った金員について、上記ｂの本案訴訟、仮差押申立てを行うほか、架空請求業者からの請求権が存在しないことを確定するため、債務不存在確認請求訴訟を行うことも考えられる。

　また、架空請求を可能にする匿名ツールの提供者、例えば、携帯電話を提供した者（レンタル携帯電話業者）等への損害賠償請求を検討してもよいであろう。

第4編
企業活動における反社会的勢力対応

第1章　反社会的勢力との関係遮断

Ⅰ　はじめに

暴力団対策法後に、反社会的勢力との関係遮断が社会的なルールとして明確に示され、強化されてきた中で、重要な節目となるポイントを概観する。

Ⅱ　平成19年政府指針

まず指摘すべきは、平成19年6月19日付けの犯罪対策閣僚会議幹事会申合わせ「企業が反社会的勢力による被害を防止するための指針について」（以下「指針」という。）である。

指針は、反社会的勢力からの被害を防止するための基本原則として、①組織として対応、②外部専門機関との連携、③取引を含めた一切の関係遮断、④有事における民事と刑事の法的対応、⑤裏取引や資金提供の禁止を掲げている。平成4年の暴対法施行後の暴力団の資金獲得活動の巧妙化、不透明化を受け、暴力団の資金源に打撃を与えることを目的としているのである。

ここで特に重要なのは、「一切の関係遮断」である。

すなわち、①それまでの不当要求の拒絶から一歩進んで、反社会的勢力とは経済的合理性がある取引を含めて一切の経済的取引を行わない、すなわち反社会的勢力との一切の関係遮断を求めているのである。くわえて、②一切の関係遮断を単なる掛け声で終わらせないように、より具体的なポイントとして、内部統制システムに位置づける必要性を新たに明示している。この「一切の関係遮断」という概念は、企業の社会的責任（ＣＳＲ、Corporate Social Responsibility）の視点に根ざす。

すなわち、取引の相手方が反社会的勢力である場合、たとえ企業にとっ

て経済的合理性がある取引であっても、取引の継続を選択することは、反社会的勢力に資金を供給し、反社会的勢力の活動を援助・助長するものであり、社会にとって害悪以外の何ものでもない。ＣＳＲ（ひいては社会防衛）の点からは、当該取引に経済的合理性があり、反社会的勢力に不当な利益を与えていないという反論は、何の弁解にもならないのである。

　この観点から、指針は、「反社会的勢力に対して屈することなく法律に則して対応することや、反社会的勢力に対して資金提供を行わないことは、コンプライアンスそのものである」としている。また、経済的合理性のある取引を継続した場合であっても、最終的には企業が反社会的勢力から被害を受ける可能性は極めて高く、企業防衛の観点からも、反社会的勢力との一切の関係遮断が求められるのである。

　指針公表後、企業は、単なる個別事案での反社対応から、反社会的勢力との一切の関係遮断のための組織的対応へと、重大な転換を迫られることになった。一切の関係遮断のため、企業は、取引関係前だけでなく、取引開始後も、相手方が反社会的勢力か否かの属性チェックが必要となった。また、反社会的勢力の疑いには濃淡があることから、企業は、その濃淡に応じて①直ちに契約を解消する、②契約の解消等に向けた措置を講じる、③関心を持って継続的に相手方を監視する（＝将来における契約等の解消に備える）などの対応が必要となった。

Ⅲ　暴力団排除条例

1　暴排条例の概要

　反社会的勢力の排除をさらに推進するため、平成21年に暴力団対策の総合的な条例が福岡県で制定（平成22年４月１日施行）されたのを皮切りに、暴排条例制定の動きは全国に広がり、平成23年10月１日の沖縄県暴排条例、東京都暴排条例の施行によって、全ての都道府県で暴排条例が施行された。

各都道府県ごとに暴排条例の内容は若干異なっているが、①企業活動からの暴力団排除（事業者による利益供与・不動産取引等の禁止など）、②行政活動からの暴力団排除（公共事業等や公の施設からの暴力団排除など）、③青少年の健全な育成（学校等周辺の暴力団事務所の開設・運営や青少年を暴力団事務所に立ち入らせることを禁じるなど）等の規制を含む、暴力団排除のための総合的な内容の条例となっている点において共通している。

2　暴排条例の意義

指針に加えて暴排条例が制定された意義はどこにあるのか。

指針は、企業のコンプライアンスの指針となり、取締役の善管注意義務や忠実義務の内容になることによって、会社の体制を強化していく意味がある。しかし、企業に対する直接の法的拘束力は有してはいないため、違反しても直接罰則を受けることはなく、反社会的勢力との関係遮断について企業の自律を求めるものであった。これに対して暴排条例は、法的拘束力を有する「条例」として制定され、企業、さらに市民に対して一定の役割や禁止行為を明示することにより、社会全体からの暴排を目指している。

もっとも、暴排条例は、企業を規制することを目的としているのではない。むしろ、これまで反社会的勢力との関係を仕方なく続けてきた企業、取引を解消する決断に至らなかった企業、反社会的勢力との取引を自主的に拒否する意思を有する市民などの反社会的勢力の排除活動を支援するための積極的なツールと評価すべきである。

そこで、実際に東京都暴排条例のうち特に重要な規定を概観する(注)。

3　利益供与の禁止等（東京都暴排条例24条）

注　以下、条文の解釈は、大田晃央＝近藤和人「暴力団排除条例逐条解説（上）（下）」（警察学論集第64巻第5号62頁以下、同6号114頁以下）及び警視庁ホームページ「東京都暴力団排除条例Q＆A」を参考にしている。

（事業者の規制対象者等に対する利益供与の禁止等）
第24条　事業者は、その行う事業に関し、規制対象者が次の各号のいずれかに該当する行為を行うこと又は行ったことの対償として、当該規制対象者又は当該規制対象者が指定した者に対して、利益供与をしてはならない。
　一　暴力的不法行為等
　二　当該規制対象者が暴力団員である場合において、当該規制対象者の所属する暴力団の威力を示して行う法第九条各号に掲げる行為
　三　暴力団員が当該暴力団員の所属する暴力団の威力を示して行う法第九条各号に掲げる行為を行っている現場に立ち会い、当該行為を助ける行為
2　規制対象者は、事業者が前項の規定に違反することとなることの情を知って、当該事業者から利益供与を受け、又は当該事業者に当該規制対象者が指定した者に対する利益供与をさせてはならない。
3　事業者は、第一項に定めるもののほか、その行う事業に関し、暴力団の活動を助長し、又は暴力団の運営に資することとなることの情を知って、規制対象者又は規制対象者が指定した者に対して、利益供与をしてはならない。ただし、法令上の義務又は情を知らないでした契約に係る債務の履行としてする場合その他正当な理由がある場合には、この限りでない。
4　規制対象者は、事業者が前項の規定に違反することとなることの情を知って、当該事業者から利益供与を受け、又は当該事業者に当該規制対象者が指定した者に対する利益供与をさせてはならない。

　この規定は、暴力団への資金流入を遮断することを目的とし、大別して二つの類型の利益供与を禁止している。
　　ア　その一は、暴力団の威力を利用する目的の利益供与の禁止である（同1項及び2項）。いわゆる「共生者」などによる利益供与を禁止

する規定である。これらの違反に対しては、「勧告」「公表」「命令」、さらには命令違反に対する「罰則」が与えられる可能性があり、実効性が担保されている。

この類型に該当する行為の具体例として、警視庁ホームページ「東京都暴力団排除条例Q＆A」(http://www.keishicho.metro.tokyo.jp/sotai/haijo_q_a.htm) に、以下の例が示されている。

① 金融業者が、「恐喝行為をしてでも債権の取立てをしてほしい。」と暴力団に依頼し、金銭を支払った場合

② 不動産業者が、所有する土地を売却するに際し、立ち退かない住民を追い出すために「力づくで追い出してほしい。」と暴力団に依頼し、金銭を支払った場合

③ 事業者が、事業に関するトラブルを解消するため、「相手方との話し合いの場に立ち会って、揉めるようなことがあれば、脅しをかけてほしい。」などと暴力団に依頼し、金銭を支払った場合

④ 風俗店が、売り上げを伸ばすため、競合店に対する強引な営業妨害を暴力団に依頼し、金銭を支払った場合

イ その二は、暴力団の活動を助長するような利益供与の禁止である（同3項及び4項）。対償性の有無を問わず、暴力団の活動を助長し運営に資する取引が対象となる。これに違反した場合には、「勧告」「公表」だけが与えられ、さらに一定の場合には「勧告」の適用が除外される。

ここでは、「勧告」「公表」「命令」「罰則」と、段階的な手続を設けることにより、各段階において暴力団に立ち向かうための決断を後押しして、暴力団と関係遮断する機会を提供しているのである。

この類型の具体例としては、上記「東京都暴力団排除条例Q＆A」では、以下のようなケースが「暴力団の活動を助長するような利益供与」として紹介されている。

① 内装業者が、暴力団事務所であることを認識した上で、対立抗争に備えて壁に鉄板を補強するなどの工事を行う行為
② ホテルが、暴力団組長の襲名披露パーティーに使われることを知って、ホテルの宴会場を貸し出す行為
③ 警備会社が、暴力団事務所であることを知った上で、その事務所の警備サービスを提供する行為
④ 不動産業者が、暴力団事務所として使われることを知った上で、不動産を売却、賃貸する行為
⑤ ゴルフ場が、暴力団が主催していることを知って、ゴルフコンペ等を開催させる行為
⑥ 興行を行う事業者が、相手方が暴力団組織を誇示することを目的としていることを知った上で、その暴力団員らに対し、特別に観覧席を用意する行為
⑦ 飲食店が、暴力団員から、組の運営資金になることを知りながら、進んで物品を購入したり、サービスを受けて、その者に料金を支払う行為

一方、警視庁ホームページ「東京都暴力団排除条例Q＆A」において、以下のようなケースは利益供与違反にならないと紹介されている。

① 「規制対象者」と知らなかった場合
　例えば、レンタカー業者が会合のための送迎用に使用するとの説明を受けてマイクロバスを貸したところ、貸与した相手が暴力団員であることが後から判明した場合。
② 「助長」等と知らなかった場合
　例えば、飲食店が個人的に使用すると思い暴力団員に個室を貸したところ、結果的に組織の会合として使用されてしまった場合。
③ 「助長」等にならない場合

例えば、以下のような行為。
- （ⅰ）ホテルや葬祭業者が身内で執り行う暴力団員の冠婚葬祭のために、会場を貸し出す行為。
- （ⅱ）コンビニエンスストアなどの小売店が、暴力団員に対して日常生活に必要な物品を販売する行為。
- （ⅲ）飲食店が、暴力団事務所にそばやピザを出前する行為。
- （ⅳ）新聞販売店が、暴力団事務所に新聞を定期的に配達する行為。
- （ⅴ）神社・寺院等が、暴力団員が個人として行う参拝等を受け入れる行為。

④ 債務の履行その他正当な理由がある場合

例えば、以下のような行為。
- （ⅰ）暴力団事務所に電気やガスを供給したり、医師が診療行為を行うなど法令に基づいて行われる行為。
- （ⅱ）建築物等の維持保全など、適法な状態を保つために、暴力団事務所の工事を行う行為。
- （ⅲ）弁護士が民事訴訟において暴力団員の代理人になる行為。

4　他人の名義利用の禁止等（東京都暴排条例25条）

> （他人の名義利用の禁止等）
> 第25条　暴力団員は、自らが暴力団員である事実を隠蔽する目的で、他人の名義を利用してはならない。
> 2　何人も、暴力団員が前項の規定に違反することとなることの情を知って、暴力団員に対し、自己の名義を利用させてはならない。

近年の社会における暴排活動の高揚に伴って、企業や公共施設等は、その契約や利用約款に、暴力団排除条項の導入を押し進めている。その結果、暴力団員本人が直接契約を申し込むことは困難となったが、その反面、暴力団員が他人の名義を利用して暴力団としての属性を隠蔽する行

為、あるいは暴力団に自己の名義を利用させる行為により、経済活動において暴力団員の潜在化が進行している。そこで、このような暴力団員及び暴力団員に協力する者を規制するべく、本条は定められた。

なお、他人名義の利用態様によっては、詐欺罪、文書偽造罪等の適用が可能な場合も多く、その場合は当然それらの罪の責任を追及できるが、併せて本条に基づく、「勧告」「公表」を行うことが可能である。また、名義の使用許諾があるなどで犯罪が成立しない場合であっても、本条によって、「勧告」「公表」を行うことが可能である。

ただし、「命令」「罰則」までは科されず、さらに一定の場合には「勧告」の適用が除外される。

ここで、「他人の名義利用」の具体例を挙げておく。

① 暴力団員が一般人の名義を利用する場合（本条1項）

たとえば、暴力団員Aが各種契約や申請の際に偽ってBの名義を使うことが、これに当たる。

② 一般人が暴力団員に自己の名義を利用させる場合（本条2項）

B自身が暴力団員Aに成り代わって、B名義で各種契約や申請等の手続きを行う場合がこれに当たる。たとえば、Bが、暴力団員Aから、ホテルの宴会場を借りてくれと頼まれたことから、B自身の名前でホテルの予約をした場合、Bが「Aが暴力団員であること」及び「Aの立場（暴力団員）であれば予約ができない（困難である）こと」を知っていた場合には、本条違反となる。

5 事業者の契約時における措置

> 第18条　事業者は、その行う事業に係る契約が暴力団の活動を助長し、又は暴力団の運営に資することとなる疑いがあると認める場合には、当該事業に係る契約の相手方、代理又は媒介をする者その他の関係者が暴力団関係者でないことを確認するよう努めるものとする。
> 2　事業者は、その行う事業に係る契約を書面により締結する場合に

は、次に掲げる内容の特約を契約書その他の書面に定めるよう努めるものとする。
一　当該事業に係る契約の相手方又は代理若しくは媒介をする者が暴力団関係者であることが判明した場合には、当該事業者は催告することなく当該事業に係る契約を解除することができること。
二　工事における事業に係る契約の相手方と下請負人との契約等当該事業に係る契約に関連する契約（以下この条において「関連契約」という。）の当事者又は代理若しくは媒介をする者が暴力団関係者であることが判明した場合には、当該事業者は当該事業に係る契約の相手方に対し、当該関連契約の解除その他の必要な措置を講ずるよう求めることができること。
三　前号の規定により必要な措置を講ずるよう求めたにもかかわらず、当該事業に係る契約の相手方が正当な理由なくこれを拒否した場合には、当該事業者は当該事業に係る契約を解除することができること。

　本条は、契約が暴力団の活動を助長する疑いがある場合などに、契約関係者が暴力団関係者でないことを確認することを規定する（1項）とともに、契約に暴力団を関与させないこと、暴力団の関与が判明した場合は契約を解除できること、などのいわゆる「暴排条項」を定めるよう規定する（2項）ものである。いずれも努力義務であるが、事業者のとるべき姿勢を条例に定めることにより、企業が暴力団との関係を遮断することを実行しやすくし、その背中を押す意義を有する。

　「暴力団関係者でないことの確認」は、契約の相手方から「表明確約書者でない旨の誓約書」(書式25) を差し入れさせる方法や契約書の条項に表明確約条項（資料5）を導入することなどが考えられる。実務上は、いずれかの方法を取っていることが多い。

　暴力団関係者でないことの確認を求められているのは、「暴力団の活動

を助長し又は暴力団の運営に資することとなる疑いがあると認める場合」であるが、助長取引に当たるかどうは明確な基準はなく、一律に判断できるものではないため、実務的には、可能な限り、暴力団関係者でないことの確認を行うべきである。

6　不動産の譲渡等における措置

> 第19条　都内に所在する不動産（以下「不動産」という。）の譲渡又は貸付け（地上権の設定を含む。以下「譲渡等」という。）をする者は、当該譲渡等に係る契約を締結するに当たり、当該契約の相手方に対し、当該不動産を暴力団事務所の用に供するものでないことを確認するよう努めるものとする。
> 2　不動産の譲渡等をする者は、当該譲渡等に係る契約を書面により締結する場合には、次に掲げる内容の特約を契約書その他の書面に定めるよう努めるものとする。
> 　一　当該不動産を暴力団事務所の用に供し、又は第三者をして暴力団事務所の用に供させてはならないこと。
> 　二　当該不動産が暴力団事務所の用に供されていることが判明した場合には、当該不動産の譲渡等をした者は、催告することなく当該不動産の譲渡等に係る契約を解除し、又は当該不動産の買戻しをすることができること。

　暴力団事務所は一度開設されてしまうと、排除に時間や費用等を要すること、暴力団関係者が不動産を入手すると、暴力団事務所を開設することはきわめて容易になることから、暴力団関係者が不動産を入手する前段階でこれを阻止することを目的としたものである。

　すなわち、不動産を譲渡する場合には、暴力団事務所として使用しないことの確認を求め（19条1項）、いわゆる「暴排条項」の導入を求め（19条2項）、そのような代理媒介をしないように求め（20条1項）、依頼者本人に対する適切な助言、「その他の必要な措置」を求めている（20条2項）

のである。

　本条は、「暴排条項」の内容として、不動産の譲渡等の契約書を作成する場合に、暴力団事務所として使用しない・させない旨の確約文言（2項1号）、および暴力団事務所として使用されていることが判明した場合の無催告解除条項または買戻し条項（2号）の導入を求めている。

　なお、1項、2項とも努力義務にとどまるため、違反に対する制裁はないが、事業者が暴力団事務所に使用していることを知りながら暴力団関係者と不動産取引契約を締結して不動産を譲渡した場合には、24条3項の規定に違反し、勧告・公表の対象となる。

第2章 社内体制構築手順

Ⅰ 社内体制構築のための視点

　反社会的勢力との関係遮断を成立させ、その接近を阻止するために必要な社内体制を構築しようとする場合、まず「平常時の備え」と「非常時の対応」の違いを意識せねばならない。つまり、平常時においては反社会的勢力を会社に関与させない予防策を備え、これを社内に張り巡らせていく作業と、社内のリスクを日々洗い出していくための情報収集が中心の作業となる。地道に、しかし確実にこれらの備えを社内に浸透させていく必要がある。これに対し、まさかの非常時においては、事態に対抗する重大な意思決定を的確に行い、かつ迅速に実行することが必要となる。

　企業においては、上記のような「平常時の備え」と「緊急時の対応」の両方を念頭において組織づくりをする必要がある。組織づくりの具体的な手順等については、本章Ⅱの3以下に議論を譲るが、以下では、「非常時」に必要な体制（問題事象に的確・迅速に対応する体制）とは何か、の視点を示しつつ、そこから逆算して、「平常時」からの準備（非常時を招かない防止策、来るべき時に備える体制の構築）として何が必要かという視点についても説明したい。

1 非常時に必要な体制について

　ここでいう「非常時」とは、実際に不当要求があった場合、若しくは、自社の取引等に反社会的勢力（若しくはその可能性が高い者）の介在が判明した場面等、実際に危機が目の前に存在する場合のことである。この場合は、当該相手先に対しては毅然とした対応が必要ということが既に確定している状況であるが、この場合は、事案ごとの状況に応じて、どこまでの対応策を採るべきかの適切かつ迅速な判断を行い、かつ、それを速やかに実行に移すことができる体制を敷けることが必要である。

第4編　企業活動における反社会的勢力対応

　事案に応じた適切かつ迅速な判断を下すためには、経験に基づく知識とノウハウ、加えて、若干の勇気と果断な決断力が求められる。社内に十分な経験を有する人物が存在するのであれば、その能力を有効に活用することのできる体制をつくることが重要である（当該人物を反社会的勢力対策の担当者又は責任者とすることが可能かどうかは社内事情により様々であろうが、いずれにせよ、その能力は有効に活用すべきである。）。また、そのような人物がいるかどうかにかかわらず、反社対応の部署の担当者には、必要に応じて、弁護士等の専門家や、警察、都道府県暴追センター、特防連等の関係機関の力を素早く結集させること、更に、時には様々に見解が分かれる可能性もある専門家や関係機関の意見を取りまとめることのできる調整能力が求められる。普段から、関係各所とのコミュニケーションは欠かせないであろう。

　更に、それ以上に重要ともいえるのは、必要となる対応策の取捨選択と実行に係る会社の意思決定を如何に行うかについての解決策である。こればかりは、各社によって事情が異なるものであろうが、判断は適切かつ迅速でなければならない。危機は待ってくれないのである。反社会的勢力への対応の問題が、企業全体を揺るがすリスクに発展しかねないことはもはやビジネスの常識であり、企業としての意思決定が遅ければ、このリスクが飛躍的に高まる場合もある。

　そこで、企業としては、速やかな意思決定を実現するため、問題事案が生じた場合に、いかなるレポートラインをもって誰から誰に報告を挙げ、どのようなプロセスを経て誰が意思決定を行うのかについて予め決定されていなければならない。担当者としては、非常時のレポートラインがどうあるべきか、判断を諮るべき会議体はあるか、その会議体の招集方法をどうするか、又は、代表取締役等が単独で判断を下すことになるのであれば、いかなるラインで代表取締役までアプローチし、その判断を確認するのかについて、必要な社内確認を事前に済ませておき、これを社内で共有しておかなければならないのである。

2　平常時の備え

　平常時には、非常時に生じ得る事態を意識しつつ、そこから逆算的に、「非常時」を招かないための防衛策を考えなければならない。未だ目には見えていない相手とその攻撃方法を想定しつつ、反社会的勢力に該当する可能性のある団体・人物を近寄らせないための策を張り巡らせることができるかの戦いである。

　担当者は、ありったけの想像力を駆使し、様々な事態を想定しながら、社内のありとあらゆる部署に散在するリスクをひとつひとつ拾い上げ、これに対する予防策を用意しておかなければならない。また、実際にリスクが顕在化し始めたならば、その情報をなるべく早期にキャッチし、小さな芽の間に摘み取ることができる体制を敷いておかなければならない。

　担当者にとっては非常に地味で、かつ困難なミッションであるが、このようなミッションを担当者一人でこなすことはできない。社内の力を少しずつ借りていかねばならないのである。そのためには、平時から社内に緊張の糸を張り巡らし、現場の取引担当者の意識、感度を高めておき、もし異常な事態、取引先の問題点などが把握された場合には、これを素早く反社会的勢力対応部署に報告させることのできるようにしておかなければならない。ここで何よりも必要なことは、平常時における、現場の取引担当者を含めた全社員に対する啓発活動である。こまめな研修が必要であるが、必要なのは、知識を身につけさせることではなく、何よりも、「反社会的勢力との関係が存在することが、企業にとって如何に巨大なリスクであるのか。」、そして、「このリスクへの対応が自らの評価にも結び付くものであること。」の意識付けである。とかく、現場の担当者は目の前の取引を成立させることに注力し、そのために、気が付いているはずのリスクをあえて過少に評価してしまう傾向があるものである。反社会的勢力との関係については、些細に見えるものであっても、企業の存立を大きく揺るがすほどのリスクであることを常に認識してもらい、社員一人ひとりの意識を高めることが重要なのである。

一方、反社会的勢力対応部署の責任者、担当者においては、社内にネットワークを張って広く情報収集するための努力が必要である。そのため、担当者の中には、社歴が長く、社内に豊富な人脈を有する人物が含まれていると好ましい。そして、企業の規模や人材の有無によっても事情は様々であろうが、普段から責任感と緊張感を持ってこれらの作業に当たることのできる専任者が任命されているべきであろう。

3　「組織」としての対策であるべきこと

上記のような視点からすれば、リスク管理またはコンプライアンス部門における経験豊富な人物が責任者、担当者に任命されるべきではある。しかし、経験豊富な担当者の個人的なノウハウに頼りきりになることはできない。この点も、社内体制構築のための重要なポイントである。

既に述べたとおり、反社会的勢力に関するリスクは現代企業にとって、企業の存立そのものを左右しかねない性質のものであるが、これに対する企業の対策が個人に頼ったものになれば、万が一個人の判断に誤りがあった場合や、個人が体調を崩して執務できない時、休暇中の時などには、企業としての反社対策の機能が止まってしまい、企業としてはあまりにリスクが高いからである。また、退職時のノウハウの継承にも不安が残ることになるし、あまりに個人に頼ることになれば、突出した対応により、反社側から当該人物が標的にされるという危険性もある。特に警察OBの顧問等が勤務している企業においては、当該人物の個人的ノウハウに頼りきりになってしまうパターンがあり得るが、このような個人のノウハウはマニュアル化し、部署内に、更には全社的にシェアして、企業という組織全体の誰もが基本的な対応をできる体制をつくっていくことが重要である。できることなら、社内横断的な委員会などの組織を組成する等して、営業の現場であっても部署ごとに反社会的勢力の対策責任者を設け、企業全体での取り組みを広げて、現場の意識と情報収集力の向上に役立てるような体制が望ましい。

個人の能力に頼らない、組織化された「体制」を作り上げ、企業全体、

全ての部署において反社対策に取り組んでいくことが、反社会的勢力から付け入られることのない、強固な企業体質につながっていくのである。

　以下では、社内体制構築の標準的な手順、気をつけるべき事柄等について解説しているが、その際に最も重要な点は、上記のような視点を意識しながら、それぞれの事業内容、企業を取り巻く環境や人材の多寡、その他の社内事情等を考慮しつつ、それぞれに最適な体制を形作っていくことである。必要な社内体制に関して、このとおりであれば完璧という解答は存在しない。時々の社会情勢、個社ごとの事情に合わせて、適切な反社排除体制を構築し、これを検証する作業が必要となる。

Ⅱ　関係遮断すべき「反社会的勢力」とは

1　「反社会的勢力」の判断基準

　関係遮断の体制構築が要求される「反社会的勢力」とは、いかなる者をいうのか。自社の取引相手が「暴力団です」と名乗り出てくれれば迷うことはないが、実際には、通常の企業や一般の市民を仮装して接近してくることがほとんどであるから、どのような場合に、「反社会的勢力」として関係を遮断するのか、判断に迷う場合が多いといえる。

　この点について、指針は、「反社会的勢力」とは、「暴力、威力と詐欺的手法を駆使して経済的利益を追求する集団または個人」であると定義づけた上で、「反社会的勢力」に該当するか否かの判断基準として、「暴力団、暴力団関係企業、総会屋、社会運動標ぼうゴロ、政治活動標ぼうゴロ、特殊知能暴力集団等といった属性要件に着目するとともに、暴力的な要求行為、法的な責任を超えた不当な要求といった行為要件にも着目することが重要である。」と述べ、属性要件と行為要件を併用することによって反社会的勢力か否かの判断基準とすることを示している。

「暴力団」等の用語の定義（「組織犯罪対策要綱」平成23年12月22日付警察庁次長通達）
（ア）暴力団

その団体の構成員（その団体の構成団体の構成員を含む。）が集団的に又は常習的に暴力的不法行為等を行うことを助長するおそれがある団体をいう。

(イ) 暴力団員

暴力団の構成員をいう。

(ウ) 暴力団準構成員

暴力団又は暴力団員の一定の統制の下にあって、暴力団の威力を背景に暴力的不法行為等を行うおそれがある者又は暴力団若しくは暴力団員に対し資金、武器等の供給を行うなど暴力団の維持若しくは運営に協力する者のうち暴力団員以外のものをいう。

(エ) 暴力団関係企業

暴力団員が実質的にその経営に関与している企業、準構成員若しくは元暴力団員が実質的に経営する企業であって暴力団に資金提供を行うなど暴力団の維持若しくは運営に積極的に協力し若しくは関与するもの又は業務の遂行等において積極的に暴力団を利用し暴力団の維持若しくは運営に協力している企業をいう。

(オ) 総会屋等

総会屋、会社ゴロ等企業等を対象に不正な利益を求めて暴力的不法行為等を行うおそれがあり、市民生活の安全に脅威を与える者をいう。

(カ) 社会運動等標ぼうゴロ

社会運動若しくは政治活動を仮装し、又は標ぼうして、不正な利益を求めて暴力的不法行為等を行うおそれがあり、市民生活の安全に脅威を与える者をいう。

(キ) 特殊知能暴力集団等

（ア）から（カ）に掲げる者以外のものであって、暴力団との関係を背景に、その威力を用い、又は暴力団と資金的なつながりを有し、構造的な不正の中核となっている集団又は個人をいう。

上記のとおり、組織犯罪対策要綱において各属性の定義が示されているが、実務においては、取引先や相手方がこれらの属性に該当するか否かを直ちに判断できないこともある。しかし、反社会的勢力であれば、いずれかの段階で、暴力的な要求行為や、法的な責任を超えた不当な要求をしてくることが多いため、そうした行為やその兆表から、反社会的勢力であるかを判断することも可能となる。そのため、属性要件のみならず、行為要件にも着目して判断することが重要となるのである。

2　属性要件と行為要件を併用した判断の実際

では、属性要件と行為要件の該当性を判断するについて、どのような事情を基礎とすればいいのであろうか。

　ア　属性要件

例えば、相手方が、自ら反社会的勢力であることを明らかにするような場合や、警察からの情報がある場合、相手方企業の役員が暴力団構成員として逮捕された報道がある場合など、明確な事情がある場合には、相手方の属性について、さほど悩む必要はない（その他、属性チェックの方法については、本章Ⅴを参照）。

しかし、このような明確な事情が判明する事例は非常に少なく、多くは、相手方の周辺事情を基礎として、総合的な判断を行うことになる。

かかる周辺事情としては、例えば、インターネットで検索をかけた場合に疑わしい情報が複数発見されたとき、同業他社から相手方が他社に対して不当要求を行っていたとの情報を取得した場合、相手方のオフィスが暴力団関係者の所有と思われるビルに入居している場合、相手方のオフィスに風体の悪い男が複数出入りしている場合、登記簿上、相手方の商号や本店所在地が不自然に複数回変更されていたり、不自然な業務が事業目的として挙げられている場合等がある。

　イ　行為要件

通常、反社会的勢力は、通常の企業や一般市民を仮装して取引をもちかけてくるため、属性要件に関する明確な情報が取得できず、また、周辺情

報のみからも、反社会的勢力への該当性についての判断が難しい場合が多い。このような場合には、属性要件に加え、行為要件をもって総合的な判断を加えることになる。

　ただし、かかる行為要件については、いかなる行動をもってして該当性を認めればいいのか、その外縁が若干不明瞭といえるため、具体的にどのような事情を基礎として判断すればいいのかが問題となる。

　この点、指針で述べられているように、「暴力的な要求行為、法的な責任を超えた要求またはこれらに類する行為」があるかどうかが、一次的な基準となる。

　しかし、これによっても、例えば、要求内容は法的な責任（相当な範囲）を超えていることが明白であるが、その一事をもって行為要件判断の基準にあてはめていいものか、それとも、当該人物は一過性のクレームを訴えてきているに過ぎない一般人であって、「反社会的勢力」とは一線を画して考えるべきなのか、その判別をつけることは困難である。

　そこで、相手方の交渉態度の全体を見て、①その要求行為の手法や要求内容が、社会的に相当な範囲を明らかに超えているかどうか、②要求の内容が、相当な範囲を超えているというにとどまらず、そもそも、何らの法的根拠にも基づいていない場合であるかどうか、③明らかに手慣れているなど、恒常的に不当要求行為を行っていることを推測させるようなものであるかどうか、④相手方の人相、風体、言動はいかなるものであるか、等の事情を基礎として総合的に判断すべきである。

　例えば、こわもての人物が複数で押しかけてきて、非常に手慣れた様子で、威圧的言辞をもって強硬に取引締結を求めてくるような場合は、反社会的勢力である可能性が高くなる。相手方が、普段から、暴力団関係者との親密な関係を吹聴している等の事情があれば、その判断は、より確実なものとなるであろう。

　なお、金融庁は、行為要件に該当する場面として、「例えば、銀行業であれば、威迫等により他の一般的な顧客より低い金利での貸出を要求す

る、金融商品取引業であれば、威迫等により法律で認められる範囲を超えた損失補てんを要求する等が考えられます。」と述べている（各金融機関向け監督指針一部改正に関するパブリックコメントへの平成20年3月6日付回答）。

　　ウ　全銀協暴排条項の規定

　政府指針発表後、上記のような属性要件＋行為要件のダブルスタンダードによる判断基準は広く浸透し、各業界団体においては、それぞれの取引実情に合わせた暴力団排除条項の参考例を発表している。その中でも、一般社団法人全国銀行協会が平成23年6月に一部改正の上発表した「銀行取引約定書に盛り込む暴力団排除条項参考例」は、反社会的勢力として取引の排除対象とする者の要件を概ね以下のとおり定義づけている。同参考例があげる基準は、他の業界団体等が発表するものに比しても特に厳しいものではあるが、現在では、広く多数の業種・企業においても参考にされ、その一部が流用されており、民間においては、同参考例の記載事項に該当する事実があるかどうかが、事実上の「反社会的勢力」への該当性判断の基準として機能しているといえる。

「銀行取引約定書に盛り込む暴力団排除条項参考例」（一般社団法人全国銀行協会・平成23年6月発表）にみられる反社会的勢力該当性に関する要件

〔属性要件に関する基準〕

　暴力団、暴力団員、暴力団員でなくなった時から5年を経過しない者、暴力団準構成員、暴力団関係企業、総会屋等、社会運動等標ぼうゴロまたは特殊知能暴力集団等、その他これらに準ずる者に該当しないこと及び次の各号のいずれにも該当しないこと

1　暴力団員等が経営を支配していると認められる関係を有すること
2　暴力団員等が経営に実質的に関与していると認められる関係を有すること

> 3 自己、自社もしくは第三者の不正の利益を図る目的または第三者に損害を加える目的をもってするなど、不当に暴力団員等を利用していると認められる関係を有すること
> 4 暴力団員等に対して資金等を提供し、または便宜を供与するなどの関与をしていると認められる関係を有すること
> 5 役員または経営に実質的に関与している者が暴力団員等と社会的に非難されるべき関係を有すること
>
> 〔行為要件に関する基準〕
> 1 暴力的な要求行為
> 2 法的な責任を超えた不当な要求行為
> 3 取引に関して、脅迫的な言動をし、または暴力を用いる行為
> 4 風説を流布し、偽計を用いまたは威力を用いて貴行の信用を毀損し、または貴行の業務を妨害する行為
> 5 その他前各号に準ずる行為

3 「反社会的勢力」の拡張的解釈

「反社会的勢力」該当性について、政府指針による判断基準に従って判断し、該当する者を排除していけば、企業として最低限の為すべきことは為していると言えるであろう。

しかし、今日では、明白に反社会的勢力と判断することのできない、いわゆるグレーゾーンに位置する周辺者についての対応が問題になっている。このような周辺者との取引により企業が提供した資金、便益が、これらの者を通じて反社会的勢力の活動を利することとなったり、又は、これらの周辺者による不法な活動等に流用されることになったりすれば、当該企業は社会からの痛烈な批判の対象となり得るからである。

したがって、各企業においては、このようなレピュテーションに対するリスクの観点を重視し、また、反社会的勢力（若しくは反社会的な活動全て）への資金流入・便宜供与を阻止するため、以下のアやイに指摘される

ような「反社会的勢力に準ずる者」を広く関係排除の対象とするべきであろう。

　　ア　共生者等

　先に紹介した組織犯罪対策要綱（警察庁発表）は、「暴力団に利益を供与することにより、暴力団の威力、情報力、資金力等を利用し自らの利益拡大を図る者」を「共生者」と呼び、これに対する対策を推進することにより暴力団との「共生関係の瓦解を図る」旨宣言している。暴力団の庇護のもとで危険ドラッグ等を売りさばいたり、風俗店を経営したりする者、暴力団の資金を証券市場で運用して報酬を得るトレーダー、犯罪行為によって獲得された資金のマネーロンダリングに協力する業者等が共生者の典型である。

　また、同じく、組織犯罪対策要綱は、「暴力団員と社会的に非難されるべき関係にある者」についても、暴力団がこれらの者を利用して社会・経済への不当な影響をおよぼす危険や、暴力団との共生関係へと発展する危険が存在することから、同じく対策を推進していくことを宣言している。「暴力団員と社会的に非難されるべき関係にある人物」とは、「例えば、暴力団員が関与する賭博や無尽等に参加していたり、暴力団員やその家族に関する行事（結婚式、還暦祝い、ゴルフコンペ等）に出席し、自己や家族に関する行事に暴力団員を参加させるなど、暴力団員と密接な関係を有していると認められる場合をいうのが相当である。」とする高等裁判所の決定例が参考になる（暴排条項に該当することを理由に為された公共工事への入札参加除外措置が争われた事案。大阪高決平成23年４月28日。）。その他、一般企業の経営者でありながら暴力団組長と頻繁に会食やゴルフ等の交遊を重ねるような人物、さらには、暴力団員との親密な関係を吹聴し、その威力を利用するかのような発言をする者等も含まれるであろう。

　これらの共生者等は、暴力団等の資金獲得活動に協力し、表面的には暴力団との関係を隠しながら、その裏で、暴力団等が供与する資金、威力や影響力を利用することによって自らの利益獲得を図っているか、または将

来そのような立場に立つ危険性を含んでいると考えられる。ところが、同人ら自身は必ずしも犯罪行為を行っているわけではなく、また、政府指針の基準に照らして考えるのみでは、「反社会的勢力」に該当すると言い切ることも難しい。

しかし、企業としては、これらの者についても、取引から排除し、利益供与をしないことが望まれる。これらの者との取引により企業が提供した資金は、これらの者を通じて反社会的勢力に流れ、最終的には、犯罪行為等に流用されるおそれがあり、そこまで行かなくとも、暴力団等の活動をサポートするような立場に立つ者に経済的利益を与えることは、それ自体暴力団等を利することにつながるのであるから、CSRの観点からは、到底許されるものではないからである。

したがって、共生者等についても反社会的勢力として位置付け、排除の対象としなければならないであろう。

なお、先に紹介した全銀協暴排条項は、属性要件として、「暴力団員等に対して資金等を提供し、または便宜を供与するなどの関与をしていると認められる関係を有すること」や「役員または経営に実質的に関与している者が暴力団員等と社会的に非難されるべき関係を有すること」を反社会的勢力該当性の要件とし、これらを排除の対象とすることを宣言している。

イ 準暴力団（いわゆる半グレ集団）

警察庁は、近年、繁華街において暴走族の元構成員等を中心とする集団に属する者が「集団的に又は常習的に暴力的不法行為等を行っている」と指摘し、また、これらの者の中には暴力団等の犯罪組織との密接な関係がうかがわれる者も存在するとして、これらの集団を「準暴力団」と呼び、取り締まりの強化をする旨通達している（平成25年3月7日警察庁「準暴力団に関する実態解明及び取締りの強化について（通達）」）。

これらの者は、政府指針の挙げる属性要件に照らせば、反社会的勢力に明確に該当するとも言えず、また、集団に属する者の中には暴力的不法行

為を行う人物が複数存在するものの、その特性上は組織性が弱く、個々の犯罪行為に必ずしも関与していない他の構成員までを含めて全体として反社会的勢力に該当すると断定するのも困難である。

　しかし、これらの者が反社会的な活動に親和性があることは間違いなく、また、上記の共生者等と同様に暴力団等の反社会的勢力の活動を助長したり、逆に、暴力団等がこれらの者を介して社会に不当な影響を与える可能性や共生関係に発展したりする危険性も高いところであり、これらの者との関係を有することがＣＳＲの観点から到底許されるものでないことは当然である。

　準暴力団については、その実態が未だ解明されておらず、その所属関係についても明確にならない場合が多いと想定されるが、そうであっても、これに属している可能性が高いか、又はそれらの者との関係を隠さずに生活しているような人物については、共生者等と同様に反社会的勢力と同視し、排除の対象とするべきである。

Ⅲ　反社会的勢力との関係遮断の宣言

1　宣言の必要性

　反社会的勢力との関係遮断の第一歩として、反社会的勢力との関係遮断に関する基本方針を企業トップが社内外に宣言することが必要である。指針もこれを要請している。その意義は、対内的には、企業トップが宣言することにより、反社会的勢力との関係遮断の実践が、組織全体として取り組む重要な任務であるとの認識が企業内に共有されることにある。対外的には、株主や投資家、取引先、そして社会に対し当該企業の姿勢を示すものとなる。全国における暴排条例の施行後、反社会的勢力排除への市民の意識が高まってきていることから、企業が反社会的勢力排除の方針を明確に打ち出し、実践することは、当該企業に対する社会的信用・評価に結び付く。

　また、反社会的勢力排除の姿勢を広く公表することは、反社会的勢力に

対する事前の牽制となり、反社会的勢力から企業への接触を未然に防ぐとの効用もある。

さらに、司法の場では、契約解除・錯誤・詐欺の成否の判断に際し、当該企業の宣言など企業の反社会的勢力排除の姿勢が重要な間接事実となる(注)。

2 宣言の具体例

ア 企業行動憲章

すでに多くの企業が、企業行動憲章、企業行動指針、コンプライアンス憲章などを制定し、その中で、反社会的勢力との関係遮断を謳っているところであるが、あらためて、自社の方針が明確に宣言されているか、確認が必要である。

また、こうした宣言について、企業のホームページ等に掲載し、社外へ発信することが望ましい。特に、非上場会社にとっては、ホームページへの掲載は自社の方針・取組みを社会に知らせる有用な方法の一つである。

イ 事業報告（内部統制に関する基本方針）

会社法上、大会社については内部統制に関する基本方針の策定が義務づけられ（会社法362Ⅴ）、取締役会が決議し、または取締役が決定した内部統制に関する基本方針については、その概要を事業報告に記載することが要求されている（会社規118Ⅱ）。

そこで、反社会的勢力との関係遮断について、内部統制に関する基本方針の一つとして決議（または決定）し、これを事業報告に明記して、株主に積極的に開示することが望ましい。

ウ コーポレート・ガバナンスに関する報告書

各証券取引所は、上場会社に対し、「コーポレート・ガバナンスに関す

注 暴力団員であるのに暴力団でないことを表明確約して行った銀行口座の開設が詐欺罪に当たると判断した最判平成26年4月7日裁判所時報1601号6頁においては、被害銀行が、「企業の社会的責任等の観点から行動憲章を定めて反社会的勢力との関係遮断に取り組んでいた」と認定されている。

る報告書」の提出を要求し、同報告書への内部統制に関する基本方針の記載を要求している。そして、東京証券取引所では平成20年2月6日施行の「反社会的勢力排除に向けて上場制度及びその他上場制度の整備に伴う有価証券上場規程等の一部改正」に伴い、同報告書における「内部統制システムに関する基本的な考え方及びその整備状況」の開示項目に、反社会的勢力排除に向けた体制整備についての記載をすることとされている。

Ⅳ　反社会的勢力対応部署の設置と役割

1　反社会的勢力対応部署の位置づけ

　企業が反社会的勢力による被害を防止するための指針は、企業に対し、「反社会的勢力による不当要求が発生した場合の対応を統括する部署」を整備するよう求めている。

　不当要求発生時に、適切に対応するためには平時から有事対応の方針策定に取り組み、また、反社会的勢力による企業への介入を未然に防ぐための体制整備が必要である。そのため、全社の業務を横断的に確認し、全社的な体制を整備し、実行する責任部署として、反社会的勢力対応部署の設置が必要となる。

　反社会的勢力からの不当要求に対しては、組織的に対応することが必要かつ有効であることから、有事の際には、反社会的勢力対応部署が、その対応を統括することとなる。

2　反社会的勢力対応部署の設置

　反社会的勢力対応部署は、新たに部署を設置するのではなく、総務部や法務部など、現時点で他の業務を担っている部門に新たに反社会的勢力対応部署としての任務を付与する方法によることも可能である。

3　反社会的勢力対応部署の役割・活動

　反社会的勢力対応部署の主な役割は次のとおりである。

　　ア　社内体制の構築

　反社会的勢力との関係遮断に向けた社内体制構築の具体的内容は、行動

倫理規程・各種規程における反社会的勢力との関係遮断のルールの明記、取引開始時における属性確認や契約審査体制の確立、各種契約書式における暴排条項の規定、社内における連絡・報告体制の整備、外部専門機関との連携体制構築、監査体制の整備等である。

体制整備に当たっては、まず、現状における自社の体制や、自社の取引関係（いかなる部署が、いかなる相手と、いかなる契約・関係を有しているのか。また、これら契約はいかなる審査体制の下に締結され、これら契約に暴排条項は導入されているか等）を把握する必要がある。この作業を行うことによって、自社の状況に応じた、的確な体制の整備が可能となる。

　　イ　情報収集

反社会的勢力に関する情報の収集は決して容易ではない。そのため、反社会的勢力対応部署が継続的に情報収集の努力を尽くしていくことが必要となる。また、収集した情報を蓄積してデータベースを構築し、維持・管理することも反社会的勢力対応部署の役割である。なお、情報収集の実務については、「Ⅵ　反社会的勢力情報の収集とデータベース化」において述べる。

　　ウ　不当要求防止責任者講習の受講・社内研修の実施

反社会的勢力による不当要求に対応するためには、その対処方法を習得し、研鑽を積む必要がある。

そのために有用な制度の一つが「不当要求防止責任者講習制度」である。暴力団対策法では、企業が選任した責任者に対し、不当要求に対する対応方法などについて指導を行うため、各種資料の提供や、指導・助言等の援助を行うことを定めており、その援助の一環として、各都道府県暴追センターにおいて不当要求防止責任者講習が実施されている。

また、反社会的勢力からの接触は、いつ、誰に対してなされるか予測困難であるから、不当要求防止責任者のみならず全社員が対応の基礎を身に付けておく必要がある。そこで、反社会的勢力対応マニュアルを策定し、社内研修を定期的に実施することも反社会的勢力対応部署の役割である。

エ　運用状況の確認

　企業における取引の状況は、企業の発展に応じて変化するものであるから、構築した体制が企業の現状に即し、有効に機能するものとなるよう、継続的に体制を確認することが必要である。また、策定したルールが形骸化することのないように、運用状況を監査することも必要である。

V　属性確認（チェック）

1　属性確認の必要性とその内容

　反社会的勢力との関係を遮断するためには、企業と関係を持とうとする相手方が反社会的勢力であるか否かを判別しなければならない。

　相手方の属性の確認方法としては、反社会的勢力に関する情報をデータベース化している企業であれば、データベースへの該当の有無を確認する方法によることが多いだろうが、そうでない場合は、個別に対応することとなる（例えば、相手方に反社会的勢力でないことの表明確約書に署名させる、相手方やその関係者の氏名・商号をインターネットで検索し、不審な記事が掲載されていないかどうかを確認する、相手方の商業登記簿を取得して不審な点がないか確認するなど、様々な方法があり得る。）。

　もっとも、企業が行うすべての取引について逐一、慎重な属性確認を行うとすることはコストや人員の確保の観点から非現実的であるし、また、例えば、小売店における日用品の販売取引についてまで、相手方の属性確認が必要であるとの社会共通認識が醸成されているとは言えない。

　したがって、業種や取引の内容に応じた属性確認の方法を設けることで足りる。ただし、反社会的勢力に対する助長取引となり得る可能性のある取引については、慎重な属性確認の手続を設けることが要請される。

2　事前審査と継続審査

　属性確認は、まず、取引開始前の段階ですることが重要である。ひとたび取引を開始してしまえば、その後に取引関係を遮断することは容易ではないが、取引開始前の段階であれば契約自由の原則により、取引を拒絶す

ることができる。

　取引開始段階で相手方の属性確認をした後も、定期的に相手方の属性確認を行うことが必要である。取引開始段階においては問題なくとも、その後に反社会的勢力に乗っ取られ、または影響下に置かれている可能性もあるからである。

3　属性審査体制の確立

　取引先の属性確認の審査については、審査を行う部署を明確化し、契約類型、契約金額などに応じて、審査の手続・方法をあらかじめ定めておくことが重要である。

　ここで注意を要するのは、営業部門が属性確認の審査を行うこととすると、営業成績の向上を重視するあまり、属性確認のルールが形骸化するおそれがあるということである。そのため、属性確認の審査は営業以外の部門が行う、あるいは、ダブルチェックの体制を設けるなどして、ルールにのっとった適正な運用がなされる体制を整備することが必要である。

Ⅵ　反社会的勢力情報の収集とデータベース化

1　反社会的勢力データベース構築の重要性

　属性確認をするためには、取引先の情報と照合する反社会的勢力に関する情報が必要である。指針においても、反社会的勢力による被害を防止するため、反社会的勢力に関するデータベースを構築することが要請されている。

　反社会的勢力に関する情報を収集するに際して、インターネット上の情報を検索することも多いと思われるが、インターネット上の情報は、時間の経過とともに削除されてしまうおそれがあるため、情報を蓄積し、利用するためには、企業において取得した情報をデータベース化して保存しておくことが必要である。

2　反社会的勢力データベース構築の具体的取組方法

　収集すべき情報は、対象者が反社会的勢力であるか否かを判断するに当

たって必要な一切の情報である。

　そのためには、暴力団構成員や暴力団関係企業であるといった対象者の「属性」に着目するほか、暴力的な要求行為、法的な責任を超えた不当な要求を行う、といった「行為」の面にも注目することが重要である。

　したがって、かかる「属性」や「行為」に関する情報を幅広く収集し、データベースに登録すべきことになる。

　そして、これらの「属性」や「行為」に関する情報は、利用・検索する際に備え、本人特定事項と関連付けて、登録する必要がある。

　本人特定事項としては、個人であれば、氏名・生年月日・住所・電話番号が、法人であれば、商号・本店所在地・代表者名・電話番号が基本的な要素である。ただし、住所や電話番号は頻繁に変更される可能性があること、また、名字（姓）も変更可能なものであることに留意が必要である。

　情報源としては、新聞記事、雑誌記事、インターネット上で入手できる情報、都道府県暴追センターからの情報提供、自社における直接の体験（不当要求を受けた体験等）などがあり得る。

　そして情報源の信頼性が担保できないような情報（例えば信頼性の明らかでない雑誌記事）についても、収集、保存しておけば、他の同種の情報を入手した際の参考資料となり得る。ただし、信頼性が担保できない情報をそのまま利用することは、かえって、トラブルの原因となることから、かかる情報を登録する際には、他の信頼のおける情報と区別するなどして登録する工夫が必要である。

　また、収集した情報は、後日、情報の確度を検証できるように、さらには、裁判資料として提出する可能性も踏まえて、その入手時期、入手先などの情報も併せて記録しておくべきであり、できる限り一次情報（例えば新聞、雑誌などの媒体情報の場合は現物）を保存しておくこと、応接録等の書面は作成者の記名・押印（又は署名）・作成日の記載など書証としての形式を整えておくことが望ましい。

3　公知情報の収集

　情報の収集方法として、特別な費用・ノウハウを必要とせず、多くの企業において実施されているのは、暴力団員逮捕の報道等を新聞記事から収集する公知情報の収集である。

　北海道、山口、岡山及び福岡の四道県警では、現在、暴力団員の検挙情報（名前、年齢等）をそのホームページ上で公表しており、これらも重要な情報源である。ただし、公表された情報は一週間程度で削除されるため、随時確認をし、データベースに取り込むことが必要である。

　暴排条例に伴い、各地方公共団体では、暴力団関係事業者について、地方公共団体が発注する契約に係る競争入札等からの除外措置を講じ、多くの自治体において、入札参加除外措置となった業者の情報をホームページで公表していることから、これらの情報を確認することも有用である。

4　警察からの情報提供

　警察当局は、警察庁組織犯罪部長発平成25年12月19日付通達「暴力団排除等のための部外への情報提供について」に基づいて情報提供を行っている。

　同通達においては、一定の要件を満たした場合には、条例上の義務履行のために必要な範囲で、取引先またはその役員等が暴力団関係者に該当するか否かという情報を提供することとされている。また、暴力団による犯罪、暴力的要求行為等による被害の防止又は回復に資する場合や、暴力団の組織の維持又は拡大への打撃に資する場合に、必要な情報の提供をすることとされている。

　警察からの情報提供は、反社会的勢力排除の具体的な必要性に応じて受けられるものであり、情報の提供を受けた場合にはすみやかに、排除に着手する必要がある。

5　都道府県暴追センターからの情報提供

　都道府県暴追センターは、その事業の一環として、暴力団による不当な行為に関する相談を受け付けており、必要に応じて反社会的勢力に関する

情報提供を行っている。

Ⅶ　情報と伝達

1　反社情報の一元化の必要性

　取引先情報や反社会的勢力に関する情報（以下「反社情報」という）の収集は、各部署がそれぞれ担当する必要があるが、特に反社情報の管理については、反社対応部署へ集約し、一元化する必要がある。

　その理由の一は、反社情報の有効性である。

　すなわち、反社情報を一元化することにより、反社情報の量とともに、精度（質）を上げることができる。反社会的勢力であるか否かを見極めるためには、異なる情報源による情報を突き合せるとともに、時系列的に総合的に分析することが有効である。このように、反社情報を一元化しておくことで、その有効性が飛躍的に高まるのである。

　その理由の二は、情報管理の実効性である。

　すなわち、企業や警察などが反社会的勢力に関してどのような情報を持っているかは、規制や警戒を掻い潜ろうとする反社会的勢力側でも知りたい情報である。また、反社情報はそれ自体がデリケートなものであり、漏洩した場合には社会的な影響も大きい。他方、情報が分散していると漏洩のリスクも高まってしまう。実務上も、警察、暴追センター等の関連機関から反社情報の提供等を受けるためには、企業が厳格な情報管理を行っていなければならない。漏洩する危険があるところに反社情報を提供するはずがなく、関連機関と企業との信頼関係を破壊することにもつながるからである。

　このように、情報管理の実効性を確保することが反社対応にとって不可欠であり、そのためにも反社情報の一元化が必要になる。

　その理由の三は、個人情報保護法との関係である。

　これは、反社情報を一元管理することによって、反社情報の収集とデータベース化の目的が反社会的勢力による被害防止にあることを明確にでき

るからである。すなわち、仮に反社情報が他の情報と分別管理されていない場合、当該個人データが「保有個人データ」に当たり、個人情報取扱事業者の氏名又は名称の公表等が必要であるのではないかなどの疑問も生じかねないが、分別管理されていれば、反社対応目的がそれだけでかなり明確になるから、反社データ管理に関する個人情報保護法上の例外ルールの適用が容易になるのである。

このように、反社情報の有効性を高め、情報管理の実効性を高め、個人情報保護法上の疑義を払拭するためにも、一元化が必要である。

2　有事に備えた体制の整備

反社会的勢力による不当要求があって初めて社内体制のあり方を議論しているようでは、反社会的勢力に付け入る隙を与えてしまい、事態を複雑化・深刻化させかねない。

したがって、かかる有事に備え、予め社内体制を整備し、明確にしておく必要がある。ここでは、このような有事に備えた体制整備のポイントを確認する。

一つ目のポイントは、企業トップの毅然とした意識と判断である。

例えば、経営トップが「面倒なことなど報告せず自分たちで処理できなければ駄目だ」などと言って、反社会的勢力との対応を現場に押し付けるようであれば、会社として毅然とした対応ができず、反社会的勢力との不適切な関係を生み出すきっかけになってしまう。怖い反社会的勢力との対応を押し付けられた現場が、早く逃げ出そうという目先の利害にとらわれてしまうからである。

すなわち、企業トップが、自ら反社会的勢力に対する毅然とした意識を明確にし、毅然とした対応を自ら指示することが、現場での不適切な妥協を防ぐために不可欠なのである。

そのため、有事の際には、反社対応部署に情報が集約されることと、反社対応部署から企業トップに対して適宜報告を上げることが必要である。さまざまな利害関係によって情報が混乱し、企業トップの毅然とした判断

ができなくなることを防ぐのである。

　二つ目のポイントは、外部専門機関への通報、連絡の手順化である。

　有事の際には、警察、暴力追放運動推進センター、弁護士等の外部専門機関と連携し、その協力を受けることが重要となる。

　そこで、有事の際に迅速に対応するためには、連携すべき外部専門機関をリストアップしておくとともに、誰がどの外部専門機関に対し通報や連絡を行うのかについてあらかじめ手順を決めておくことが望ましい。なお、実際の通報、連絡はすべて反社対応部署の指示・連絡に基づいて行い、その結果についても速やかに反社対応部署に報告して集約化する手順にすべきである。

　三つ目のポイントは、平時からの警察との連携である。

　反社会的勢力による不当要求があったと、日ごろ面識のない者がいきなり警察に駆け込んでも、警察はなかなか直ぐには動けない。その者が警察権力を悪用しようとしているかもしれず、その通報が本当かどうかわからないからである。

　他方、平時から警察と十分情報交換ができていて、しっかりとした反社対応体制があることを警察も熟知し、信頼関係が構築している場合には、そのような企業は警察を悪用しようとしているわけではなく、通報も本当であろうと容易に判断できるので、警察も迅速に対応することが容易になる。

　このように、警察からの十分な援助を速やかに受けるためには、平時からの信頼関係を構築しておくことが重要である。

　その具体的な方策としては、都道府県暴追センターが行っている不当要求防止責任者に対する講習を受講するなどして、不当要求に対する対応のポイントを把握するとともに、体制づくりを行うことや、業界内で暴力追放の取組が行われている場合はこれらに積極的に取り組むこと、民暴事件に強い経験豊富な弁護士の指導を受けることなどが効果的である。

3　各種関係団体の紹介

さらに、暴力団排除のための活動を行っている各種関係団体と協力することも、有効である。そこで、ここでは各種関係団体の概要を紹介する。

ア　都道府県暴力追放運動推進センター（暴追センター）

平成4年3月に、暴力団員による不当な行為の防止等に関する法律（暴力団対策法）に基づき設立された公益法人である。

イ　社団法人警視庁管内特殊暴力防止対策連合会（特防連）

平成元年2月、「東京都内における特殊暴力を効果的に排除し、その被害を防止することによって広く社会・公共の反映のためにすること」を目的として組織された社団法人であり、多くの企業が加盟している。

会員企業は、

「暴力団、総会屋など一切の反社会的勢力と決別するため、

1．寄付金、賛助金、情報誌等の購読料名目のいかんを問わず、不法不当な要求行為に対しては断固としてこれを拒否する。
2．面会の強要、糾弾威迫、暴力的不法行為、その他一切の迷惑行為は直ちに警察へ通報する。
3．何人に対しても株主の権利の行使に関し財産上の利益を供与しない。」

ことを宣言している。

特防連は、会員に対して「特防連ニュース」を発行するほか、定例研修会、模擬株主総会、特殊暴力排除実務者研修会などの研修会を開催するとともに、これら研修会での詳細な講演内容や専門家の意見などを紹介する「会報」の配布を行っている。

また、特防連は、会員からの問合せに対して、その保有する反社会的勢力などに関する情報の提供・助言指導を行う「特防110番」を開設するとともに、東京三弁護士会の民暴委員会の協力のもと無料法律相談も開催している。

特防連は、暴力団対策法が定める「不当要求情報管理機関」に登録され

ている。

ウ　弁護士会民暴被害者救済センター（救済センター）

日本弁護士連合会民暴委員会から、昭和55年、各単位弁護士会に対して、民事介入暴力の被害者を救済する機構を設置するよう呼びかけがなされたことを受け、各弁護士会が設置しているものである。

救済センターは、警察、暴追センター、特防連、自治体などを通じて、広く民暴事件の依頼を受け付け、担当弁護士に事件処理に当たらせることにより、被害者の救済を図っている。

Ⅷ　暴力団（反社会的勢力）排除条項の導入と適用

有事には、反社会的勢力による違法行為が明白であり、契約関係の解消などの法的な対応の際に、その法的根拠や権利の存在を証明することは比較的容易である。

ところが、平時には、行為対応には何ら違法性がなく、かつ、取引関係が既に存在する場合においても、相手方が反社会的勢力であるという属性のみから契約関係を解除しなければならない。そして、今日の反社会的勢力が「不透明化」していることから、その属性すらも明らかにできない場合も多々存在する。

このような状況でも、企業は、反社会的勢力との一切の関係遮断の実現を目指すため暴力団排除条項（以下、「暴排条項」という。）を活用する必要がある。

暴排条項とは、契約書、規約、取引約款等に設けられる条項であって、暴力団等の反社会的勢力が取引の相手方であることを拒絶する旨規定し、契約解除によって取引関係から排除できる旨規定する条項である。

各都道府県の暴排条例において、事業者の努力義務として、事業者が契約を締結する際、相手方が暴力団員等でないことを確認すべき義務や、暴排条項を契約書に盛り込むべき義務が規定されている。

暴排条項を導入しようとしても、取引の相手方が暴排条項への理解に乏

しい場合、これに難色を示されるということもある。しかし、暴排条例が暴排条項の導入の必要性を明示するに至ったのであるから、暴排条例の意義と内容を十分に説明することによって、相手方への強い説得を行うべきである。

1 暴排条項の機能

暴排条項の機能としては、①契約解除の根拠（裁判規範性）、②反社会的勢力との交渉のツール、③反社会的勢力への牽制機能、④コンプライアンス重視の姿勢の明示を挙げることができる。

具体的には次のような機能となる。

ア 契約解除の根拠（裁判規範性）

暴排条項の究極の目的が反社会的勢力の排除（契約解除）にある以上、暴排条項は裁判等において契約解除を実現できる裁判規範性を有さなくてはならず、暴排条項を設ける際にも裁判規範性を有するよう明確に規定する必要がある。

イ 反社会的勢力との交渉のツール

実務では、裁判等に発展したり、弁護士が関与する前に、会社担当者が反社会的勢力を排除する必要がある。

例えば、反社会的勢力による施設利用の場面を想定すると、日々の業務の中で生じる施設利用の申込みに対して、現場において直ちに会社担当者が反社会的勢力との対応を余儀なくされる。この場合、施設利用約款等の契約書類の中に暴排条項があることが、会社担当者の交渉ツールとなる。つまり、会社担当者は、暴排条項により、他の理由を明示する必要はなく、「約款（契約書類）に定められています」との形式的な理由だけで施設利用申込みの拒絶、反社会的勢力を排除するための主張を行うことができる。

ウ 反社会的勢力への牽制機能

上記アイの機能から、反社会的勢力に対して、自らの属性が発覚すれば契約を解除される危険を自覚させることができ、これによる反社会的勢力

への牽制機能が発揮される。暴力団であることを秘して契約関係に入った場合などには詐欺罪を構成する可能性が高くなり、暴排条項の持つ牽制機能の意義は大きくなっている。

　　エ　コンプライアンス重視の姿勢の明示

　企業が例えば契約書式集などに暴排条項を盛り込み、その取組みを対外的にアピールすることができれば、企業が反社会的勢力との関係遮断を宣言した上で、具体的な行動を行っているとして、コンプライアンスの姿勢を社内外にアピールすることができる。

　2　暴排条項例

　次に、実際に暴排条項の例を見ながら、活用方法を検討する（資料5参照）。

　　ア　排除対象者

　まず、いかなる者を取引から排除する対象者として規定するべきかを検討する必要がある。

　暴力団、暴力団員のみならず「暴力団と密接な関係を有する者」をも排除対象としている理由は、昨今の暴力団における組織実態の隠ぺい、企業活動の仮装などによる不透明化の動きを踏まえ、排除対象者を反社会的勢力と広く捉え、企業が暴力団等の反社会的勢力との関係を徹底的に遮断することを実現するためである。

　そして、「暴力団と密接な関係を有する者」という概念をさらに具体化し、反社会的勢力全体を捕捉するため、「暴力団員でなくなったときから5年を経過しない者」、「暴力団準構成員」、「暴力団関係企業」、「総会屋等」、「社会運動等標ぼうゴロまたは特殊知能暴力集団」を列挙するとともに、一〜五でこれらの者と一定な人定関係がある者も射程に含めることで、暴排条項としての実効性を高めている。（前掲　Ⅱ　関係遮断すべき「反社会的勢力」とは　参照）

　　イ　表明確約条項

　相手方が反社会的勢力であることが当事者にとって重要な契約締結に当

第4編　企業活動における反社会的勢力対応

たっての判断要素であることを明確にするため、単に契約解除事由の一例として挙げるだけでなく、①当事者双方が反社会的勢力ではないこと、②反社会的勢力との取引を行わないことを表明し確約する条項を契約書に入れるべきである。

このような表明確約条項を設けることによって、これらに違反した場合の契約解除がより行いやすくなるというだけでなく、虚偽の表明確約を行うことによって取引関係に入ったものとして詐欺罪として刑事立件できる場合もある。

ウ　無催告解除条項

相手方が表明確約条項に反して、取引排除対象者として、定義した暴力団等に該当する場合には、無催告で契約を解除する旨の条項を設ける必要がある。

無催告解除が認められるのは、通常重大な義務違反がある場合や催告をするのが無駄である場合、継続的取引契約において信頼関係が破壊された場合等であるが、相手方が反社会的勢力に該当した場合には、そもそも催告することが無駄であり、その事実自体が信頼関係を破壊するものである。

エ　関連契約からの排除

直接の取引先だけではなく、その下請負人等の関連契約の相手方等が暴力団関係者と判明した場合にも、関連契約の解除の措置を講じるように求め、求めに応じない場合には本契約を解除できることが望ましい。

そこで、本契約に伴い関連契約を締結する蓋然性が高い類型の取引に関しては、相手方に関連契約に関する是正措置をとることのできる条項を設け、是正措置に応じない場合に本契約を解除できる旨の条項を規定するという対応をとることが必要である。

Ⅸ　社内体制の構築

平時の対応としては、上記の暴排条項を定めるだけでは不十分である。

どのような形で企業の取引先に入り込むかわからないから、反社対応部署だけでなく、企業全体が反社に関する情報について感度を上げ、対応力を高めておく必要がある。

これは、いわゆる「内部統制システム」の整備にほかならない。

特に重要なのは、この内部統制システムは、体制そのものの構築作業のみならず、それを監視し、継続的に機能させることをも含む概念である点である。

すなわち、反社との関係遮断に関するマニュアルや規程の整備等、一通りの体制構築を終えただけでは体制整備として十分であるとはいえず、それを継続的に監視し、機能させ、改善すべき点は改善し、陳腐化させず、さらには活性化していくための体制をも含めた体制整備を行う必要がある。

そこで、継続的に機能する内部統制システムのポイントを検討する。

1　ＰＤＣＡサイクル

ＰＤＣＡサイクルとは、Plan（計画）→Do（実行）→Check（評価）→Action（改善）といったプロセスを循環的に繰り返すことによって継続的に業務改善を図る活動をいう。

平時における反社対応、すなわち反社会的勢力との一切の関係遮断についても、計画どおり行かなかった部分を反省させ、改善させることを怠らずに繰り返すことによって、会社全体の感度と対応力が高められていくのである。

2　監視活動

内部統制システムの世界基準とされるＣＯＳＯの体系は、内部統制システムを構成する五つ目の項目として「監視活動」を挙げており、指針解説⒀も対応項目の一つに挙げている。

内部統制システムの有効性を担保するためには、日常的な監視活動を行うと同時に、日常の運用に携わらない者による客観的かつ定期的な内部監査の実施が不可避である。

反社対応についても、反社対応部署だけでなく会社各部門による対応を、日常的に監視し、内部監査を行う制度を予め設けておくことが必要である。

3 企業トップの姿勢の重要性

有事の際、企業トップの毅然とした意識と判断が重要であることは、先に指摘したとおりである。

さらに、平時も企業トップの姿勢が重要である。内部統制システムは、日ごろから意識的にPDCAサイクルを回し続けなければ形骸化してしまうため、企業トップが常に関心を持ち、報告を求めるだけでなく、ときに積極的に関与する必要がある。

そして、反社対応も含むリスク管理について、このように日ごろから機能させる必要があることから、内部統制システムの構築は役員の善管注意義務の一部を成していると評価される。もちろん、システムの監視活動や継続的な機能化もこれに含まれるから、構築された内部統制システムの運用状況、機能状況に常に関心を持ち、体制上の機能不全を認めた場合には、速やかにこれを改善すべき義務がある。

したがって、企業トップは、定期的に担当役員を通じて体制整備状況・運用状況に関する報告を受け、体制整備に不備・不足があるようであれば、適切な対応を指示するとともに、適宜社員に対してメッセージを発することで体制整備の推進を活性化させなければならない。

4 社員研修

反社対応は反社対応部署だけの仕事ではなく、会社全体で対応するものである。

そのために、企業トップの姿勢を周知し、整備した体制の内容を理解させ、体制に基づいた対応を周知徹底させる上で社内研修を行う必要があることは当然だが、この社員研修は単に構築された体制の周知のためだけに実施されるものではなく、定期的に実施することで体制推進の活性化という効果も持つ。

社員研修は、一般的な講義形式の方法もあるが、近年はオンライン上で研修を行うイーラーニングも普及しているので活用を検討するとよい。

5　人事政策

反社対応は反社対応部署だけの仕事ではなく、会社全体で対応するものである。

そのために、社員研修と並んで重要なのが、人事政策である。

すなわち、反社会的勢力対応が推進されたとしても、それ自体が企業の売上に直結するわけではなく、目に見える形での利益を直ちに生むわけでもない（もちろん、中・長期的に見れば大きな損失回避につながることは明らかである）。そのため、これまでは、社員が反社会的勢力との関係で不適切な対応を行った場合にマイナス評価の対象とされることはあったとしても、反社会的勢力対応に対する取組自体がプラス評価の要因とされたり表彰されることは少なかった。

しかし、反社会的勢力との関係遮断の実現は企業の社会的責任であり、現代の企業において最も重要視される「リスクコントロール」に関わる取組みでもある。また、反社会的勢力対応の考え方自体が、不当要求排除という消極的な取組みから、一切の関係遮断という積極的な取組みへと大きく転換している。

そこで、反社会的勢力関係遮断体制を積極的に推進し、継続性あるものとするためにも、社員に対する人事考課・表彰基準において、反社会的勢力との関係遮断への取組みを積極的に評価する方策を検討すべきである。もちろん、取組みが不十分であったり、不適切な対応を行った社員に対しては厳重な不利益処分等を課すべきことはこれまでと同様である。

また、反社会的勢力との不適切な癒着を防止するため、一定の頻度による配置転換は重要である。

X　平時の関係遮断

内部統制システムが機能すると、取引先や、取引を検討している相手方

が反社会的勢力であることが発見され、実際の関係遮断が必要になってくる。平時の関係遮断の方法を検討しておく必要がある。

ところで、有事であれば、違法行為の存在が明白であり、相手方が反社会的勢力か否かの問題は重要ではなかった。関係遮断を行う場合でも、違法行為を理由に契約解除事由や信頼関係の破壊などを証明することが、比較的容易だからである（もちろん、相手方が反社会的勢力であることを証明できれば、より容易になる場合が多いだろう）。

ところが、平時では、外見上正常な取引先と何ら異ならない反社会的勢力との関係遮断をしなければならない以上、「反社会的勢力の認定」が重要な問題となる。

この判断基準は、各企業によって異なる（少しでも反社会的勢力との疑いがあれば関係遮断に踏み切る企業もあれば、裁判でも契約解除を行えると判断した場合に関係遮断に踏み切る企業もあるであろう）が、大きな枠組みは以下のとおりである。

まず、警察からの情報や自社のデータベースなどから、裁判においても立証できる程度にまで根拠が揃った場合には、むしろ取引先を反社会的勢力と認定して対応する必要があり、判断に迷うべき問題ではない。

では、裁判において立証できる程度には証拠が揃わないものの、会社としては反社会的勢力と判断できると考えている場合はどうであろうか。

1 契約締結後の対応

特に問題になるのは、「契約締結後」である。

この場合、契約は法的拘束力を有しており、一方的に解消することは、原則として許されない。契約を解消する法的な根拠が必要となる。

しかし、何もしないのであれば、反社会的勢力であることが疑われるのに、何も対策を講じなかったと非難されかねない。そこで、企業としては、契約解消できるようになるまで、当該契約や相手方を監視しておくべきである。契約解除事由となるべき債務不履行が生じたり、契約更新を拒絶できる契約満期が近づいてきたりした場合に、直ちに適切な対応が取れ

るようにしておくのである。

2 契約締結前の対応

他方、「契約締結前」の場合には、認定基準や対応が異なり得る。

契約締結前であれば、契約自由の原則が適用され、企業には契約を締結しない自由がある。

そして、反社会的勢力であることが疑われるのに、しかも自由に契約を断れるのに、契約を締結したと非難される危険があることを考慮すれば、企業としては、契約締結を拒絶すべきである。

この際、反社会的勢力であることを理由として告げる必要もなく、実務的には「総合的な判断」を理由に、契約締結を断ることになる。

3 関係遮断後の対応

反社会的勢力との関係遮断が実現した後は、ニュースリリース等をする必要がある場合であれば、速やかにニュースリリースを発する。

また、特に契約締結後に契約を解消した場合は、慎重な対応が求められる。反社会的勢力との関係の発覚により、反社会的勢力排除の体制の不完全さが露見してしまったことになるからである。

そこで、内部統制システムを適切に機能させ、同様の事態が生じないように、再発防止策の検討等、将来的にも反社会的勢力との関係遮断が図れるように社内体制を整備する必要がある。

第3章　株主総会と暴力団排除

I　総会屋とは

　本編第1章のⅡで解説した平成19年政府指針において、関係遮断すべき反社会的勢力に該当するか否かを判断する属性要件のひとつに総会屋が挙げられている。

　「総会屋」とは、株式を保有して、株主総会で質問、議決等を行うなど株主として活動する一方、コンサルタント料、新聞・雑誌等の購読料、賛助金等の名目で株主権の行使に関して、企業から不当に利益の供与を受け又は受けようとしている者を指す（警察庁組織犯罪対策部暴力団対策課及び企画分析課編『平成25年の暴力団情勢』、4頁）。企業の営業上のミスや、企業幹部の個人的なスキャンダル等の情報を収集し、企業のもっとも弱いところ、すなわち、世間に対するイメージダウンをおそれるという点に巧妙につけ込み、株主総会での株主権の行使に藉口して、企業に圧力をかけるのである（高野栄一「総会屋の現状と企業対象暴力について」警察時報50巻7号（1995年）24頁参照）。総会屋は、「特殊株主」と呼ばれることもある。

　総会屋が株主総会に出席して質問などを行うために、当該会社の株式を取得することを「株付け」という。

　株主総会で執拗に質問するなど株主総会を混乱させることを暗に示唆する質問状を送付してきたり、資料要求をしたり、総会への出席を予告してきたりするのである。

Ⅱ　総会屋の活動実態、動向

1　総会屋の現状

　総会屋の活動は、昭和57年の商法改正による利益供与罪の新設、平成9

年商法改正による同罪の法定刑の引き上げや利益供与要求罪の新設、平成8年～9年にかけての一連の利益供与事件の摘発をはじめとする警察の徹底した取締りや、企業の意識改革による反社会的勢力との関係遮断対策の推進などにより、近年、全体的に低調となっているとも言われている。

しかし、以下のとおり、総会屋が株主総会に出席している状況は続いており、事前質問状が送られてくる事例もあることから、依然として、隙あらば企業につけいろうと虎視眈々と狙っている。

2　総会屋の勢力、株主総会への総会屋出席状況

総会屋の勢力数は、概数で平成24年が280人、平成25年で270人となっている。

〔表6〕総会屋の勢力（概数）(注1)

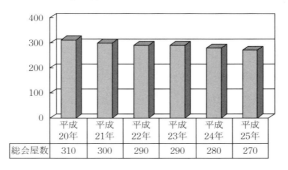

	平成20年	平成21年	平成22年	平成23年	平成24年	平成25年
総会屋数	310	300	290	290	280	270

また、平成24年に把握されただけでも、127企業の株主総会に延べ155人の総会屋が出席している。

注1　全国暴力追放運動推進センター、警察庁組織犯罪対策部「企業対象暴力の現状と対策」2014年版　1頁

〔表７〕株主総会における総会屋の出席状況（注２）

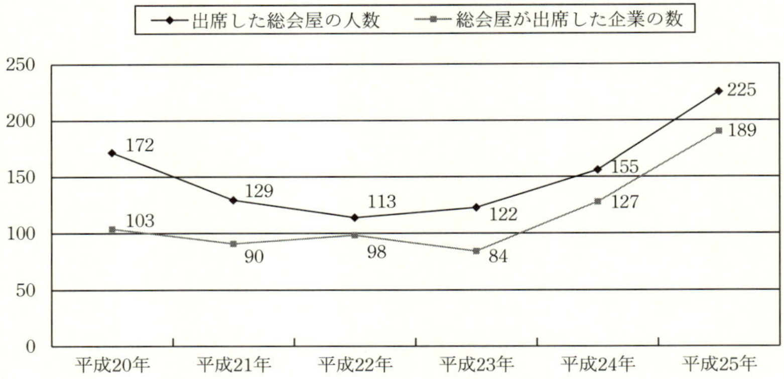

３　実例に見る手口

総会屋による事件の摘発例で公表されているものを紹介する（注３）。これらの実例から、どのように不当な利益を得ようとするのか、その言いぶりや手口を理解することができる。

【恐喝未遂事件】

総会屋(65)らは、会社社長の女性スキャンダルに因縁をつけ、現金を脅し取ろうとして会社を訪れ、総務部長などに対して「社長のスキャンダルを握っている。週刊誌に情報を流してもいいんだよ。」などと言い、更に「社長の下ネタのネガを持っている。社長のスキャンダルを助けるのも総務の仕事だろう。」などと言って、暗に金員を要求した。

【利益供与要求事件】

総会屋(59)らは、Ａ社が推進中の産業廃棄物処理事業に参入しようと計画し、Ａ社職員に対し、「本日は産廃問題の進捗を聞き、産廃の仕事の付き合いをさせてもらいたいと思って来た。産廃の件はどうなっている

注２　注１参照

注３　全国暴力追放運動推進センターＨＰ
「不当要求防止責任者教本」平成24年版　９頁
旬刊商事法務2016号「株主総会白書」(2013年)　15頁。

のか。株主にならないとだめなようだな」などと言い、更に、A社社長に書簡を郵送し、「産廃処理場を建設する件について直接、地元対策や将来構想についてお尋ねしたい。先般、株主として名義変更を請求いたしましたが、株主総会でいろいろ説明を聞くのは本旨ではありません。」などと、要求に応じなければA社の定時株主総会において追及する態度を示し、A社の産業廃棄物処理事業に参入することを要求した。

【利益供与要求事件】

総会屋が株式会社の役員に対し、「株主総会はシャンシャン総会で終わるのがベスト。雑誌を出していて、だいたい１万円なんですよ。」などと言って、株主の権利の行使に関して利益の供与を要求した。

なお、平成25年においては、会社法の利益受供与・利益供与要求の罪で検挙された事例はなかった(注4)。利益受供与罪、利益供与要求罪の要件については、本章を参照されたい。

4　総会屋の動向

全国証券取引所に上場されている国内会社（新興市場を除く）のうち、平成25年７月～平成26年６月に定時株主総会を開催した2,456社に対して、「動向をマークする株主」の人数についての調査が行われている(注5)。

「動向をマークする株主」には、総会屋に限らず、個別取引に絡んだクレーマー、継続的に株主提案を行う株主なども含まれると考えられるものの、「動向をマークする株主数」がいると回答している会社は、今でも７割を超えている。

また、全国の１万社の企業を対象として平成24年７月に実施された、反社会的勢力による不当要求の有無や、その内容についてのアンケート調査

注4　「平成25年の暴力団情勢」　22頁
注5　旬刊商事法務2016号「株主総会白書」(2014年)　110頁

第4編　企業活動における反社会的勢力対応

結果によれば(注6)、過去5年間に反社会的勢力からの不当要求を受けた経験がある企業は337社にのぼり、そのうち、不当要求の相手方の属性についてどのように認識したかを見ると、数としては多数ではないものの、「総会屋」(2.4％)が依然として挙げられている。

また、不当要求の相手方がどのように名乗ったかの統計でも1.2％が「総会屋」を名乗っている。

このように、最近でも株主権の行使に絡めて企業から不正に利益を得ようとする総会屋は存在し活動しており、企業活動におけるリスクであることに変わりはない。

Ⅲ　罰則規定

1　利益供与罪、利益受供与罪（会社法970ⅠⅡ）
ア　利益供与罪、利益受供与罪の創設

取締役、会計参与、監査役又は執行役、それらの者の職務代行者、支配人その他の使用人等が、株主の権利行使に関して会社又はその子会社の計算で財産上の利益を人に供与したときに3年以下の懲役又は300万円以下の罰金の罰則が科される。また、情を知って、その利益の供与を受け、又は第三者にこれを供与させた者も同様に処罰される。

また、自首による刑の減軽又は免除規定がある（会社法970Ⅵ）。

本罪の「株主の権利の行使に関し」とは、株主の権利行使に影響を与える趣旨であれば、積極的行使であろうと消極的行使（不行使）であろうと、正当な権利行使でもよい。例えば、株主総会における発言を控えてもらう趣旨で金品を供与すれば、それだけで本罪が成立し、「財産上の利益の供与」には、金品の供与だけでなく、貸与、債務免除、信用供与等も含

注6　全国暴力追放運動推進センター、日本弁護士連合会民事介入暴力対策委員会、警察庁刑事局組織犯罪対策部　「平成24年度　「企業が反社会的勢力による被害を防止するための指針」に関するアンケート（調査結果）」　3頁

まれる。

本条の刑に処せられると、取締役、監査役又は執行役の欠格事由に該当するため（会社法331Ⅰ③・335Ⅰ・402Ⅳ）、本条は総会屋抑止の効果が期待できる。

2 利益供与要求罪（会社法970Ⅲ）

本罪は、株主の権利行使に関し、財産上の利益を、会社又はその子会社の計算において自己又は第三者に供与することを会社の役職員に要求する行為を処罰するものであり、罰則は3年以下の懲役又は300万円以下の罰金である。

この規定により、会社は、総会屋から不当な要求を受けた段階で、捜査当局に届出、処罰を求めることが可能となった。

本罪は、取締役等がその意思表示を認識していなくても、ましてや会社がこの要求を拒否した場合でも成立し、「要求」の相手方は、役員、従業員に対するものに限られるが、間接的に役員、従業員に対してなされるものも含む。

なお、利益供与の約束は犯罪とされていないので、会社が供与の申込みに対して約束をすることは、本罪の共犯にならないと解されている。したがって、いったん約束をしてしまったとしても、躊躇することなく捜査当局へ届け出ることができる。

3 威迫を伴う利益受供与罪、利益供与要求罪（会社法970Ⅳ）

利益の供与を受ける罪又は利益供与要求罪を犯した者がその実行につき取締役等に対し「威迫」行為をしたときは、5年以下の懲役又は500万円以下の罰金に処せられる。

総会屋が常套手段として使うところの「〇〇をしなければ、株主総会で発言させてもらう」との言動では脅迫とまでは言いがたい。そこで、「威迫」すなわち、相手方に不安ないし困惑の念を抱かせるに足りる行為がなされた場合でも処罰を可能にしたのが本罪の特徴である。

Ⅳ　株主総会当日に向けた総会屋対応

1　株主総会前の対策

総会屋が出席する徴候を把握した場合、可能な限り情報を収集し、十分なリハーサルを行ったり、会場設営や警備体制を整えたりする等の対策を講じる。

ア　株付け状況・動向等の情報収集

株主名簿管理人・証券代行機関に総会屋などのチェックを依頼して、基準日における株付けや保有株数等の状況の報告を受ける。株付け等の動きがあった場合には、警察、株主名簿管理人・証券代行機関、弁護士等と連携して当該特殊株主の行動傾向を調査し、これを踏まえた対応策を立ててリハーサルを行う（公益社団法人　警視庁管内特殊暴力防止対策連合会の会員であれば、同会からの情報提供を受けることができる。）。

なお、相手方が総会屋に該当するかについての警察への照会については平成25年12月19日付け「暴力団排除等のための部外への情報提供について」警察庁通達（以下、本章において「平成25年通達」という。）があり、この通達によれば、総会屋についても情報提供が行われる取扱いとなっているが、総会屋は活動態様が様々であるから、漫然と情報提供を行うことはなく、個別の事案に応じて、その活動の態様について十分な検討を行い、現に活動が行われているかどうかを確認したうえで情報提供がなされる、とされている。

イ　株主名簿閲覧謄写請求への対応

また、株主及び債権者は、株式会社の営業時間内は、いつでも、請求の理由を明らかにして、株主名簿の閲覧又は謄写の請求をすることができる（会社法125Ⅱ、会社規226②）が、総会屋が企業に対し株主名簿の閲覧・謄写を求めた場合でも、請求者が権利の確保又は行使に関する調査以外の目的で請求を行ったとき（会社法125Ⅲ①）、請求者が、当該株式会社の業務の遂行を妨げ、又は株主の共同の利益を害する目的で請求を行ったとき

（会社法125Ⅲ②）等、会社法125条3項各号所定の事由がある場合には、当該株主名簿閲覧・謄写請求を拒むことができる。

　ウ　総会前の面談要求

　総会屋からの面談要請等のアプローチがあっても、要請に応じる必要はないが、事前の情報がない場合には、状況によっては面談により情報収集をすることも考えられる。面談者を会社担当者とするか弁護士とするか、どのように対応するか等周到に準備しておく必要がある。

　言うまでもないことであるが、総会当日の運営方法等について総会屋と交渉を行うことがあってはならない。

　エ　会場設営・警備体制

　総会屋の出席が見込まれる場合には、議長席や役員席に押しかけるなどの行動への対策として、議長席・役員席を壇上に設置したり、議長席・役員席と株主席の間に机などの障害物を設置することを検討する。

　株主用のマイクを用意する場合、総会屋が大声を上げたり、静止を聞かずに発言を継続したりする事態に備えて、マイク音量を事務局が調整・切断できるようにする。

　総会当日の受付において、総会屋の出欠を確認し、座席表に総会屋などの着席位置、出席番号、氏名、持株数等を記入して議長及び事務局がこれを参照できるようにする。

　総会屋の行動を記録化し、証拠として保全するためにビデオカメラで撮影することが有効である。この点については、株主総会における会社によるビデオ撮影の適法性を認め、株主からの肖像権侵害による損害賠償請求を棄却した裁判例がある（大阪地判平成2年12月17日資料版商事法務83号38頁）。

　従業員による会場整理係の人数・構成を検討し、必要に応じて警備会社に警備を依頼したうえで、人員配置・連絡体制を確認する。また、事前に警察に臨場要請を行い、私服警察官に臨場してもらうことも検討する。

2　株主総会当日の不規則発言への対応、事務局の体制

　議長席のすぐ後ろには事務局席が設けられている。総会屋に限ったことではないが、不測の事態が起こった場合には、議長が意見を求めることができるよう、弁護士が事務局の一人として同席する。事務局に入った弁護士としては、株主総会決議取消し（会社法831Ⅰ①ないし③）の瑕疵を帯びることのないよう議長に対して適時適切にメモを入れることが肝要である。

ア　株主総会の開始時点と議長の権限行使

　株主総会の冒頭部分の進行は、①事務局からのアナウンス、②議長就任宣言、③開会宣言、④議事進行に関する注意、⑤株主の出席状況の報告、⑥定足数充足宣言…という順序で進むことが多い。一般的には、③開会宣言が行われた時が株主総会の開始時点とされる。このため、議長の秩序維持権・議事整理権（会社法315Ⅰ）の行使も、開会宣言が行われたときから可能となる。

　また、議長が、④議事進行に関する注意として発言時期を指定した場合、これに従わない発言は不規則発言であり、発言希望を受け付ける必要はない。

イ　開会宣言前の不規則発言

　開会宣言前、つまり株主総会の開始前は、会社が議場の秩序維持権を有していることから、会社の代表取締役（通常は議長就任予定者）が秩序維持権を行使する（京都地決平成12年6月28日金判1106号57頁、岡山地決平成20年6月10日金判1296号60頁参照）。

　したがって、総会屋による開会宣言前の不規則発言については、会社の代表取締役（議長就任予定者）が、後述する不規則発言の中止命令や退場命令を行うことが可能である。

　実務上は、速やかに開会宣言を行い、議長の秩序維持権・議事整理権を行使する。

ウ　開会宣言後の不規則発言・退場命令

　議長は、株主総会における秩序維持権を行使して、不規則発言の中止を

命じることができる。また、議長は、その命令に従わない者その他総会の秩序を乱す者を退場させる権限を有している（会社法315Ⅱ）。退場命令が発せられた場合、株主はこれに従わなければならず、従わないときは不退去罪（刑法130）に、退去せずに議事を妨害したときは業務妨害罪（刑法234）に該当すると解される。

　一方で、退場命令は、その株主の議決権を奪うのと同様の効果を有する重大な処分である。原則として警告を発した上で、それでも議長の命令に従わない場合に発令を検討する。具体的には以下のような段階を経て退場命令を発する。警告が十分であるか適切な時期であるかは、事務局に入った弁護士が議長に示唆をする。

① 　議事を妨げない程度のヤジやかけ声などの不規則発言は無視する。議事を妨害するほどの不規則発言であれば、これを制止し、注意する。
② 　制止・注意しても議事の妨害を続ける場合は、退場命令を発することがある旨複数回警告する。
③ 　複数回警告しても議事の妨害行為をやめない株主に対しては退場命令を発し、命令に基づいて警備員等が退場を促す。退場命令は、一度発した以上は撤回しない。

　人に暴力をふるうような場合、議長席に突進してくるような場合は、それぞれ暴行罪（刑法208）、威力業務妨害罪（刑法234）に該当し、無警告で直ちに退場させてよい。

　　エ　退場命令と警備員の処置
　株主が退場命令に従わない場合、議長は、警備員等によってその株主を退出させることができる。議場から退場させる場合には、対象者から暴行であるなどと無用な言いがかりをつけられないよう、注意を払って対象者を包囲し、退場させる。

　また、そのような場面が予想される場合には、事前に警察官に臨場を要請しておき、株主が退場命令に従わず、相当時間居座って議事を妨害した

り、人に暴力をふるったりする等の態度に出た時点で警察官に現行犯逮捕を求める。

3 事前質問状

総会屋も株主である以上、株主総会への出席、質問、議決権を行使する権利を有しており、役員は、他の一般株主と同様、説明義務（会社法314）を全うし、動議にも適切に対応する必要がある。総会屋であるからといって特別扱いをすることなく一般の株主と同様に冷静な対応をとることが求められる。

株主から会社に対して事前質問状が送付されたとしても、これは質問の予告であり、株主総会における質問に代わるものではない。このため、株主総会において質問状に記載された事項の質問がなされない限り、役員に説明義務は生じない。

事前質問状に記載された質問がされた場合、事前質問状は、会社法施行規則71条1号イに定める「通知」に該当し、役員は「調査を要する」（会社規71①）として回答を拒むことができなくなる。事前質問状によって役員の説明義務の範囲が変わるわけではない。株主総会の目的である事項に関しない質問や、説明することにより株主の共同の利益を著しく害する質問に対しては説明する必要がない（会社法314但書）。

また、事前質問状に対しては、株主の質問がされる前に、質問状記載の質問に対して説明を行うことも多い（いわゆる「一括回答方式」）。この場合にも、説明義務が生じない質問や事実無根な事実関係を前提とした質問等に対しては説明をする必要がないことは同様である。

4 動議への対応

ア 総論

総会屋は、動議（会議の目的事項及び総会の運営などに関し、総会の決議を求める旨の意思表示）を出すことが多い。動議への対応を誤った場合、決議取消事由（会社法831Ⅰ①ないし③）に該当することがあるので、動議には適切な対応を行うことが求められる。

動議には、議事進行上の動議（手続的動議）と議案の修正動議（実質的動議）があり、以下のものについては特に注意が必要である。

手続的動議のうち、①議長不信任動議、②調査者選任動議（会社法316）、③会計監査人出席要求動議（会社法398Ⅱ）、④延期・続行の動議（会社法317）は、適法に提出された場合には、必ず取り上げて採否を諮らなければならない。

実質的動議については、招集通知に記載された総会の目的事項以外の事項（会社法309Ⅴ）、総会の目的事項についても当該目的事項から予見可能な範囲を超えるもの、実質的に同一の議案について総会で総株主の議決権の10分の1以上の賛成を得られなかった日から3年を経過していない場合（会社法304但書）等は不適法とされるが、それ以外の適法な修正動議は必ず取り上げなければならない（動議の種類及び対応について、東京弁護士会会社法部編『新株主総会ガイドライン』（商事法務、平成19年）257頁以下参照）。

イ　手続的動議への対応

手続的動議の代表的なものは、議長不信任動議である。議長不信任動議が出された場合、原則として、議長は採否を議場に諮らなければならない。

ただし、総会の冒頭において議長不信任動議や不規則発言を連発して総会の運営を乱そうとするような場合には議長は、冒頭段階での動議提出や不規則発言については無視して進行し、個別質疑に入った段階の動議であれば受理して対応すればよい。定款で定められた議長が通常に総会を運営している限り、総会開始直後から議長不信任となる事情が存するとは考え難いからである（前掲『新株主総会ガイドライン』262頁）。

総会屋の発言には、手続的動議であるか不規則発言であるかが一見して分かりにくいものがある。この場合、不規則発言であると捉えて制止する等の対応を取ることも可能であるが、取り扱いを明確化するため、手続的動議と捉えて議場に諮り、採否を確認してもよい。取り扱いについては慎重を期するため、事務局と相談して決するべきである。

動議の採否を議場に諮る場合、「議長不信任の動議が提出されました。私といたしましてはこのまま議事を続行させていただきたいと存じますが、ご異議ございませんでしょうか」等、議長としての採否についての意見を述べたうえで諮る。

総会屋が、動議の採決結果を明らかにするよう求める場合がある。動議の採決の方法については、適宜の方法により可決要件を充足する議決権数の賛否を確認すれば足り、具体的な議決権数を数えなくてもよい。議長は、適宜の方法により可決要件を充足する議決権数の賛否を確認している旨回答すれば足りる。

ウ　修正動議への対応

修正動議については、提案者からの趣旨説明（ただし、内容が明らかな場合は不要）、質疑応答を経て採決することとなるが、原案とまとめて審議（一括審議）することができ、議長が一括審議を行う旨を議場に報告してこれを行う（前掲『新株主総会ガイドライン』265頁）。一括審議を行った場合、議長は、原案を先に採決することができるが、実務上は原案を先に採決すること（原案先議）について議場に諮り、承認を得てから採決を行うことが望ましい。先に原案が可決されれば、これと両立しない修正動議は否決されたものとして取り扱ってよい。

総会屋の発言が原案に対する反対意見であるか、動議であるかが判然としない場合、事務局と相談のうえ、動議であるか否かを確認したうえで対応する。

また、動議の採決結果を明らかにするよう求められても、手続的動議の場合と同様に、適宜の方法により可決要件を充足する議決権数の賛否を確認している旨述べれば足りる。

なお、上場会社の場合には、修正動議が提出された場合には、決議の結果について臨時報告書を提出することになるが、同報告書においても、決議結果が判明しているのであれば、当日出席株主の議決権行使結果を集計することは必須ではない（企業内容等の開示に関する内閣府令19条2項9号の2参照）。

第5編
行政対象暴力

I　行政対象暴力とは

　行政対象暴力とは、要するに、行政機関又はその職員に対する不当要求である。金品のほか、権限行使に係わる要求がなされる場合を含み、法令上暴力団員等であること自体によって要求が不当視される場合（廃棄物の処理及び清掃に関する法律、貸金業法、債権管理回収業に関する特別措置法、探偵業の業務の適正化に関する法律、労働者派遣事業の適正な運営の確保及び派遣労働者の保護等に関する法律等）もある。

　さらに、行政に係わる反社会的勢力対策という観点からは、このような狭い意味での行政対象暴力だけでなく、行政機関の係わる取引（公共調達）の流れから反社会的勢力を排除することや監督権限の行使によって民間取引からの反社会的勢力排除を積極的に支援・指導することも射程に入ってくる。

　このような対策は、行政機関の意思決定・実行過程への不当な干渉によって行政目的が害されること及び莫大な行政費用が反社会的勢力の資金源となることを阻止するとともに、民間事業者の暴排インセンティブの向上や許認可規制による民間市場からの排除を図る上で極めて重要な意味を有する。

　もっとも、行政活動が国民生活に多面的に関係することから、過剰な対応とならないように留意するとともに、行政目的や公益との整合性についても配慮することが必要である。

　なお、不当要求対策や反社会的勢力対策への取組みにおいては、そのための体制整備と組織的対応が重要であり、行政組織の階層的かつ縦割りの構造は、その実効性を高める方向で機能するとき高い威力を発揮するが、却ってこれらの対策を進める上での足枷になることもあり注意を要する。

II　行政対象暴力への対応方法

1　総説

ア　行政における不当要求対応

　行政に対する不当要求に対しても、企業対象暴力における接近型、攻撃型、癒着型に応じた対応方法が基本的に妥当する。また、暴力団員等であること自体から不当視される要求行為への対応、公共調達からの反社会的勢力排除、監督権限の行使による民間取引からの反社会的勢力排除との関係では、企業暴排における関係遮断対応におけると同様、反社情報を収集・管理しつつ、排除の可能性とリスクを法的に検討した上、これを実行又は経過観察することになる。

　もっとも行政活動は国民生活に多面的に関係することから、過剰な対応とならないように留意するとともに、行政目的や公益との整合性についても配慮することが必要である。また、行政分野では、法律による行政の原理や適正手続の要請等が支配するのであって、私的自治原理が広範に妥当する企業暴排の分野とは異なる法的背景と特色がある。日常的に関係法令やガイドライン等の行政規則に精通する努力をするとともに、個別事件への対応に当たっては、却って法令違反となることがないよう、これらを遵守しつつ対応する必要がある。このため、行政における不当要求対応においては、企業暴排における方針や対応手法の選択に際しては、よりいっそう微妙な判断と柔軟な対応を求められる場合がある。

イ　体制の整備

　体制整備の面では、内部的には、ガバナンス構築・維持（例、具体的な対応方法の指導、情報の収集・管理、対応方針の検討・実行を担当する専門の部署の設置）、外部的には、警察、暴追センター、弁護士との連携確保（例、弁護士とのヘルプラインの設置・利用、警察等からの反社情報提供・有事の際の臨場のための接点の確保・事件情報の共有化）を図ることが重要であり、この点も企業暴排の場合と同様である。

　なお、行政活動については、憲法上の問題点が提起されがちであるが、憲法14条の平等原則との関係については、不当要求対応や暴排活動が、行

政目的や公益に対して十分に配慮され、法令及び行政規則に準拠したものである限り違憲になることはまずないといってよい（広島地判平成20年10月21日裁判所ウェブサイト、広島高判平成21年5月29日ウエストロー・ジャパン2009WLJPCA05296004参照）。

福祉行政の領域では、生存権保障との関係が問題視されることもあるが、ここでも、同様の配慮と法令・行政規則の遵守がなされている限り違憲のおそれはほとんどない（なお、最判昭和57年7月7日民集36巻7号1235頁参照）。また、地方自治体が暴排活動の推進を条例改正によって行うことがあるが、国法が規制の最低限を定めていると解される限り、積極的な抵触がなければ、「法律の範囲内」の条例制定（憲94）といってよい（最大判昭和50年9月10日刑集29巻8号489頁参照）。

2 文書購読要求

ア 文書購読要求に対する対応方法

企業に対する場合と同様に、行政機関に対する関係でも、えせ右翼行為者やえせ同和行為者などによる文書等の購読要求がなされることがある。幹部職員などの個人が私費で文書を購読する例も多く見受けられる。

文書購読要求は、某かの行政目的、公益に係わることはなく、私法的な契約問題に過ぎないから、特段の配慮は不要であり、企業対象暴力における対応方法の基本がそのまま妥当する。

即ち、新規購読要求の場合、購読要求を断るだけのことであるから、対応マニュアルを作成してこれに沿って、相手方からの購読要求に対し、一貫して、理由を付けず毅然たる態度で明確に要求を拒絶し（対応の状況についてメモを作成）、文書等を送り付けてきた場合には、速やかに料金着払いで送り返す、ということで基本的に足りる。

既に購読している場合は、契約解除をめぐる法的解釈の問題となるので、弁護士に委任するのが無難であろう。万一、相手方が受任弁護士の頭越しに行政機関に対して接触してきた場合は、対応については弁護士に委

任しており、すべて弁護士を通じて交渉する、との対応をとれば足りる。

　　イ　購読要求一斉拒否の取組み

　全国のいくつかの自治体で、上記のような文書購読要求に対する、一斉拒否の取組みがなされている（福井、三重、宮崎、高知など）。

　具体的には、文書の購読要求を受けた自治体職員全員から弁護士が委任を受け、購読要求をしてきた団体に対して、一斉に、以後一切の文書の購読要求を拒絶することを内容とする内容証明郵便を送るというものである。

　自治体等職員が組織的に明確な拒否の姿勢を示すことにより、確実な成果が得られているので、同様の問題を抱える自治体においても、このような一斉拒否の取組みをなすための環境を整えていくことが重要である。

　3　寄付金・賛助金要求

　政治団体等を標ぼうする者から寄付金・賛助金名目で金員を要求される場合の対応も、基本的に文書購読要求の場合と同様に、理由を付けずに毅然と拒絶することで足りる。

　加えて、行政機関による寄付金・賛助金の支出については、法令上の規制（自治法232の2）がある。同条は、「普通地方公共団体は、その公益上必要がある場合においては、寄附又は補助をすることができる」としており、寄付等は公益上必要がある場合に限って認められる。よって、不当な寄付金・賛助金要求に応じることは、自治体の支出の公正さを確保すべき行政目的を損なう自治法違反の行為である。ところで、このような不当要求を拒否する法律上の根拠がある場合には、これを理由として持ち出して要求を拒絶することも考えられる。却って、「公益上必要がない」という理由を交渉の場に持ち出すと、相手方に攻撃の糸口を与える結果となりかねない。したがって、行政機関としては、この場合も理由を付けずに要求を断ることが望ましい。

　4　公営住宅等からの暴力団排除

　　ア　暴力団排除の必要性と取組状況

第5編　行政対象暴力

　平成19年4月に東京都町田市で発生した都営住宅における暴力団員の立てこもり発砲事件を契機として、公営住宅からの暴力団排除の機運が高まった。

　公営住宅等は低所得者等への支援を目的として多額の税金を投入して建設されたものである。暴力団員の公営住宅等への入居を許すということは、昨今の経済状況から公営住宅等への入居が年々困難となってきているにもかかわらず、真に福祉行政の恩恵を受けるべき者に優先して、収入・資産状況が疑わしい者を保護するということになってしまう。のみならず、公的資金によって暴力団員及び暴力団を間接的に助力していることにもなってしまう上、暴力団員が事件を起こせば、近隣住民の身体や安全が脅かされ、暴力団同士の抗争事件に発展すればその危険性は非常に高くなる。この意味で、公営住宅等からの暴力団排除は、公営住宅の設定目的との関係のみならず、暴力団対策や住民の安全確保との関係でも重要である。

　そこで、国土交通省は、平成19年6月1日付けで「公営住宅における暴力団排除について」と題する住宅局長通知を各都道府県知事宛に出し、公営住宅における暴力団排除の基本方針等を示し、各自治体に対して公営住宅等からの暴力団排除を進めるよう求めた。これを受け多数の地方自治体において、公営住宅等からの暴力団排除を定めた条例改正がなされた。具体的な条例改正の内容としては、①入居資格の制限：申込者が暴力団であることが判明した場合には入居させない、②使用承継及び同居承認等の制限：入居者から使用承継や同居承認の申請があった場合に、その者が暴力団員であると判明した場合には使用承継や同居承認の手続を認めない、③明渡請求：既に入居しているものが暴力団であることが判明した場合には、明渡請求ができる、の三つに大別される。

　なお、公営住宅等からの暴力団排除を条例で定めた場合において、実際の入居者又は申込者が暴力団員であるか否かを判断するためには、警察との連携関係を確保することが重要である。

イ　法的問題の検討
a　不利益変更の可否

　暴排活動の推進は、しばしば条例改正によって図られることがある。この場合、改正条例は施行によって効力を生じ、以後これに従った法律関係が展開されることになる。しかし、既にいったん内容が確定された継続的な法律関係について、途中から将来に向かってとはいえ（つまり、遡及適用の問題ではない〔前掲広島地判平成20年10月21日〕。）、相手方に不利益に変更できるのかは問題である。公営住宅等からの暴排に関する条例改正について、この問題が顕在化した。

　この点、広島市市営住宅事件第一審判決（前掲広島地判平成20年10月21日）は、入居者の入居時点における不利益変更に対する推定的な事前承諾が及んでいれば不利益変更は許容されるところ、当該暴排条項の新設は入居者の予想を超えるものではなく問題はないとし、同事件の控訴審判決（前掲広島高判平成21年5月29日）は、条例一般の改正可能性及び給付行政における事情変更による契約条件の一方的な変更権能に加え、暴排条項は従前から存在した明渡請求に係る一般条項の具体化に過ぎず、そもそも不利益変更とはいえない、とした。

b　信頼関係破壊の法理

　公営住宅等の使用関係には、その法形式が使用許可か行政契約かに係わらず、公営住宅法その他特別法に特段の規定がない限り、民法や借地借家法の適用があり、信頼関係破壊の法理の適用もある（最判昭和59年12月13日民集38巻12号1411頁）。

　ただし、信頼関係破壊の法理の適用に当たっては、公営住宅等の使用関係には、公営住宅等の設置目的との関係上、民間の賃貸借とは異なる特殊性があるから、判断ファクターの抽出とその衡量においては、この点を十分に斟酌する必要がある。

　広島市市営住宅事件は、当該入居者が「暴力団特有の事件」を起こして

いたため、信頼関係を破壊しない特段の事情は認められない、と容易に判断できる事案であった。しかし、そうではなく、暴力団員が住居として使用している事案であっても、暴力団員が居住者となる場合には事件の発生確率が高く他の入居者の安全な居住が害されるおそれが常に存在する上、暴力団員の収入や資産状況は疑わしいことからは、公営住宅法23条1号の入居収入基準を満たしていると判断することはできない。それにもかかわらず、他の入居希望者よりも暴力団員の居住を優先する、というのは公営住宅等の設置目的に悖るものである。そうすると、入居している暴力団員について信頼関係を破壊しない特段の事情が認められることはほとんどないといってよいものと考えられる。

5 生活保護行政における不当要求対応と暴力団排除
ア 生活保護の不正受給

昨今、暴力団員による生活保護の不正受給による逮捕報道がマスコミにおいて頻繁に取り上げられ、更にはこれが上納金に充てられていたと報道される例も少なくない。

暴力団員に対して生活保護を支給するということは、近年、生活保護費が増大し、支給基準と運用が厳格化する中で、真に救貧の必要のある者の保護を薄めて、収入・資産状況が疑わしい者に利得させるということになりかねない。したがって、暴力団員に対する生活保護の支給は、原則的に認められないとすることが、暴力団対策上のみならず、生活保護行政の目的との関係でも重要である。

そこで、暴力団員に対する生活保護の支給については、厚生労働省から通知が出されており（厚生労働省社援保発第0330002号・平成18年3月30日）、「暴力団員は、集団的に又は常習的に暴力的活動に従事することにより違法・不当な収入を得ている蓋然性が極めて高いことから、暴力団員は、生活保護法4条の補足性の要件を満たしているとはいえない。」として、原則として申請を却下すべきとされている。生活保護法は、生活困窮者が稼働能力と資産の活用をしていることを要件としているところ（補足

性の要件。生活保護法4Ⅰ）、暴力団員は原則的にこれを満たさないということである。

　ただし、あくまで生活困窮と補足性が要件とされており、暴力団員でないこと自体が要件とされているわけではないため、上記厚労省通知も、生存が危うい場合その他社会通念上放置しがたいと認められる程度に状況が切迫しているような「急迫した状況」である場合を例外的に除外している。

　ところで、暴力団員による生活保護の不正受給を阻止するためには、暴力団員情報を収集・管理する必要があるが、立証が微妙な場合でも、上記生活保護の要件とのズレに、むしろ暴力団員による不正受給の実効的阻止に資する面があることに注目すべきである。つまり、暴力団員による受給を阻止するといっても、行政訴訟が提起された場合に当該相手方が暴力団員であることを裁判上も立証できるとは限らないが、補足性要件を満たしていないということから受給を阻止することができるのであるから、暴力団員であることの立証に拘泥することなく、暴力団員による受給を阻止することが可能なのである。宮崎市生活保護申請却下事件第一審判決（宮崎地判平成23年10月3日判タ1368号77頁）は、申請者は暴力団員ではないとして申請却下処分の取消請求を認容したが、控訴審判決（福岡高宮崎支判平成24年4月27日ＬＬＩ／ＤＢ06720207）は、暴力団員該当性は不明としながらも、違法収入を得ていたものであり、不労所得を的確に把握できない以上、補足性の要件を満たさないとした。

　なお、暴力団員による不正受給が判明した場合、その返還までさせることが、生活保護財政の健全化の観点からはもちろん、暴力団からの資金はく奪という観点からも重要である。

　　イ　モンスタークレーマー対応
　生活保護には、生活扶助、教育扶助、住宅扶助、医療扶助、介護扶助等の種類があり（生活保護法11Ⅰ）、保護の必要に応じ、単給又は併給される（生活保護法11Ⅱ）。このため、地方自治体と要保護者との間には継続的な

関係が生じるところ、社会福祉事務所のケア・マネージャーは、要保護者から様々な相談や頼まれ事に対応して、継続的に福祉サービスを提供している（生活保護法27、27の2）。このような関係において、モンスタークレーマー化する要保護者も存在しており、その対応が福祉行政の現場を悩ませている。

ここでも対応の基本は、接近型、攻撃型、癒着型の不当要求対応手法に従うことにある。ただし、ここでも、要保護者の適法な生活保護の受給に支障を生じることがないよう配慮し、適宜対応を工夫するなど行政手続特有の配慮が必要となる。また、新たな扶助申請を却下する際には、書面でその理由を告げる（生活保護法24Ⅱ）等の手続を遵守しなければならない。

　　ウ　一時貸付けからの排除

生活保護申請から扶助決定が出るまでの間の繋ぎの生活費等として、地方自治体や社会福祉事務所から一時貸し付けがなされることがある。これについては前述の厚労省通知の埒外である。したがって、関係機関において、必要な行政規則や条例を整備するとともに、一時貸付金が暴力団の資金とならないように防御する必要がある。

6　公共事業からの暴排と参入要求対応

公共事業に反社会的勢力の参入がなされると、反社会的勢力が多額の資金を獲得するとともに、不良・不適格事業者による不適切な施工がなされるおそれを生じさせる。それゆえ、公共事業からの暴排と不当介入等の参入要求への対応は、反社会的勢力対策上だけでなく、公共事業に係る行政目的や公益を確保する上で重要である。

公共事業からの暴排については、官公庁との契約からの排除、談合への関与・工事妨害の阻止、下請等からの排除、参入要求等への対応などが課題となる。

　　ア　官公庁との契約からの排除
　　　ａ　契約締結段階における排除

公共事業に関する国や地方自治体との契約締結は、原則的に一般競争入札の方法によってなされ、指名競争入札、随意契約の方法によってもなされ得る（会計法29の3Ⅰ・Ⅲ・Ⅳ、自治法234Ⅱ）。よって、入札等からの排除は、一般競争入札の場合は、入札参加・落札・契約締結の各段階、指名競争入札による場合は、これに指名を加えた各段階、随意契約の場合は契約締結の際に、それぞれ排除が問題となる。各段階において、排除を可能とする公法上の根拠は、国の場合は会計法と予算決算及び会計令（指名につき会計法29の3Ⅱ・会計令96・97、入札参加資格につき会計法29の3Ⅱ・会計令70・71・98、落札につき会計法29の6Ⅰ但書・会計令84、契約締結につき会計法29の8参照。）、地方自治体の場合は地方自治法と地方自治法施行令（指名につき自治令167の12Ⅰ、入札参加資格につき自治法234Ⅵ・自治令167の4・167の11、落札につき自治法234Ⅲ但書、契約締結につき自治法234Ⅴ参照。）に求めることができ、私法上の根拠は、契約締結自由の原則にある。いずれの段階においても適法な排除が可能である。

　国レベルでは、公共工事の入札及び契約の適正化の促進に関する法律15条に基づき策定された、公共工事の入札及び契約の適正化を図るための措置に関する指針（適正化指針）によって、暴力団関係企業等は入札から排除されるべきものとされ（適正化指針「第1」及び「第2」の「2⑴④」）、さらに上級行政機関からの通達及び省庁間での要請ないし合意によって、これを具体的な運用に繋いでいる。そして、地方自治体レベルでも、暴排措置要綱さらには暴排条例によって、各段階での排除規定を設けている。

　ところで、公共事業からの排除と言っても、当該事業者の属性情報がなければ排除のしようがなく、反社情報の収集と管理が課題となる。表明確約を求める運用や暴排条項は、フロント企業による入札等を牽制する機能があり、各地の暴排条例において、地方自治体の契約にその導入について規定が設けられるに至っている。また、相当規模の工事案件については暴排協議会を設置する取組みがなされており、属性確認や入札等の際の牽制に当たり威力を発揮している。

b　契約締結後における排除

　官公庁を一方当事者とする契約も、契約である以上取引解消については私法上の制限を受ける。その際、当該事業者が差し入れた表明確約書や暴排条項の存在は、取引解消に向けた重要なファクターとなり得るが、画一的には判断できない。この限りでは、企業暴排におけるそれと変わりはないが、公共事業に係る行政目的との関係等から、取引解消によって却って重大な弊害が生じないか、この弊害を避ける工夫ができないか、その他重大な法的トラブルが発生しないか、等について検討する必要がある。

　イ　談合への関与・工事妨害の阻止

　公共事業における入札においては談合が後を絶たず、この取り纏めの過程で、暴力団員等がこれに従わない事業者に対し、又はこれに不満を持つ事業者から依頼を受けて、工事妨害等の不当介入その他圧力を加えるといった事態がかつてあった。そして、発注者である官公庁の担当者による官製談合や、行政機関と暴力団等との癒着が見られる例もあった。平成17年独占禁止法改正によるリーニエンシー（課徴金減免制度）の導入とこれに引き続く大手ゼネコン各社による談合決別宣言により、談合の数は近時かなり少なくなったとの評価もあるが、未だ談合事件がマスコミで取り上げられるケースや、公取委による立件がなされるケースも少なくない。今後、東日本大震災の復興事業の本格化や、オリンピック需要、老朽化したインフラ再整備、景気対策等のために公共事業の件数の増大が見込まれるところ、再び談合が増加することが懸念され、その対策に万全を期しておく必要がある。現にマスコミレベルでは暴力団の談合関与が指摘され、これを背景としていると思われる殺傷事件の報道がされることもある。

　談合を行った事業者に対しては、公取委が独占禁止法に基づく排除措置命令、課徴金納付命令を行うほか、罰則（談合罪、不当な取引制限の罪）による制裁もあり得る。官製談合については、公取委は、当該官公庁に対し改善措置要求をすることができ（入札談合防止法3）、これを受けた当該官公庁は、事実関係の有無、損害、懲戒の要否などについて調査し、必要が

あれば適切な措置を講じなければならない（入札談合防止法3～5）。関与した職員は、談合罪ないし不当な取引制限の罪の共犯、入札談合等関与の罪に問われる可能性がある。

　また、当該官公庁は、（官製）談合によって被った損害を違反事業者や当該職員に対して損害賠償請求することができ、当該官公庁がこれを行わない場合、地方自治体については、住民が住民監査請求を経て住民訴訟によって責任を追及していくことができる。

　談合に関与した暴力団員等についても、談合罪・不当な取引制限の罪ないし入札談合等関与の罪の共犯や入札妨害罪が成立し得るし、民事上の損害賠償責任を追及する余地もある。

　　ウ　下請等からの排除

　官公庁を一方当事者とする契約から反社会的勢力を排除したとしても、公共事業においては商流が極めて複雑に分岐し、かつ数次的に重なって行くことから、下請等からも反社会的勢力の排除を徹底する必要がある。施工だけでなく、資材や燃料の供給、測量・設計、人工出し、建設機械の供給（リース・販売）、これらに係わる媒介やコンサルタント業務まであり、しかも与信不安を除去するために施工上は不必要な事業者が介在することも珍しくない。これらの業務から反社会的勢力を排除しなければ、公共事業に係わる膨大な行政費用が反社会的勢力に流れていくことを阻止することはできない。

　そこで、各地の暴排条例において、公共事業に関係する下請契約に暴排条項を設け、この契約の相手方が暴力団関係者であることが分かった場合には契約解消に努めることなどが規定されている。

　下請等からの排除においては、指名、入札、落札という過程は問題にならず、事業者間取引として、基本的に企業暴排における関係遮断ないし助長取引規制の問題となる。ただし、その解消において、当該公共事業に係る行政目的や公益に配慮する必要がある点は、官公庁との直接的取引の解消についてと同様である。

エ 参入要求等への対応
a 一般的対応

　公共事業に関係する不当要求は、入札への参加についてのものと、下請等への参入についてのものがあり、いずれについても、参入を要求するケースとライバルの排除を要求するケースがあり得る。

　入札への参加に関する不当要求は、官公庁担当者や他の事業者に対する不当要求から談合に発展する可能性がある。下請け等への参入に関するものは官製談合に係わる土壌を背景とする官公庁の弱みや受注事業者に対する強い発言力が不当要求の温床となっているものと言え、事件の顕在化と対応を困難にしている面があるとの指摘がある。よって、不当要求への対応手法自体は、企業対象暴力におけると同様であるが、官製談合対策をも含めた取組みが必要である。

b 暴力団対策法上の規制

　公共事業等の入札への参加に関する不当要求について、暴力団対策法は、指定暴力団員が、その者の所属する指定暴力団等又はその系列上位指定暴力団等の威力を示して、次の行為をすることを禁止している（暴対法9㉓以下〔表8〕）。

〔表8〕

号	〜に対して	誰について	何について	どのような場合に	何を要求する
23	国等	自己若しくは自己の関係者	当該国等が行う公共工事の入札について入札資格が	ない	当該入札に参加させること
			又は指名基準に適合する者で	ない	
24	国等	特定の者	当該国等が行う公共工事の入札について入札資格を	有する	当該入札に参加させないこと
			又は指名基準に適合する者で	ある	

25	人	国等が行う売買等の契約に係る入札について、当該入札に参加しないことをみだりに要求すること
		一定の価格その他の条件をもって当該入札に係る申込みをすることをみだりに要求すること
26	国等	その者が拒絶しているにもかかわらず自己若しくは自己の関係者を当該国等が行う売買等の契約の相手方とすることを要求すること
		特定の者を当該国等が行う売買等の契約の相手方としないことをみだりに要求すること
27	国等	当該国等が行う公共工事の契約の相手方に対して自己又は自己の関係者から当該契約に係る役務の提供の業務の全部若しくは一部の受注又は当該業務に関連する資材その他の物品の納入若しくは役務の提供の受入をすることを求める指導、助言その他の行為をすることをみだりに要求すること

　上記の「自己の関係者」には、自己と生計をともにする配偶者（内縁も含む）や親族、自己が役員となっている法人その他の団体だけでなく、「自己が出資、融資、取引その他の関係を通じてその事業活動に支配的な影響力を有する者」を含む（暴対法9㉑）。

7　廃棄物処理事業からの暴力団排除と不当要求対応

ア　許可行政による廃棄物処理市場からの暴力団排除

　沿革的に、反社会的勢力の関係企業が廃棄物処理事業を行ってきた例は少なくなく、これが不法投棄等不適正処理の一因となり、又不適正処理が前提であれば事業者は多額の利益を得ることが可能であった。それゆえ、廃棄物処理事業からの暴排や不当要求対応は、反社会的勢力の資金源対策だけでなく、廃棄物処理行政の観点からも重要な社会的課題である。1990年代以降頻発した不正処理問題、反対運動による処分場の建設困難化は、近年小康状態にあるが、震災がれきの処理、復興事業、景気回復やオリンピック需要、老朽化したインフラの再整備等との関係で、大量の建設廃棄物の発生が予想され、再度深刻化することが懸念される。

廃棄物の処理及び清掃に関する法律は、暴力団員等を産業廃棄物事業者や産業廃棄物処理施設設置の欠格事由とし（廃掃法14Ⅴ②ロ、ヘ、廃掃法15の2Ⅰ④）、一般廃棄物事業者の欠格事由についても暴力団排除の観点を取り入れている（廃掃法7Ⅴ④ハ、ト、リ）。ここでも、規制権限を適切に行使するためには、警察等との連携により暴力団情報を把握することが前提になる。規制権限不行使の裁量判断は基本的に尊重されるが、立証可能性、規制の必要性と規制による弊害の有無や程度の実体的な衡量、又は不行使に至る判断過程の審査により、裁量権の逸脱濫用があれば違法であり、住民監査請求と住民訴訟、国賠請求等により責任追求がなされる余地はある。

イ　許可行政に対する不当要求対応

a　一般的対応

ここでも、企業対象暴力における不当要求対応手法が基本的に妥当する。しかし、「悪貨が良貨を駆逐する」廃棄物処理市場の特殊性や反対運動による処分場の建設困難化を背景として、廃棄物処理事業者と関係行政庁の担当者等との癒着が生じた事例もあり、許可行政に対する不当要求対応は著しく困難な面がある。過去においては、廃棄物処理施設に関する許可行政への不当要求が背景になっていると思われる痛ましい殺傷事件にまで至ったケースもある。したがって、廃棄物処理に関する許可行政に対する不当要求対応においても、廃棄物処理行政全般の健全化とワンセットで取り組む必要がある。

b　暴力団対策法上の規制

許認可行政に対する不当要求について、暴力団対策法は、指定暴力団員が、その者の所属する指定暴力団等又はその系列上位指定暴力団等の威力を示して、次の行為をすることを禁止しているので、ここで紹介しておく（暴対法9㉑以下〔表9〕）。

〔表9〕

号	～に対し	誰について	何について	どのような場合に	何を要求する
21	行政庁	自己若しくは自己の関係者	許認可等に係る申請が法令に定められた許認可等の要件に	該当しない	当該許認可等をすること
			法令に定められた不利益処分の要件に該当する事由が	ある	当該不利益処分をしないこと
22	行政庁	特定の者	許認可等に係る申請が法令に定められた許認可等の要件に	該当する	当該許認可等をしないこと
			法令に定められた不利益処分の要件に該当する事由が	ない	当該不利益処分をすること

8　その他

　教育行政の分野では、児童生徒の保護者がモンスターペアレント化して、教育現場や教育委員会を疲弊させ、児童生徒の教育に重大な弊害を生じているケースが散見される。ここでは毅然とした対応を基本としつつも、却って、当該保護者の子を含めた児童生徒に悪影響が及ばないよう配慮する必要があり、拒絶する事項と範囲、当該保護者との連絡ルートの残し方、仮処分等法的対応の方法と時期について慎重な検討をして、これを適時迅速に実行することが肝要である。

　土地収用に当たっての不当要求対応も困難な問題の一つである。派生的な不当要求に対して個々的に毅然とした対応をしつつも、粘り強く交渉をせざるを得ないが、これと併行して、強制収容の可否と時期、これに付随する弊害のおそれ等を検討する必要がある。

　情報公開制度は、民主制と知る権利の観点から重要性の高いものであり、ここまで述べてきた行政による暴排施策や不当要求対応に対する国民的監視のためにも実効的なツールとなる可能性がある。他方、情報公開請

求権が濫用されるケースも生じてきている。大量請求によって、処理に膨大な事務負担が予想される場合で、請求対象を限定して請求目的を達成することができるにもかかわらず請求者がこれに応じないとき、情報公開請求は権利濫用とされ得る（横浜地判平成14年10月23日、東京高判平成15年3月26日）。不開示処分については、理由を付すことを要する（例、手続法8Ⅰ項本文）等請求に対しては法的規律の枠内で対処しなければならない。

第6編
離脱支援

第6編　離脱支援

I　暴力団からの離脱

1　離脱問題とは

近年、暴力団構成員等の数は減少していると言われているものの、実態は定かではなく、また、依然として5万8,000人を超える暴力団員等が存在する（警察庁「平成25年の暴力団情勢」）。

この点、暴力団に対する対策としては、「ヒト・モノ・金」に対する対策が必要であると言われることが多い。

離脱問題は、このうちの専らヒト対策に関するものであり、暴力団員を社会復帰させる、その支援を行うものとしてここでは検討することとする。

2　離脱問題に取り組む必要性

ア　前述のように、暴力団に対する対策としては、「ヒト・モノ・金」それぞれに対して語られることが多い。

そして、数次にわたる暴力団対策法改正や、平成23年10月に全都道府県で施行された暴排条例等は、確実に成果を上げているものの、「ヒト・モノ・金」の内、専ら「カネ」（資金源）、「モノ」（組事務所等）に対する対策の色彩が強い。

ただし、暴力団を構成する暴力団員等（「ヒト」）が存在する限り、不法・暴力集団としての暴力団は存在し続け、彼らによる上納金がなされる限り、暴力団の資金源を根本的に断つことはできない。

すなわち、暴力団員等を社会復帰させる、その支援を行う離脱問題は、暴力団構成員など自体を減少させる、暴力団根絶のための最も根本的な対策であるとすらいえるのであって、暴力団等への対策に取り組んでいると標ぼうする者は避けて通ることができない。

イ　また、かかる離脱問題は、一般の暴力団に対するイメージも影響していることが多い。すなわち、暴力団が違法行為によって収益を

あげることを事業とする団体であることは最高裁判例等でも認められているところであるが、マスコミ・テレビ番組の影響等もあって、一般人の中には、依然として「暴力団は義理人情に篤い」「堅気（一般人）には迷惑をかけない人たちである」「格好いい」といったイメージを持つ者も多い。

そうした誤ったイメージを持って暴力団に加入したものの、後日その誤りに気付いた者が実際に暴力団を辞めようとしても、指詰め・リンチ等の報復を恐れて辞めることができないケースが多いことは、実際に暴力団を辞めることができた者からの聴取結果からもうかがわれる。

いうなれば、暴力団の真の姿を知らずに暴力団に加入したものの、その真の姿を知って暴力団を辞めたいと考えるに至った、しかし、辞めることができずにいる者らは、暴力団の被害者という側面もある。

そうであるならば、暴力団被害救済を標ぼうする関係諸機関は、これに対応する、暴力団員等の社会復帰を支援する責務・必要性があるともいうことができる。

3　離脱問題の現状

ア　暴力団対策法上の規定

暴対法16条2項は、「指定暴力団員は、人を威迫して、その者を指定暴力団等に加入することを強要し、もしくは勧誘し、又はその者が指定暴力団等から脱退することを妨害してはならない」と規定しており、暴力団から脱退を希望する者を援助することは、かかる法の趣旨に沿うものである。

イ　社会復帰アドバイザー制度

また、前記暴対法16条2項に基づき、前記の脱退希望者を援助するため、社会復帰アドバイザー制度が敷かれている。

この社会復帰アドバイザーは、警察機関等が行う離脱者支援において

個々の離脱者（希望者を含む。）に対して、暴力団を離脱するための指導・助言を行う者であり、法令上、元警察職員であることが要件とされている。

かかる社会復帰アドバイザー制度が有効に機能し、離脱者支援が促進されることが望ましいが、ごく一部の人間による超人的な（手弁当での）努力によって離脱希望者の社会復帰を支援しているというのが実情であり、制度として有効に機能しているとまでは言い難いのが現状である。

　ウ　都道府県等の社会復帰対策協議会

多くの都道府県においては、官民の有識者等をメンバーとして、暴力団の社会復帰を支援する社会復帰対策協議会（都道府県によって名称は多少異なる。）が設けられている。

しかし、これについても、福島県等一部の都道府県を除いては形骸化しており、全国的に有効に機能しているとは言い難いのが現状である。

　エ　協力事業主

暴力団員等が暴力団から離脱する、社会復帰を支援・促進するに当たっては、実際に暴力団員等を受け容れてくれる事業者の存在が不可欠である。

そして、前記の兵庫県・福島県等一部の自治体においては、個人の超人的な（手弁当での）努力によって、暴力団員等の社会復帰支援に理解を示し、その受け皿となってくれる事業主が多数存在するところもある。

しかし、やむを得ないところもあるが、暴力団員等ということで二の足を踏む事業者や、事業者の側で、一度は暴力団員等を受け容れたものの、仕事が長続きしない、恩をあだで返す（寮の設備を持ち逃げする等）といった被害に遭うなどして受入れをやめてしまうといったことから、多くの都道府県においては、心ある事業主を確保することがままならない現状にある。

　オ　金銭的な援助制度

都道府県暴追センターが準備している金銭的援助のための制度として、

「離脱者雇用給付金制度」がある。

これは、離脱者を一定期間（3か月以上と定めるところが多い。）雇用した事業者に対して5万円程度の給付金を支給するというものである。

本制度は、平成8年頃より設けられているが、近年ではほとんど利用実績がなく、事実上機能していない。

4　実際の事例

暴力団からの離脱に成功した事例で把握されているものは多くはないが、その中の一つの事例を紹介する。

> Aは、10代のときに暴走族に入っていたものの、暴力団とは特につながりもなく、高校卒業後は土木関係の仕事についていた。20歳を過ぎて、友人の紹介でテキヤのアルバイトをしたところ、居合わせた暴走族時代の先輩に声を掛けられて暴力団事務所に遊びに行った。その後徐々に出入りするようになり、20代半ばで盃を受けた。構成員となったときには結婚しており、家族からは「（暴力団員になるのは）止めた方がいいのではないか」と言われたが、入ってしまった。構成員になって1年ほどして刑務所に入ることになり、妻とは離婚することになった。刑務所の中で、様々な人の話を聴くなどする中で、「このままでは生活できない」「これではいけない」と考え、出所後に暴力団を辞めることを決意した。組長に辞めると告げたときにはリンチを受けたが、何とかやめることができた。辞める前に相談していた警察の方の援助で、建築関係の仕事に就くことができた。

このように、暴力団を離脱しようとする者が、今でも凄惨なリンチを受けることなども多く、そのことが離脱を躊躇する一因ともなっている。

暴力団を離脱したいと考えるものの相談の受け皿を作り、それを周知することが必要である。

5　今後に向けて

離脱問題についての現在の状況は、一部の篤志家、自らの出損もいとわ

ない一部の人間の努力によって何とか体裁を保っている（保っていないかもしれない）というのが実情である。

しかし、かかる一部の人間の努力に頼るのみでは、その者らが活動を終えるなどしたときには、社会復帰支援そのものが頓挫することになりかねない。

離脱問題は多分に政策的なところも存するが、警察だけではない行政機関全般、民間企業、そして弁護士等が一体となって、机上の空論ではない、現場が求める政策を実現していくことが肝要である。

具体的には、暴力団員等に対しては、（偽装離脱者などの混入を防止しつつ）刑務所内における資格取得等の強化、出所後の経済的支援の拡充を行う、事業者に対しては、（悪用の弊害を防止しつつ）経済的な援助制度の充実、万が一の事故があった場合の補償制度の創設といったことが求められる。

6　弁護士として

ア　相談を受けた場合

ごくまれにではあるが、行政機関・警察機関等を通じて、暴力団を辞めたいという相談を受けることがある。

前述のような暴力団員等が暴力団を辞めることの困難性からすれば、かかる相談があった場合には積極的に受任すべきである。

こうした場合、まずは相談者本人から暴力団離脱の意思の強固さ、なぜそのように考えるに至ったか等について、慎重に聞き取るべきである。

実際には暴力団を離脱する意思等ないにもかかわらず、暴力団員であることの不利益を免れるために、登録等を抹消させる目的での、いわゆる偽装離脱の可能性もあるからである。

その後は、所轄の警察署・都道府県暴追センター等と連携して、暴力団からの離脱を求める本人に脱会届を書かせ、また、登録された暴力団の長に承認させることなどが必要となる。

このとき、本人が、所属していた組織からの凄惨な報復を恐れて躊躇す

る場合も、そうした場合でも、暴力団を辞めたいと思った気持ちを思い出させるとともに、暴力団に留まることに何のメリットもないことなどを改めて伝えるなどして、離脱を成功させることに注力すべきである。

そして、これらと並行して、本人が暴力団を辞めて社会復帰するに当たって、社会復帰後の就職先等についても、警察機関・都道府県暴追センター・社会復帰アドバイザー等と連携して確保することが望ましい。

本人が暴力団を辞めて社会復帰した場合の収入の道を確保することが、本人が再び暴力団側に復帰してしまうことを防ぐ何よりの方策となるからである。

以上述べたような取組みは、必ずしも弁護士としての収入等に結びつくものではないが、暴力団対策や暴力団排除・撲滅を標ぼうする以上は、もしも具体的な相談等があった場合には積極的に取り組むことが望まれる。

　イ　今後について

暴力団の社会復帰支援に関わる現場の声を聞けば聞くほど、一部のケースを除いて、ほとんどのケースにおいて弁護士が関与していないことがわかる。

かかる背景には、弁護士の側に離脱者の社会復帰を支援する体制・ノウハウがないことがあると思われるが、かかる体制・ノウハウがないのは、結局のところ、弁護士自身の離脱問題に対する関心が決して高くはないところに原因があるように思われる。

しかし、昨今の暴力団「排除」の風潮のもと、「排除」された彼ら暴力団等はどこにいけばいいのか、ということがクローズアップされつつある。

そうした中で、弁護士・弁護士会が、ノウハウ・体制がないことを理由に、離脱問題から目を背けることは許されなくなると考えた方がよい。

弁護士会としては、弁護士も暴力団からの離脱・暴力団の社会復帰支援に取り組む用意があることを明示するとともに、各弁護士会等に設置されている暴力団被害救済センター等に、暴力団員等の社会復帰支援に関する

相談窓口を設置し、社会復帰を希望する暴力団員等や、受容れを検討している事業者等からの相談に対応する体制を構築すべきである。

また、社会復帰対策協議会が中心になるとは思われるが、警察をはじめとする行政機関、民間企業、弁護士が相互に情報交換し、協力・支援する体制を構築すべきである。

加えて、個別の刑事事件等において暴力団員等の弁護を行うことになった場合には、当該被疑者・被告人に対して、暴力団からの離脱、社会復帰の意向を聴取するなどし、かかる意向を持つ暴力団員等に対しては、各種窓口を紹介する、自らも社会復帰対策協議会に出向くなどして社会復帰を支援するといった活動も行う必要があると思われる。

Ⅱ　企業のホワイト化

1　暴力団排除をめぐる近時の動き

平成19年には、政府より「企業が反社会的勢力による被害を防止するための指針について」(「指針」)が公表され、また、平成23年10月をもって全都道府県においていわゆる暴力団排除条例が施行された。

また、国や自治体が発注者となる公共事業等では、暴力団等と社会的に非難される関係にあるなどとされた企業については、指名排除・指名停止等の措置が取られることとなった。

このように暴力団排除が社会的な要請となる中で、企業においては暴力団排除の取組みが一段と求められることとなった。

2　企業の対応

この点、新たに取引関係に入る相手方については、(取引の種類にもよるが) 契約関係に入らないことをもって遮断することができる。

しかし、既に契約関係にある取引先が、いわゆる暴力団関係企業である可能性があることなどが判明した場合には、関係遮断・関係の清算をめぐって困難な問題が生じることがある。

特に、取引先の取締役等に暴力団員が名を連ねているような、明白に暴

力団関係企業と判断できる場合ではなく、例えば、暴力団との親密さが噂される人物が取締役に名を連ねているような場合、取引関係を終了しなければいけないか否か判断に迷うことがある。

こうした場合、企業としては、当該企業等から積極的に情報を収集するなどして、暴力団関係企業等であるか否かを判断できる状態にした上で、①暴力団関係企業であるとして取引関係を終了させる、②暴力団関係企業ではないとして取引関係を継続させる、のいずれかの状況にもっていくことが望ましい。

ただし、暴力団関係企業等か否かの情報収集、及び、それに基づく判断は困難を伴う場合も多く、慎重に進めていくことが肝要である（なお詳細は第4編第1章Ⅱ10参照のこと）。

3　事例の紹介〜佐賀県における取組み〜

平成25年9月、佐賀県のある土木会社が、暴力団と関係したとして、佐賀県、国土交通省九州地方整備局及び自治体等より、公共工事から指名停止措置を受けるなどした。

報道等によれば、指名停止措置の理由は、前記土木会社の前代表者が、資金繰りのため暴力団関係者から金銭の借入れをしたというものであった。

そこで、同土木会社は、佐賀県弁護士会民暴対策委員会に相談し、同委員会の弁護士らによって、暴力団との関係解消に関する取組みを行った。

具体的には、顧問弁護士（他府県）を置き、代表者を交替させるとともに、取引先をチェックする、全社員に暴力団追放講習を受講させるなどした上で、「暴力団との社会的に非難される関係が解消したと認められる」とする報告書を作成し、同土木会社が佐賀県警に提出した。

4　今後について

佐賀県における取組みは非常に示唆に富んでいる。

企業が暴力団との関係を遮断すること、企業の暴力団排除が社会的要請

となる中で、暴力団と関係をもったとされた企業は取引社会から排除されることになる。

　もちろん排除すること自体は必要ではあるが、しかし、排除して一件落着とするだけでは問題の根本的解決にはならない。

　慎重な判断が求められることは言うまでもないが、佐賀県の事例のように、弁護士が、企業のいわばホワイト化に積極的に取り組むこともまた、これからは求められるのではないかと思われる。

書式編

●書式1：執行官に対する警備要請の上申書

平成○年（執ロ）第○○○○号　引渡命令強制執行事件
　　　　　　　　　　　　　　　　　　申立人　甲野太郎
　　　　　　　　　　　　　　　　　　相手方　乙野二郎
　　　　　　　警備要請の上申書
東京地方裁判所執行官　殿
　　　　　　　　　　　　　　　　　　平成○○年○月○日
　　　　　　　　　　　　　　申立人代理人弁護士　　丙野三郎
　上記当事者間の頭書事件について債権者は、下記事由により警察上の援助を求める必要がありますので、裁判所において、民事執行法第6条第1項による警察上の援助要請をしていただきたく上申します。
　　　　　　　　　　　　　記
1　援助を必要とする理由
　　相手方は、本件の目的物件の玄関ドア付近に「○○組本部」との表札を掲げており、執行催告に立ち会った氏名不詳の者は「任意明渡しに応じるかどうかわからない」などと述べていました。
　　以上からすると、本件執行の際にも何らかの執行妨害行為がなされる可能性があるので、頭書のとおり上申する次第です。
2　執行の日時
　　平成○年○月○日　午前○時○分
3　執行の場所
　　東京都○○区○○○丁目○番○号
　　　　　　　　　　　　　　　　　　　　　　　　　　以上

●書式２：管轄警察署に対する警備依頼書

警備依頼書

警視庁〇〇警察署長殿

平成〇〇年〇月〇日
甲野太郎
代理人弁護士　丙野三郎

　下記の引渡命令強制執行申立事件につき、本年〇〇月〇〇日、貴署管内の下記物件において、東京地方裁判所執行官が断行執行（本件執行）をする予定です。

　しかるに、相手方は、下記物件の玄関ドア付近に「〇〇組本部」との表札を掲げており、執行催告に立ち会った氏名不詳の者は「任意明渡しに応じるかどうかわからない」などと述べておりました。

　以上からすると、本件執行の際にも何らかの執行妨害行為がなされる可能性がありますので、現場臨場の上、警備をお願いしたくご依頼申し上げます。

　なお、執行官に対しては、正式に民事執行法６条に基づく警察上の援助を求めるよう上申してあります。

記

1　事件名
　　東京地方裁判所平成〇年（執ロ）第〇〇〇〇号引渡命令強制執行事件
2　当事者　別紙当事者目録（略）記載のとおり
3　事件概要　別紙引渡命令申立書（控え）記載のとおり
4　本件執行の日時　平成〇〇年〇〇月〇〇日午前〇時
5　本件執行の場所　東京都〇〇区〇〇〇丁目〇番〇号

以上

書式編

●書式3：決定主文例（執行官保管が認められた例）

1　債務者は、別紙物件目録記載の建物（以下「本件建物」という）につき、下記行為をするなどして、暴力団○○組の事務所として使用してはならない。
記
(1)　本件建物内で、暴力団○○組の定例会を開催し、又は同組構成員を集合させること
(2)　本件建物内に、暴力団○○組構成員や他の暴力団構成員を立ち入らせ、又はその立入りを容認すること
(3)　本件建物内に連絡員を常駐させること
(4)　本件建物外壁に暴力団○○組を表示、表象する紋章、文字板、看板、表札等を設置すること
(5)　本件建物の窓部分へ鉄板製目隠しを設け、本件建物外壁に投光機、監視カメラを設置すること
2　債務者は、本件建物の占有を解いて、これを執行官に引き渡さなければならない。
3　執行官は、本件建物を保管しなければならない。
4　執行官は、執行官が本件建物を保管していることを公示しなければならない。
5　申立費用は債務者の負担とする。

●書式4：明渡断行仮処分決定の主文例

1　債務者は、債権者に対し、別紙物件目録記載の物件を仮に明け渡せ。
2　債務者は、債権者に対し、この決定送達の日から5日以内に、別紙物件目録記載の物件を仮に明け渡せ。

●書式５：不動産賃貸借契約暴排条項モデル例

不動産賃貸借契約　暴排条項例

（申告）
第〇条　借主は、貸主に対し、本契約を締結するに当たり、自ら及びその役員・使用人・入居者が現在暴力団、暴力団員、暴力団関係団体、関係者その他の反社会的勢力（以下「暴力団等」という）ではないことを表明し、保証する。

（暴力団の排除）
第〇条　借主又は入居者が次の各号の一に該当したときは、貸主は、何らの通知催告を要することなく本契約を解除することができる。
(1) 借主又は入居者が暴力団等であることが判明したとき
(2) 自ら又は第三者を利用して、貸主に対して、詐術、暴力的行為、又は、脅迫的言辞を用いるなどした場合
(3) 本件貸室内、共用部分等に暴力団等であることを感知させる名札、名称、看板、表札、代紋、提灯等の物件を掲示したとき
(4) 本件貸室に暴力団員、暴力団関係者その他の反社会的勢力（以下「暴力団員等」という）を居住させたとき
(5) 本件貸室、共用部分内に反復継続して暴力団員等を出入りさせたとき
(6) 本件貸室、共用部分その他本件建物の周辺において、借主又は入居者が暴力、傷害、殺人、窃盗、強盗、脅迫、恐喝、器物損壊、監禁、凶器準備集合、賭博、売春、大麻、覚せい剤、拳銃不法所持等の犯罪を行ったとき
(7) 本件貸室、共用部分その他本件建物の周辺において、暴力団等の威力を背景に粗暴な態度、言動によって本件建物の入居者及び管理者、本件建物の出入者、近隣住民等に不安感、不快感、迷惑を与えたとき

（損害賠償義務の不負担）
第〇条　借主は、貸主に対し、貸主が前条により本契約を解除した場合のほか、借主及びその役員・使用人・入居者が暴力団等であることを理由として詐欺・錯誤等に基づき本契約を終了したことにより、借主に損害が生じたとしても、貸主が一切これを賠償する責任を負わないことを確認する。

●書式6：臨時総会招集通知

平成○○年○月○日

○○管理組合
組合員　各位

○○管理組合
理事長　○○

臨時総会招集のご通知

拝啓　時下益々ご健勝のこととお慶び申し上げます。
　さて、早速ですが、○○管理組合規約第○○条に基づいて○○管理組合臨時総会を下記の通り開催致しますので、万障お繰り合わせの上ご出席下さいますようご案内致します。
　当日、ご出席になれない方で、代理人による出席をなさる方は添付の委任状に必要事項をご記入の上、○○月○○日までに管理人室宛てご提出して下さい。外部にお住まいの方は同封の返信用封筒にて、同日までに届くようにご郵送願います。
　なお、代理人資格は「当該組合員と同居する家族のうち成年に達した者または他の組合員もしくはその組合員と同居する家族のうち成年に達した者」と定められておりますのでご注意願います（管理組合規約第○○条）。

記

1　日　　時
2　場　　所
3　議　　案
　○○殿が賃借したとして使用する△△殿所有××号室に関し、建物の区分所有等に関する法律第59条に基づく区分所有権等競売請求の提訴及びそれに伴う保全手続をなす件 (※)

※　59条以外の請求を行う場合は、内容に応じて議案を修正すること。

●書式7：通知書（弁明の機会付与）

　　　ご　通　知

　冠省　○○管理組合の理事等として貴殿に以下の通りご通知いたします。
　貴殿は、当マンションの貴殿所有部分（○○号室）を暴力団事務所として使用し、これに伴い駐車場及び周辺路上に無断・違法駐車し・・・等、当マンション住民に威圧を加え、他の区分所有者の共同利益に反する行為を継続しております。
　そこで当マンションでは、○○管理規約に基づき、○○管理組合臨時総会を後記の要領で開催することとなりました。
　右集会においては、貴殿における他の区分所有者の共同利益に反する行為に対する措置として建物の区分所有等に関する法律第59条による区分所有権等競売請求の提訴及びこれに伴う保全処分が議題となります。
　したがって建物の区分所有等に関する法律に基づいて貴殿に対し、上記共同利益に反する行為につき弁明の機会を与えますので出席し弁明されるよう本通知をいたします。尚、出席の有無に関わらず、総会期日までに弁明書を提出していただいても結構です。
　なお、代理人による出席議決も可能ですが、代理人資格は管理規約第○○条により、当該組合員と同居する家族のうち、成年に達した者、又は他の組合員若しくはその組合員と同居する家族のうち成年に達した者に限られております。

　　　　　　　　　　　　　　　　　　　　　　　　　　草々
　　　　　　　　　　　　　記
　　　総会日時　　○○年○月○日○時より
　　　場　　所　　○○所在○○集会場
　　　議　　案　　○○殿所有の○○号室に関し、建物の区分所有に
　　　　　　　　　関する法律第59条に基づく競売請求の提訴及びそ
　　　　　　　　　れに伴う保全手続をなす件 (※)

　　　　　　　　　　平成○○年○月○日　　　通知人○○
　　　　　　　　　　　　　　　　　　　　　被通知人○○殿

※　59条以外の請求を行う場合は、内容に応じて議案を修正すること。

●書式8:訴状(区分所有法60条に基づく場合・訴訟担当を指定したケース)

訴　状

平成○○年○月○日

東京地方裁判所　民事部　御中

　　　　　原告訴訟代理人弁護士　○　○　　○　○　㊞
　　　　　　　　　　　　　　同　　　○　○　　○　○　印

　　当事者の表示　　　別紙当事者目録記載のとおり

建物明渡等請求事件
　　訴訟物の価額　　金　　　　　　　　　　円
　　貼用印紙額　　　金　　　　　　　　　　円

第1　請求の趣旨
　1　被告A株式会社と被告Bとの間の別紙物件目録記載の建物に関する別紙表示の賃貸借契約を解除する。
　2　被告B及び被告Cは、原告に対し、別紙物件目録記載の建物から退去してこれを引き渡せ。
　3　第2項につき仮執行宣言を求める。
　4　訴訟費用は被告らの負担とする
との判決を求める。
第2　請求原因
　1　原告は、○市○丁目○番所在マンション○○(以下「本件建物」という)の区分所有者の共同の利益を増進し、良好な住環境を確保する目的を達成するため区分所有者全員によって結成された管理組合であり、その代表者であり区分所有者でもある○○は、平成○年○月○日、原告の総会における決議により区分所有者全員のため本訴を提起する者とされた。
　2　被告A株式会社(以下「被告A社」という)は、本件建物のうち、別紙物件目録記載の建物専有部分(以下「本件専有部分」という)の区分所有者である。
　3　被告B(以下「被告B」という)は、平成○年○月○日、被告A社から本件専有部分を別紙表示のとおり賃借し、被告Cに本件専有部分を使用させて共に占有している。
　4　被告B及び被告Cの本件専有部分の占有態様と共同生活上の障害の存在
　　(1)　被告Bは、暴力団○代目○組○会舎弟○組の組長で、被告Cは、右翼団体員で右○組若頭○の知人であるところ、被告B及

被告Cは、本件専有部分を右○組組事務所として使用している。
(2) 被告B及び被告Cは、共用部分である本件専有部分の表側を全部壊して、鉄製の頑丈な壁とし、一部を鉄製の扉に勝手に改装した。さらに、裏口ドア、窓も全部鉄製の壁と扉にしてしまった。しかも、右工事は、管理組合に何の連絡もなく勝手にされ、他の共同生活者の利益を著しく阻害した。
(3) 被告B及び被告Cらは、玄関側の共用部分にテレビカメラを設置し、通路及び来訪者を監視している。そのため、来訪者はもちろんのこと道路を通行する者まで常に監視され、異様な状態となっている。
(4) 平成○年○月○日午前○時ころ、○○組に反発する暴力団が本件専有部分目がけて発砲する事件も発生した。
(5) 本件専有部分内には、○○組の暴力団員が多数出入りし、表にもたむろし、抗争に備えて待機している。
(6) 本件建物前面の道路には暴力団員使用の外車を違法駐車していることが度々で、付近の者に不安感を与えている。
(7) 深夜の午前○時ないし○時ころ、本件建物全体に響くような大声で人を見送ったり、部屋の中で騒いだり、歩き回る雪駄の音等で他の入居者は夜も眠れない状態である。
(8) 特に被害甚大なのは本件専有部分の隣でパーマ店を経営している訴外○○、同○○である。本件専有部分が暴力団事務所になって以来客が急に減り、生活ができない状況に陥った。
(9) 本件専有部分が前記のとおり暴力団事務所として使用されるようになってから本件建物の賃借入居者は相次いで出てゆき空室が増加した。

5 管理組合規約によると、本件専有部分は専ら住宅として使用しなければならず、他の用途に供してはならないことになっているのに、暴力団事務所として使用する被告B及びCの行為は重大な規約違反でもある。また、被告A社は、それに対して賃貸人として何らの措置もとらず放置したままである。

6 原告管理組合は、これまでに被告らに対し、右のような違反行為の改善を求めたが全く改められなかった。前記のような被告B及び被告Cの行為は、建物の管理又は使用に関し区分所有者の共同の利益に反する行為であり、区分所有者の共同生活上の障害が著しく、同被告らが本件専有部分から立退く以外他の方法によってはその障害を除去して共用部分の利用の確保その他の区分所有者の共同生活の維持を図ることが困難である。

7 原告管理組合は、掲示場に総会を開催する旨を掲示して被告B及

び被告C両名に意見陳述の機会を与えた上、同人らに本訴提起の可否を議題とする総会を平成〇年〇月〇日開催する旨通知するとともに弁明の機会を与え、右総会において区分所有者及び議決権の4分の3以上の多数で、本訴を提起することを決議した。
　8　よって、原告は、被告らに対し、建物の区分所有等に関する法律60条に基づき請求の趣旨のとおりの判決を求める。

●書式9：訴状（区分所有法57条に基づく場合・請求の趣旨のみ）

第1　請求の趣旨
　1　被告らは、下記行為をするなどして、別紙物件目録1ないし8記載の専有部分の建物を、〇組系〇組内〇組の組事務所又は連絡場所として使用してはならない。
　　(1)　本件建物内で〇組系〇組内〇組の会合又は儀式を行うこと
　　(2)　本件建物内に〇組系〇組内〇組の構成員を結集させ、若しくは当番組員を置き、又はこれらの行為を容認、放置すること
　　(3)　別紙物件目録中の一棟の建物「△△」のうち、本件建物の位置する〇階の廊下、エレベーターホール、屋外階段、避難用バルコニーなどの共用部分（以下「本件共用部分」という。）に〇組系〇組内〇組を表象する紋章、文字板、看板、表札その他これに類するものを設置すること
　　(4)　本件共用部分にテレビカメラなど外来者を監視する機器を設置すること
　　(5)　本件建物の外壁開口部に金属板を設置すること
　2　被告らは、自ら下記の行為をしてはならず、また、〇組系〇組内〇組の構成員をして、下記の行為をさせてはならない。
　　(1)　本件共用部分に防護扉及びこれに類する遮蔽物を設置すること
　　(2)　本件共用部分にある屋外階段への入口扉の錠を付け替えるなどして施錠すること
との判決を求める。

●書式10:訴状(区分所有法58条に基づく場合・請求の趣旨のみ)

> 第1　請求の趣旨
>   1　被告による別紙物件目録記載の建物専有部分の使用を本判決確定の日から3年間禁止する。
>   2　訴訟費用は被告の負担とする。
> との判決を求める。

●書式11:訴状(区分所有法59条に基づく場合・請求の趣旨のみ)

> 第1　請求の趣旨
>   1　原告は、被告の有する別紙目録1記載の区分所有権及び同目録2記載の敷地利用権について競売を申し立てることができる。
>   2　訴訟費用は被告の負担とする。
>   3　第1項につき仮執行宣言
> との判決を求める

●書式12：管理規約暴排条項例

管理規約　暴排条項例

（区分所有者の責務）
第○条　区分所有者は、対象物件について、その価値及び機能の維持増進を図るため、常に適正な管理を行うよう努めなければならない。
　2　区分所有者は、その専有部分を第三者に譲渡又は貸与するときは、暴力団、暴力団構成員（準構成員・周辺者等の関係者を含む）、暴力団関係企業、団体又はその関係者、その他の反社会的勢力（以下「暴力団等反社会的勢力」という）に譲渡又は貸与してはならない。
　3　管理者が円滑な管理運営を行うため、区分所有者は、その専有部分を第三者に譲渡又は貸与するときは、事前に署名捺印した「専有部分譲渡・貸与予告届」を理事長に届け出なければならない。
　4　理事長は、前項の予告届を検討し、必要に応じて調査を行った結果、譲渡又は貸与の相手方が暴力団等反社会的勢力であって本マンションの区分所有者の共同の利益に反する行為又は共同生活の秩序を乱す行為をするおそれがある者に該当すると判断した場合は、理事会の決定により、当該区分所有者に対し、譲渡又は貸与の中止を勧告することができる。
　5　第3項に定める手続を怠って入居しようとした場合、又は入居した場合は、管理組合は、当該区分所有者に対して、当該入居（予定）者の入居を拒否し、又は排除を求めることができる。
　6　区分所有者は、その専有部分を第三者に貸与する場合において、第3項に定める手続を遵守せずに貸与を行ったことによって、貸与を受けた者が法令、規約等に違反し、本マンションの区分所有者の共同の利益に反し、又は共同生活の秩序を乱す行為を行った場合、その排除と賠償について、次の各号の責任を負う。
　（1）　賃貸借契約の解除
　（2）　共同利益背反行為等の排除並びに当該違反行為により生じた損害の賠償
　（3）　管理組合が共同利益背反行為等の排除のために行った法的措置に要した諸費用（弁護士費用を含む）の支払

●書式13：訴状案（暴対法）

訴　　　状

平成〇〇年〇月〇日

東京地方裁判所　民事部　御中

原告訴訟代理人　弁護士　〇　〇　〇　〇
　　　　　　　　　　同　　　　　〇　〇　〇　〇
　　　　　　　　　　同　　　　　〇　〇　〇　〇
　　　　　　　　　　同　　　　　〇　〇　〇　〇
　　　　　　　　　　同　　　　　〇　〇　〇　〇

当事者の表示　　　別紙当事者目録記載のとおり
損害賠償請求事件
　訴訟物の価額　　〇〇〇万〇〇〇〇円
　貼用印紙額　　　〇万〇〇〇〇円

請求の趣旨

1　被告らは、原告に対し、連帯して金〇〇〇万〇〇〇〇円及びこれに対する平成〇〇年〇月〇日から支払済みまで年5分の割合による金員を支払え
2　訴訟費用は被告らの負担とする
との判決並びに仮執行の宣言を求める。

請求の原因

第1　当事者
　1　原告
　　　原告は、東京都〇〇区〇〇町〇丁目〇番〇号において「スナック〇〇」(以下「本件店舗」という。)を経営する者である。
　2　被告ら
　(1)　被告Y1、Y2は、本件の実行犯であり、本件事件当時、いずれも指定暴力団〇〇組〇〇会〇〇一家の構成員であった。
　(2)　被告Y3は、指定暴力団〇〇組の組長であり、稼業名として「〇〇」の通称を用いている。同人は、本件事件当時、指定暴力団〇〇組の代表者（暴力団員による不当な行為の防止等に関する法律（以下「暴力団対策法」という）3条3号）の地位にあった。
第2　被告Y1、被告Y2の不法行為
　1　被告Y1、Y2は、指定暴力団〇〇組〇〇会〇〇一家がその縄張（暴対法9条4号参照）としている東京都〇〇区〇〇にある店舗等から、所謂「みかじめ料」を徴収する等の活動をしていた。
　2　被告Y1、Y2は、平成〇〇年ころより、上記縄張内にある本件店舗を数回訪れ、原告に対し、植木のリースなどの取引をするよう

要求した。これに対し、原告は、当該取引は暴力団に対するみかじめ料の支払いに他ならないと考え、被告Ｙ１、Ｙ２の要求を拒否してきた。
3　そこで、被告Ｙ１とＹ２は、平成○○年○月ころ、原告に制裁を加えようと企て、本件店舗に押し入り、金品を強取することを共謀した。
4　被告Ｙ１、Ｙ２は、平成○○年○月○日午後○時○分ころ、それぞれ木刀と金属バットを手に、本件店舗に押し入り、開店準備をしていた原告に対し、「○○一家をなめんじゃねぇ」「有り金を全部出せ」などと申し向け、要求に応じなければ生命・身体に対して危害を加えかねない気勢を示して脅迫し、原告を畏怖させ、レジスター及び店内に保管されていた現金○○○万○○○○円を強取した。
5　また、その際、被告Ｙ１は、原告の右上腕部を木刀で１回殴打し、原告に全治○週間を要する傷害を負わせた。
第3　被告Ｙ３の損害賠償責任
1　暴力団対策法31条の２の損害賠償責任
　　暴力団対策法31条の２は、「指定暴力団の代表者等は、当該指定暴力団の指定暴力団員が威力利用資金獲得行為を行うについて他人の生命、身体又は財産を侵害したときは、これによって生じた損害を賠償する責任を負う。」と規定している。
　　この規定は、民法715条の使用者責任の特則と位置付けられ、指定暴力団員による不法行為により被害を受けた者が代表者等の損害賠償責任を追及する場合の立証責任の負担を軽減したものであり、平成20年５月２日から施行されている。
2　暴力団対策法31条の２の要件について
　　被告Ｙ３が、暴力団対策法31条の２の規定に基づき、本件不法行為に係る損害賠償責任を負うための要件は、
　①　本件不法行為が被告Ｙ３が代表者である指定暴力団○○組の指定暴力団員により行われたものであること
　②　本件不法行為（他人の生命、身体又は財産を侵害する行為）が威力利用資金獲得行為を行うについて行われたものであること
　③　当該損害が本件不法行為により生じたものであること
である。以下、各要件につき検討する。
3　本件不法行為は被告Ｙ３が代表者である指定暴力団○○組の指定暴力団員により行われたものであること
　　○○組は、○○県公安委員会により、平成○○年○月○日、指定暴力団として指定され、被告Ｙ３が代表者とされている。
　　そして、被告Ｙ１、Ｙ２は、指定暴力団○○組傘下の○○会○○

一家の構成員であり、指定暴力団○○組の指定暴力団員であった。以上から、本件不法行為は、指定暴力団○○組の指定暴力団員である被告Ｙ１、Ｙ２によって行われたものである。
4 当該不法行為が威力利用資金獲得行為を行うにつき行われたものであること

「威力利用資金獲得行為」とは、「当該指定暴力団の威力を利用して生計の維持、財産の形成若しくは事業の遂行のための資金を得、又は当該資金を得るために必要な地位を得る行為」である（暴力団対策法31条の２）。

本件不法行為は、次に述べるとおり、威力利用資金獲得行為を行うについてなされたものである。

(1) 本件不法行為の動機及び目的

被告Ｙ１、Ｙ２らが本件不法行為に及んだ動機及び目的は、指定暴力団○○組○○会○○一家の縄張内において、原告が植木のリース等の取引及びこれに基づく代金の支払を拒んだことから、原告に制裁を加え、金品を強取することにあった。即ち、威力利用資金獲得行為それ自体を目的としていたものである。

(2) 威力の利用

本件不法行為は、被告Ｙ１、Ｙ２といういずれも指定暴力団○○組○○会○○一家に所属する暴力団員２名が、協力しながら、互いの威嚇力を利用して行われたものであり、まさに暴力団の威力が利用されたといえる。

しかも、本件不法行為に際し、被告Ｙ１らは、原告に対し、「○○一家をなめんじゃねぇ」などと威迫文言を述べるなど、暴力団の威力を示して本件不法行為は敢行されている。

さらに、本件不法行為は、暴力団員である被告Ｙ１とＹ２が、それぞれ木刀、金属バットといった凶器を使用して暴行行為等を行ったことにより原告がより強い恐怖を覚えたものであり、この点からも暴力団の威力が利用されたといえる。

(3) 資金獲得行為

本件不法行為では、被告Ｙ１らは、原告の金品を強奪している以上、資金を獲得する行為であったことは明らかである。

(4) 以上より、被告Ｙ１、Ｙ２の本件不法行為は、威力利用資金獲得行為を行うにつき行われたものである。

5 当該損害が本件不法行為により生じたものであること

原告は、被告Ｙ１、Ｙ２による本件不法行為により、現金○○○万○○○○円を強取され、木刀で殴打されて全治○週間を要する傷害を負わされ、身体及び財産に対する侵害を受けた。

6　小括
　　以上から、指定暴力団〇〇組の指定暴力団員である被告Y1、Y2の本件不法行為は、暴力団対策法31条の2に規定する「威力利用資金獲得行為」に該当するものであり、当該行為を行うについて、原告の身体又は財産を侵害した以上、これによって生じた損害について、指定暴力団〇〇組の代表者である被告Y3は、同規定に基づき損害賠償責任を負う。

第4　損害
　　本件不法行為により原告が被った損害は、以下のとおりである。
　1　財産的損害　　　　　金〇〇〇万〇〇〇〇円
　　　原告は、本件不法行為により、〜　の財産的損害を被った。
　2　傷害に基づく損害　　金〇〇万〇〇〇〇円
　　　原告は、本件不法行為により、全治〇週間の傷害を負わされたものであり、これにより治療費〇万〇〇〇〇円、通院慰謝料〇〇万円が生じている。
　3　慰謝料　　　　　　　金〇〇〇万円
　　　原告は、暴力団員であるY1、Y2から取引をするよう何度も要求されたうえ、店舗に押し入られ、凶器を振るわれて現金を強取されるなどして恐怖を覚えた。これにより原告が被った精神的苦痛を慰謝するために必要な慰謝料は金〇〇〇万円を下らない。
　4　弁護士費用　　　　　金〇〇万円
　　　原告は、被害回復のため原告訴訟代理人らに委任して本訴を提起するほかなかったため、弁護士費用として金〇〇万円が相当である。

第5　結論
　　よって、原告は、被告Y1、被告Y2に対しては民法709条、710条、719条1項に基づく損害賠償請求として、被告Y3に対しては暴力団対策法31条の2の規定に基づく損害賠償請求として、それぞれ連帯して金〇〇〇万〇〇〇〇円及びこれに対する不法行為の当日である平成〇〇年〇月〇日から支払済みに至るまで民法所定の年5分の割合による遅延損害金の支払いを求める。

証　拠　方　法

　甲1号証　　・・・・・
　甲2号証　　・・・・・・
　甲3号証　　・・・・・・・
　甲4号証　　・・・・・・・・
　甲5号証　　・・・・・・・・・

甲6号証　・・・・・・・・
甲7号証　・・・・・・
甲8号証　・・・・・・

附　属　書　類

1　訴状副本　　　　　　　　　　　3通
2　甲1ないし甲8号証（写し）　　各4通
3　訴訟委任状　　　　　　　　　　1通

当事者目録

〒100-0001　東京都中央区〇〇一丁目〇番〇号　〇〇ビル〇階
　　　　　　〇〇〇〇法律事務所内
　　　　　　　　　　　　原　告　　　X

　　　　　原告訴訟代理人弁護士及び送達場所の記載：
　　　　　　　　　　別紙訴訟代理人目録記載のとおり

〒123-4567　東京都〇〇区〇〇四丁目〇番〇号（住民票上の住所）
〒124-0001　東京都葛飾区小菅1-35-1A　東京拘置所内（送達先）
　　　　　　　　　　　　被　告　　　Y1

〒123-4567　東京都〇市〇〇6番　〇ビル〇号室（住民票上の住所）
〒124-0001　東京都葛飾区小菅1-35-1A　東京拘置所内（送達先）
　　　　　　　　　　　　被　告　　　Y2

〒123-4567　〇〇県〇市〇区〇〇3丁目〇番地〇
　　　　　　　　　　　　　　　　〇〇こと
　　　　　　　　　　　　被　告　　　Y3

訴訟代理人目録

〒100-0001　東京都中央区〇〇一丁目〇番〇号　〇〇ビル〇階
　　　　　　〇〇〇〇法律事務所（送達場所）
　　　　　　　　電話　03-　-　／　FAX　03-　-
　　　　　　　　原告訴訟代理人　　　　弁護士　　〇　〇　〇　〇

〒100-0002　東京都〇〇区〇〇二丁目〇番〇号　〇〇ビル〇号室
　　　　　　〇法律事務所
　　　　　　　　同　　　　　　　　　　弁護士　　〇　〇　〇　〇

〒100-0003　東京都○○区○○三丁目○番○号　○○ビル○階
　　　　　　○○法律事務所
　　　　　　同　　　　　　　　　　　弁護士　　○　○　○　○

〒100-0004　東京都○○区○○四丁目○番○号　○○○ビル○号室
　　　　　　○○○法律事務所
　　　　　　同　　　　　　　　　　　弁護士　　○　○　○　○

〒100-0005　東京都○○区○○五丁目○番○号　○ビル○階
　　　　　　○○○法律事務所
　　　　　　同　　　　　　　　　　　弁護士　　○　○　○　○

●書式14：確定公判記録閲覧及び謄写申請の上申書

確定公判記録閲覧及び謄写申請の上申書

平成○○年○月○日

○○地方検察庁

　　　検察官検事　殿

○○事件訴訟代理人
弁護士　○　○　○　○
同　　　○　○　○　○
外○名

第1　閲覧及び謄写申請の目的

1　○○事件訴訟代理人について

　当職らは、○○事件（○○地裁　平成○○年(ワ)第○○○○号　損害賠償請求事件）の原告ら訴訟代理人団（以下、便宜上「○○事件弁護団」と申します。）を構成する弁護士です。本件事件は、いわゆる組長訴訟として、直接の加害行為者が所属する暴力団組織のみならず、当該組織の最上位組長を被告に加えており、本件事件の被害者である○○氏のご遺族の被害回復を求めるとともに、△△会という暴力団対策法の定める指定暴力団の代表者に対しその使用者責任（民法715条）を追及することにより、暴力団組織の弱体化を図り、ひいては暴力団犯罪の根絶を目指しております。すなわち、本件事件のように傘下組織構成員が組織構成員としての活動の中で不法行為を犯す度に、最上部団体の代表者にその賠償責任を追及することにより、当該代表者はその都度、損害賠償請求訴訟の被告とされることに耐え得なくなり、組織の弱体化を実現することが可能となります。

2　本件事件の概要

(1)　事件の概要

　平成○○年□月□日午前6時ころ、○○県××市○3丁目10番先路上において、○○（当時24歳）が、△△会××一家□□睦会○○組構成員に、所携の自動装てん式けん銃により、殺意をもって弾丸4発を発射され殺害されました。

　当該殺害行為は、構成員を殺害された○○組が、自らの組織の威力、威信のみならずその威力の基盤となる△△会の威力、威信を維持回復するために、報復行為として、みせしめのために行ったものですが、被害者○○は、その原因となった事件や暴力団組織とは無関係な青年であり、組織の威力・威信の維持回復に焦る△△組の誤認により報復の対象とされたに過ぎません。

本件訴訟は、被害者○○の遺族である原告らが、○○の殺害の実行犯3名とその直属組長（△△会の四次団体）の共同不法行為責任を問うとともに、△△会の代表者及びその代理監督者に対し使用者責任を問うものです。
(2)　当事者
　ア　原告
　　①　○　△□（被害者の父）
　　②　○　□□（被害者の母）
　　③　○　△□（被害者の姉）
　イ　被告
　　A　××××　（指定暴力団△△会の代表者）
　　B　××××　（指定暴力団△△会の会長）
　　C　××××　（△△会××一家□□睦会○○組組長）
　　D　××××　（○○組組員。現場指揮者）
　　E　××××　（○○組組員。現場幇助者）
　　F　××××　（○○組組員。殺害実行者）
(3)　被害者の経歴
　　○○は、○○○○年○月○○日、○○市で出生しました。市内の高等学校を卒業後、○○○○年3月、△△大学□□部に入学し、○○○○年○○月当時も同大学の○年生として在学しておりました。
　　ところが、○○○○年○○月○○日、本件誤殺事件により殺害されました。
3　閲覧及び謄写の必要性
(1)　京都事件
　　最高裁判所は、本件事件同様、指定暴力団五代目山口組組長に対し使用者責任に基づく損害賠償請求を行ったいわゆる京都事件（京都祇園において警備に当たっていた警察官が対立組織の組員と間違われて五代目山口組の傘下組織構成員に射殺された事件）において、五代目山口組組長に対し使用者責任に基づく賠償義務を認めております。
　　当該最高裁判決は、五代目山口組組長に使用者性が認められる間接事実として、
　①　山口組は、その威力をその暴力団員に利用させ、又はその威力をその暴力団員が利用することを容認することを実質上の目的とし、下部組織の構成員に対しても、山口組の名称、代紋を使用するなど、その威力を利用して資金獲得活動をすることを容認
　②　上納金制度により資金獲得活動による収益が五代目山口組組長に取り込まれる体制

③ 山口組組長がピラミッド型の階層的組織の頂点に立ち、構成員を擬制的血縁関係に基づく服従統制下におき、山口組組長の意向が末端組織の構成員に至るまで伝達徹底される体制

の各事実が存在することを前提としております。
(2) 本件申請の趣旨・目的

当職らは、本件事件において、上記京都事件最高裁判決を参考にしつつ、指定暴力団である△△会の最上位組長である××××やその代理監督者である××××に使用者責任を追及するため、下記のような構成を主張しております。

記

第1　被告××の使用者性
　1　暴対法3条に基づく指定
　　(1)　△△会が暴対法上の指定暴力団であること
　　(2)　△△会の代表者は被告××であると認定されていること
　2　序列的擬制的血縁関係に基づく組織構造
　　(1)　擬制的血縁関係の連鎖
　　(2)　△△会の階層的構成
　　(3)　被告××と○○組の絶対的服従統制関係
　3　人事についての承認
　4　上納金制度の存在
　　(1)　被告××に対する○○組構成員からの上納金
　　(2)　他の下部組織からの被告××に対する上納金
　5　△△会の威力利用の容認及び指揮命令システムの存在
　　(1)　執行部の存在
　　(2)　綱領及び規約の存在
　　(3)　委員長制度
　　(4)　代紋の存在
　　(5)　本部決定事項の連絡・伝達体制
　6　小括
第2　被告××の事業
　1　資金獲得活動
　2　集団組織の維持拡大活動
　3　威力・威信の維持拡大活動
　　(1)　威力・威信の維持拡大の必然性
　　(2)　「威力」の利用
　　(3)　威力・威信の維持回復活動としての「報復」「みせしめ」
　4　威力・威信の維持拡大活動の事業性
第3　本件誤殺行為の事業執行性

```
   1  △△会執行部の指示
    (1)  ○○本部長が指示をした事実
    (2)  △△会としての報復・みせしめの指示
    (3)  実行犯の服従
   2  「報復」・「みせしめ」の実行としての本件誤殺行為
第4  結語
```

　これらの事実は、本件事件を離れて、△△会内の組織構成、意思命令伝達体制、上納金、綱領及び規約の存在及びその普及等、広く△△会全般において、どのような組織実態であるのか、という観点から捉えられるべき事実です。

　本件事件において、上記各事実を立証するには、本件事件のみならず、△△会構成員が惹起した他の刑事事件を精査し、その中から立証に有効と認められる事実の記載のある部分を書証とすることがきわめて重要となります。

　例えば、刑事事件記録の中に、△△会構成員が、
① 　組織の決定事項伝達方法につき述べている箇所
② 　上納金について述べている箇所
③ 　綱領や規約について述べている箇所
④ 　組織のあり方や組織運営について述べている箇所
等があれば、それらは他の立証方法に代え難いきわめて有効な証拠となり得ます。

　実際に先の京都事件では、書証として提出された他の刑事事件記録から重要な事実が認定されており、最上位組長に対する責任追及訴訟では、同様の作業が必要不可欠です。

4 使用の限定

　当職らが当該記録の閲覧及び謄写を求める目的は、上記のとおり、本件事件において、△△会の最上位組長の使用者責任を追及するために使用するものであり、その使用方法は、謄写させていただいた記録を、本件訴訟の書証として提出するものです。

　念のため申し添えますが、当職らの使用目的・使用方法は、上記のとおり限定されておりますので、その使用が、公序良俗に反しないものであることは明らかですし、また必要に応じて、当該確定事件記録の事件当事者の氏名を伏せた上で提出することからも改善及び更生を著しく妨げるものでもありません。さらに、このような限定的な使用であることから、関係人の名誉又は生活の平穏を著しく害することとなるおそれもありません。

5 以上の各点をご高配の上、是非、当職らの閲覧及び謄写をお認めいただきたく、上申いたします。

第2　閲覧及び謄写を求める刑事公判確定記録
1　被告人
　　罪　名
　　逮捕年月日（※判決宣告日又は判決確定日でもよいが、できれば判決確定日＞判決宣告日＞逮捕年月日の優劣の順で記載すべき）
　　その他記録の特定に必要な事項
2　被告人
　　罪　名
　　判決宣告日
　　その他記録の特定に必要な事項
第3　添付資料
1　本件訴訟訴状
2　原告第○準備書面
3　証拠説明書
4　京都事件高裁判決
5　京都事件最高裁判決
　　　　　　　　　　　　　　　　　　　　　　　　　　　　以上

注：暴対法31条の2に基づく請求の場合は、書式13を参考にするなどして適宜変更して使用されたい。

書式編

● 書式15：強制執行申立書（動産執行申立書）

強 制 執 行 申 立 書	受付印		
東京地方裁判所　　　支部　執行官室　御中 平成○○年○月○日	予納金　　　　　円	担当　　　区	

住所（〒○○○ー○○○○）　東京都○○区○○町…
債　権　者　　　　甲　野　一　郎　　　㊞
（電話番号）　　　03ー○○○○ー○○○○
住所（〒○○○ー○○○○）　東京都○○区○○町…　○○法律事務所
債権者代理人　　　弁護士　　東　弁　太　郎　　　㊞
（電話番号）　　　03ー○○○○ー○○○○
住所（〒○○○ー○○○○）　東京都○○区○○町…
フリガナ 債　務　者　　　　○○ことA山B男

執行の目的及び執行の方法	動産執行（家財・商品類・機械・貴金属・その他）
目的地の所在地（住居表示で記載する） ☑ 上記債務者の住所 □	

債務名義の表示
☑　東京　㊤地方／簡易　裁判所　　　支部　平成○○年（ワ）第○○○○号
㊦判決・和解調書・調停調書・調停に代わる決定・仮執行宣言付支払督促・ その他（　　　　　　　　　　　　　　　　　　　　　　　　　　　　）
□　法務局所属公証人　　作成　平成　年第　　　号執行証書

請求金額　　10,0△△,△△△　円（内訳は別紙のとおり）

添付書類					
①	執行力ある債務名義の正本	1通	1	執行の立会い　　□ 無　☑ 有	
②	送達証明書	1通	2	執行の日時　　　○月○日希望	
3	資格証明書	通	3	執行日時の通知　□ 否　☑ 要	
④	委任状	1通	4	同時送達の申立て□ 無　□ 有	
⑤	債務者に関する調査表	1通	5	関連事件の事件番号 東京地方裁判所平成　　年（執　） 第　　　　号	
6					
7					

☑　執行調書謄本を関係人に交付してください。
☑　事件終了後、債務名義正本・送達証明書を返還してください。
　　　　　　　　　　　　債権者　代理人　弁護士　東弁太郎　㊞

請求金額計算書		
摘　　　　　要		金　額（円）
元　本（全額）残額、一部請求額） 　債務者は平成　　年　　月　　日に支払うべき割賦金の支払いを怠ったので同日の経過により期限の利益を失ったものである。		10,000,000
利　息	金　　　　　　円に対する 　　・　・　から　　　・　・　までの 年　割　分（日歩　　銭　）の割合による金員	
損害金	金 10,000,000 円に対する 平成〇・〇・〇から 平成〇・〇・〇までの 年　割5分（日歩　　銭　）の割合による金員	△△,△△△
支払督促手続費用		
仮執行宣言手続費用		
執行準備費用		
☑　申立書作成及び提出費用		△△△
☑　執行文交付費用		△△△
☑　送達証明書交付費用		△△△
☐　資格証明書交付費用		
☐		
☐		
☐		
合　　計　　金		10,0△△,△△△
備　　　考		

当事者目録	
住所（〒○○○－○○○○）	東京都○○区○○町…
債　権　者	甲　野　一　郎
住所（〒○○○－○○○○）	東京都○○区○○町…　　○○法律事務所
債権者代理人	弁護士　東　弁　太　郎
住所（〒○○○－○○○○）	東京都○○区○○町…
債　務　者	○○ことＡ山Ｂ男
債務名義の表示	
☑　東京　㊤地方／簡易　裁判所　　　支部　平成○○年（ワ）第○○○○号	
㊥判決・仮執行宣言付（支払督促・支払命令）・和解調書・調停調書・調停に代わる決定・	
不動産引渡命令・保全処分命令・仮差押命令・仮処分命令・　　決定	
□　　法務局所属公証人　　　　作成 平成　年　第　　号執行証書	

書式編

債務者に関する調査表

ふりがな			男・女	年齢	在宅状況
債務者名	○○ことＡ山Ｂ男 電話　　　―		(男)・女	○○歳位	日中在宅・日中不在 (不明)・(　　　　)

職業（具体的に記載してください。）
暴力団構成員

同居の状況					
氏　名	続柄	年齢	職　業	在　宅　状　況	
Ａ山Ｃ子	妻	○○		日 中 在 宅 ・ 日 中 不 在 (不明)・(　　　　　　　　　)	
				日 中 在 宅 ・ 日 中 不 在 不明・(　　　　　　　　　)	
				日 中 在 宅 ・ 日 中 不 在 不明・(　　　　　　　　　)	
				日 中 在 宅 ・ 日 中 不 在 不明・(　　　　　　　　　)	
				日 中 在 宅 ・ 日 中 不 在 不明・(　　　　　　　　　)	

目的地物件所在地（執行場所）の略図

（最寄駅から記載し、執行場所の周辺は具体的に書いてください。）

☑　別紙住宅地図のコピーのとおり

●書式16：刑事損害賠償命令申立書

```
┌─────────┐
│ 収　入　 │
│ 印　紙　 │     刑事損害賠償命令申立書
│（2000円）│
└─────────┘
                                    平成○○年○月○日
○○地方裁判所第○刑事部　御中
                   申立人代理人弁護士　　○　○　○　○　㊞
〒○○○─○○○○　東京都□□区△△丁目○○番○○号○○ハイ
                   ツ○○号
                        （訴え提起の擬制の管轄地）
                   申立人（被害者）　　　○　○　○　○
〒○○○─○○○○　東京都××区△△丁目○○番○号□□ビル○
                   階
                        ○○法律事務所（送達場所）
                   申立人代理人弁護士　　○　○　○　○
                         電　話　03─0000─0000
                         ＦＡＸ　03─9999─9999
〒○○○─○○○○　東京都△△区△△丁目○○番○号
                   相手方（被告人）　　　○　○　○　○
刑事被告事件の表示　平成○○年(わ)第○○○○号　傷害被告事件
第１　請求の趣旨
　１　相手方は、申立人に対し、○○○万円及びこれに対する平成○
　　○年○○月○○日から支払済みまで年５分の割合による金員を支
　　払え。
　２　手続費用は相手方の負担とする。
　との決定並びに仮執行の宣言を求める。
第２　刑事被告事件に係る訴因として特定された事実その他請求を特
　　定するに足りる事実
　　　平成○○年○○月○○日付け起訴状記載のとおり
第３　損害額の内訳
　１　治療費　　　　　　　　　　　　　○○万円
　２　休業損害（１日○○○○円×○○日）　○○万円
　３　慰謝料　　　　　　　　　　　　　○○○万円
             添　付　書　類　等
　１　申立書副本　　１通
　２　委任状　　　　１通
　３　ちょう用印紙　2000円
　４　郵便切手　　　○○○○円
```

●書式17：売買契約解除の通知書

```
                通　知　書
　当社は、平成○○年○月○日、貴殿から電話で「○○○○」と題する
書籍の購入の申込みを受けてこれを承諾し、本日、特定商取引に関する
法律第19条１項に定める書面とともに同書籍を受領しました。
　しかしながら、同法24条１項に基づき、同書籍の売買契約を解除いた
しますので、ここにご通知致します。
　お送りいただきました同書籍につきましては、直ちに返送致しますの
で、併せてご連絡致します。
　　　　　　平成○○年○月○日
〒○○○─○○○○
　東京都千代田区○○町○○番○号
　　○○株式会社
　　　代表取締役　　○　　○　　○　　○
〒○○○─○○○○
　○○県○○市○○町○○番○号
　　○　　○　　○　　○　　殿
```

●書式18：街宣等禁止仮処分命令申立書

```
　　　　　　　街宣等禁止仮処分命令申立書
　　　　　　　　　　　　　　　　　　　平成○○年○月○日
○○地方裁判所保全部　御中
　　　　　　　　　　　　債権者代理人弁護士　　○　　○　　○　　○
当事者の表示　　別紙当事者目録記載のとおり
　　　　　　　　申　立　て　の　趣　旨
別紙主文目録記載のとおり
　　　　　　　　申　立　て　の　理　由
第１　被保全権利
１　債権者は、○○市に本店を置く○○○等を業とする株式会社であ
　り、債務者は政治結社○○○を名乗るものである。
２　債務者は債権者に対し、平成○○年○○月○○日、ファクシミリで
　「○○会社は、○○と結託して、公共工事受注に際して談合を行い、
　税金を食い物にしている。」などと記載された「抗議文」と題する債
　務者名義の書面が送付された（甲１）。
３　その翌日、○○○○と名乗る正体不明の者が債権者を訪ねて来て、
　債権者代表者に対して「談合問題で、週刊誌も動いている。間に入っ
　てやろう。」などと申し向けたが、債権者代表者はこれを拒絶した
```

（甲2）。
4　そうしたところ、債務者は同月○○日から連日、債権者本社前及び債権者代表者自宅前、さらには主要取引先である△△株式会社本社前において街頭宣伝車を使用して次のとおり街宣活動を行っている（甲3ないし6）。

日　　時
場　　所
街宣内容
・○月○日
　10：00
　～11：00
　　債権者本社前
　　「我々は愛国者団体○○○であります。○○株式会社は○○と結託して談合を行い、血税を食い物にしています。」「住民の生き血をすする○○社長。」
　　　軍歌の放送
・○月○日
　14：00
　～15：00
　　債権者代表者自宅前
　　「○○社長、隠れていないで出てこい。」
　　　軍歌、読経の放送
・○月○日
　8：00
　～9：00
　　債権者本社前
　　「○○株式会社は○○と結託して談合を行い血税を食い物にしています。」「我々は、○○会社が悔い改めるまで断固抗議活動を継続する。」
　　　軍歌の放送
・○月○日
　8：00
　～9：00
　　△△株式会社本社前
　　「○○株式会社は、住民の生き血をすする吸血会社であります。」
　　「お前達はそのような会社と取引をしているのか」
　　　軍歌の放送
5　このため、債権者は、業務を著しく妨害され、また営業上の名誉・

信用も著しく毀損され続けており、平穏に営業をする権利ないし営業上の名誉権に基づき、債務者に対して街宣活動の差止請求権を有する。

第2 保全の必要性
1 　債権者は債務者に対して、平成○○年○月○日、街宣活動の中止を求める警告書を内容証明郵便で発送し、同月○日債務者に送達されたが、債務者は街宣活動を中止するどころか、債権者代表者自宅、取引先にまでその範囲を拡大させており、悪質かつ執拗である。
2 　債権者は、このような街宣活動のため、業務を妨害され、名誉・信用も毀損されている。近隣住民や取引先からは苦情を持ち込まれ、苦情や問合わせの対応に負われ、一般の顧客も債権者本社への立入りを躊躇しているなど、その営業に著しい損害を被っている。

　もとより街宣活動の内容は事実無根であるが、いずれにせよ、このような違法な街宣活動は、表現の自由、政治的自由の保障の及ぶところではない。

　債権者は債務者に対し、街宣活動差止請求等の本案訴訟を準備中であるが、債務者の行為はエスカレートする一方であり、後日本案訴訟において勝訴判決を得ても、その間街宣活動が継続すればその損害が回復しがたいものとなることは必至であるので、緊急に違法な街宣活動を阻止すべく本件仮処分申立てに及んだものである。

疎 明 方 法

甲1 　抗議文
甲2 　名刺
甲3 　ビデオテープ
甲4 　行動記録表
甲5 　地図
甲6 　報告書

添 付 書 類

1 　疎甲号証写し
2 　資格証明書
3 　委任状

●書式19：間接強制申立書

間 接 強 制 申 立 書

平成○○年○月○日
○○地方裁判所　御中

債権者代理人弁護士　○　○　○　○

当事者の表示　別紙当事者目録記載のとおり

申 立 て の 趣 旨

1　債務者らは、自ら又は第三者をして次の行為をし、若しくはさせてはならない。
　　別紙場所目録記載の場所において徘徊し、大声を張り上げ、街頭宣伝車を用いて演説をし、又は音楽を流す等して債権者の業務を妨害する一切の行為。
2　債務者が前項記載の債務を履行しないときは、債務者は債権者に対し、本決定送達の日の翌日から、履行しない時間当たり1分につき金30万円の割合による金員を支払え。

申 立 て の 理 由

1　債権者は債務者に対し、平成××年×月×日街宣禁止等仮処分命令を申し立て、同月△日、主文を下記のとおりとする仮処分決定が発令され、同月△日に債務者に送達された。

記

　　債務者らは自ら又は第三者をして次の行為をし、若しくはさせてはならない。
　　別紙場所目録記載の場所において徘徊し、大声を張り上げ、街頭宣伝車を用いて演説をし、又は音楽を流す等して債権者の業務を妨害する一切の行為。
2　しかるに、債務者は、上記仮処分決定に違反して、別紙場所目録記載の場所において、平成××年×月×日以後も街頭宣伝車を用いて演説をし、軍歌を流す等して街宣活動を継続し、債権者の業務を妨害している。
3　よって、債権者は債務者に対し、申立ての趣旨記載の決定を求める。

添 付 書 類

1　委任状
2　仮処分決定正本
3　同送達証明書

●書式20：売却のための保全処分命令申立書

平成○年（ケ）第○○○○号
　　　　　　　売却のための保全処分命令申立書
　○○地方裁判所民事部　御中

　　　　　　　　　　　　　　　　　　　　平成○○年○月○日
　　　　　　　　　　　　　　　　　　申立人　　Ｘ株式会社
　　　　　　　　　　　　　　　　申立人代理人弁護士　　○○○○
　　　　　　　　　　当事者の表示　別紙当事者目録記載のとおり
　　　　　　　　　　　　　申立ての趣旨
１　相手方らは、本決定送達の日から７日以内に、別紙物件目録記載の建物から退去せよ。
２　執行官は、相手方が前項の命令を受けていることを公示しなければならない。
　　　　　　　　　　　　　申立ての理由
１　当事者
　申立人は、別紙物件目録記載の建物（以下「本件建物」という）を目的物件とする競売事件（平成○○年（ケ）第○○○○号。以下「本件競売事件」という）の差押債権者である。
２　相手方の占有
　本件競売事件の現況調査報告書（以下「本件現況調査報告書」という）○枚目の記載によると、本件建物は、現在相手方が占有している。
３　価格減少行為
　(1)　債権回収目的の賃借権
　本件現況調査報告書○枚目の記載によると、相手方は、執行官に対して、本件建物の所有者Ｙ株式会社に対して500万円の貸金債権を有しており、賃料債務と相殺中であると陳述している。
　これを受けて、本件競売事件の物件明細書では、相手方の占有は債権回収目的と認定されている。
　(2)　暴力団事務所
　相手方の代表者は、指定暴力団Ｗ組の三次団体Ｖ連合の組長であるといわれている（疎甲１・雑誌記事）。また、本件建物のうち○○通りに面した窓には板が打ち付けられるとともに、入り口等２か所に警戒カメラが設置され（疎甲２・写真）近隣でも本件建物はＶ連合の事務所になったと言われている（疎甲３・報告書）。
　(3)　小括
　以上からすると、相手方による占有継続が民事執行法55条にいう「価格減少行為」に該当することは明白である。

書式編

4　よって、本件申立てに及んだ次第である。
　　　　　　　疎明方法（略）
　　　　　　　添付書類（略）

●書式21：売却のための保全処分命令（決定例）

> 平成○○年（ヲ）第○○号　売却のための保全処分命令申立事件
> （基本事件平成○○年（ケ）第○○○○号）
> 当事者の表示　別紙当事者目録記載のとおり
> 　　　　　　　　　　決　定
> 　　　　　　　　　　主　文
> 1　相手方は、本決定送達後7日以内に、別紙物件目録記載の建物から退去せよ。
> 2　執行官は、相手方が退去するまでの間、別紙物件目録記載の建物について、相手方が退去を命じられていることを公示しなければならない。
> 　　　　　　　　　　理　由
> 1　一件記録によれば、申立人は、頭書基本事件の差押債権者であるところ、相手方は、権原なく別紙物件目録記載の建物を占有し、かつ、これにより本件建物の価値が著しく減少していることが認められる。
> 2　よって、民事執行法55条1項を適用して主文のとおり決定する。
> 平成○○年○月○日
> ○地方裁判所民事部
> 裁判官　　○○○○

●書式22：不動産引渡命令申立書

> 　　　　　　　　不動産引渡命令申立書
> ○○地方裁判所民事部　御中
> 平成○○年○月○日
> 申立人　　X株式会社
> 申立人代理人弁護士　　○○○○
> 当事者の表示　別紙当事者目録記載のとおり
> 　　　　　　　　　　申立ての趣旨
> 相手方は、申立人に対して、別紙物件目録記載の不動産を引き渡せ。
> 　　　　　　　　　　申立ての理由
> 1　申立人は、平成○○年（ケ）第○○○○号競売事件において、別紙物件目録記載の不動産を買い受け、平成○○年○○月○○日、代金を

納付して所有権を取得した。
　2　相手方は、本件不動産を占有しているが、その占有は債権回収目的であり、買受人に対抗できない。
　3　よって、本件申立てに及んだ次第である。
　付属書類（略）

●書式23：不動産引渡命令（決定例）

　　平成15年（ヲ）第○○○○号
　　　　　　　　　　不動産引渡命令
　当事者の表示　別紙当事者目録記載のとおり
　　申立人は、当裁判所平成○○年（ケ）第○○○○号不動産競売事件において、別紙物件目録記載の不動産を買い受け、代金を納付した上、引渡命令の申立てをしたので、これを相当と認め、次のとおり決定する。
　　　　　　　　　　　主　文
　　相手方は、申立人に対し、別紙物件目録記載の不動産を引き渡せ。
　平成○○年○月○日
　○○地方裁判所民事第○部
　裁判官　　○○○○

●書式24：振り込め詐欺等不正請求口座情報提供及び要請書

　※　要請先の金融機関と情報提供先の所轄捜査機関（該当する□にレ印でチェック）にFAX送信して下さい。

　　　　　　振り込め詐欺等不正請求口座情報提供及び要請書

　　　　　　　　　　　　　　　　　　平成　　年　　月　　日
　□　＿＿＿＿＿銀行　＿＿＿＿＿＿　御中
　　　　　　　　　　　　　　　　　　FAX　　　（　　　）
　□　警視庁　□　＿＿＿＿警察本部　□　刑事部捜査第二課　御中
　　　　　　　　　　　　　　　　　　FAX　　　（　　　）
　　　　　　　　　　　　　　　□　生活安全部生活経済事犯担当課
　　　　　　　　　　　　　　　　　御中

　〔情報提供者・ 下記被害者代理人 〕
　　　弁護士＿＿＿＿＿＿　印　　　＿＿＿弁護士会　登録番号＿＿＿＿
　　　　　　　　　　　〔職印を押捺〕
　　事務所名・所在地
　　　　　　　　　法律事務所

書式編

```
           ＴＥＬ＿＿＿（　）＿＿＿　ＦＡＸ＿＿＿（　）＿＿＿
   〔被害者〕住所 ＿＿＿＿＿＿＿＿＿＿＿＿＿＿＿
          氏名 ＿＿＿＿＿＿＿＿＿＿＿＿＿＿＿
```

下記預金口座について、犯罪利用があるものと思料しますので、口座情報を提供し、もって、**預金取引の停止又は預金口座の解約**をお願いします。なお、口座名義人から本件クレーム等があった場合は、当職からの要請であることを相手方に告知し、その旨を当職宛てご連絡ください。また、その場合クレーム等に対しては当職の責任において一切の処理を行います。

1．対象口座の表示
　　　　　　　　銀行・信用金庫・信用組合　　　支店　普通・当座・その他（　　　）
　　　口座番号 ＿＿＿＿＿＿＿＿＿＿　口座名義人 ＿＿＿＿＿＿＿＿＿＿

2．振り込め詐欺等不正請求の手口
　　　　□オレオレ詐欺　□架空請求　□融資保証金詐欺　□還付金詐欺
　　　　☑ヤミ金融　□その他
　　　　その他の場合の手口の内容
　　　　［　　　　　　　　　　　　　　　　　　　　　　　　　　　］

3．その他参考事項

4．参考書類　□有　　□無
　　　　□振込控え　　□ダイレクトメール（ハガキ、封書）
　　　　□チラシ　　　□その他（　　　　　　　　　　　）

●書式25：表明確約書（契約書別紙添付形式）

契約書別紙（平成　年　月　日付契約書添付）
兼表明確約書

第1　甲は乙に対し、自己が、現在、暴力団、暴力団員、暴力団準構成員、暴力団関係企業、総会屋等、社会運動等標ぼうゴロまたは特殊知能暴力団等、その他これらに準ずる者（以下これらを「暴力団員等」という。）に該当しないこと、および次の各号のいずれにも該当しないことを表明し、かつ将来にわたっても該当しないことを確約する。
　1　暴力団員等が経営を支配していると認められる関係を有すること
　2　暴力団員等が経営に実質的に関与していると認められる関係を有すること
　3　自己、自社若しくは第三者の不正の利益を図る目的または第三者に損害を加える目的を以てするなど、不当に暴力団員等を利用していると認められる関係を有すること
　4　暴力団員等に対して資金等を提供し、または便宜を供与するなどの関与をしていると認められる関係を有すること
　5　役員または経営に実質的に関与している者が暴力団員等と社会的に非難されるべき関係を有すること
第2　乙は、甲が前項の確約に反して、暴力団員等あるいは前項各号の一にでも該当することが判明したときは、何らの催告をせず、本契約を解除することが出来る。

平成○○年○月○日
住所
甲
署名　　　　　　　　　　印

●**書式26：暴排条項例**

第○条　反社会的勢力の排除
1　甲（自社）及び乙（相手方）は、自己又は自己の代理人若しくは媒介する者が、現在、暴力団、暴力団員、暴力団員でなくなったときから5年を経過しない者、暴力団準構成員、暴力団関係企業、総会屋等、社会運動等標ぼうゴロまたは特殊知能暴力集団等、その他これらに準ずる者（以下これらを「暴力団員等」という。）に該当しないこと、および次の各号のいずれにも該当しないことを表明し、かつ将来にわたっても該当しないことを相互に確約する。
　一　暴力団員等が経営を支配していると認められる関係を有すること
　二　暴力団員等が経営に実質的に関与していると認められる関係を有すること
　三　自己、自社または第三者の不正の利益を図る目的または第三者に損害を加える目的をもってするなど、不当に暴力団員等を利用していると認められる関係を有すること
　四　暴力団員等に対して資金または提供し、または便宜を供与するなどの関与をしていると認められる関係を有すること
　五　役員または経営に実質的に関与している者が暴力団員等と社会的に非難されるべき関係を有すること
2　甲又は乙は、前項の確約に反して、相手方又は相手方の代理人若しくは媒介する者が、暴力団員等あるいは前項の各号の一にでも該当することが判明したときは、何らの催告をせず、本契約を解除することができる。
3　甲又は乙が、本契約に関連して、第三者と下請又は委託契約等（以下、「関連契約」という。）を締結する場合において、関連契約の当事者又は若しくは媒介する者が暴力団員等あるいは1項各号の一にでも該当することが判明した場合、他方当事者は、関連契約を締結した当事者に対して、関連契約を解除など必要な措置をとるように求めることができる。
4　甲又は乙が、関連契約を締結した当事者に対して前項の措置を求めたにもかかわらず、関連契約を締結した当事者がそれに従わなかった場合には、その相手方当事者は本契約を解除することができる。

●書式27:企業行動憲章による宣言記載例

　私たち(会社、全役員及び全従業員)は、市民社会の秩序や安全に脅威を与える反社会的勢力の存在を認めません。
　私たちは、反社会的勢力との一切の関係遮断を宣言し、反社会的勢力からの接近に対しては、会社組織全体をあげて断固とした態度で対決し、いかなる利益の供与、取引も行わないことを誓います。
　また、警察その他の行政機関、地域社会と協力して、反社会的勢力を社会から排除する活動に貢献します。

●書式28:事業報告における記載例

「取締役及び使用人の職務の執行が法令及び定款に適合することを確保するための体制」
　当社は、取締役及び使用人に、社会の秩序や安全を脅かす反社会的勢力を社会から排除していくことが、社会共通の重要課題であることを認識させ、社会的責任ある企業として、次の通り反社会的勢力に対する基本方針を定めるとともに、この基本方針実現のための体制を整備する。
　① 反社会的勢力とは断固として対決し、関係遮断を徹底する。
　② 反社会的勢力による不当要求は拒絶し、裏取引や資金提供は絶対に行わない。
　③ 反社会的勢力に対応する取締役及び使用人の安全を確保する。
　④ 反社会的勢力に対しては、外部専門機関と連携の上、組織的かつ法的に対応する。

● 書式29：コーポレート・ガバナンスに関する報告書における記載例

（1）反社会的勢力排除に向けた基本的な考え方
　当社は、反社会的勢力との一切の関係遮断を基本方針としております。また、反社会的勢力によるいかなる接近に対しても、組織として断固として対決し、いかなる利益供与・取引も行わないことを、当社行動憲章及びコンプライアンス・マニュアルに明記し、周知徹底しております。

（2）反社会的勢力排除に向けた整備状況
① 対応統括部署及び不当要求防止責任者の設置状況
　当社の主要拠点に反社会的勢力への対応を統括する部署（対応統括部署）を設け、不当要求防止責任者を設置しております。また、反社会的勢力による不当要求、組織暴力及び犯罪行為に対しては、直ちに対応統括部署に報告・相談する体制も整備しております。

② 外部の専門機関との連携状況
　警察が主催する連絡会等に加入するなど、平素より外部の専門機関と連携を深め、反社会的勢力への対応に関する指導を仰いでいます。

③ 反社会的勢力に関する情報の収集・管理状況
　対応統括部署において、有識者や警察等と連携することにより、反社会的勢力に関する最新情報を共有するとともに、かかる情報を社内への注意喚起等に活用しています。

④ 対応マニュアルの整備状況
　反社会的勢力への具体的な対応方法や事例を記載した当社コンプライアンス・マニュアルを作成し、全社員に配布しています。

⑤ 研修活動の実施状況
　社内において反社会的勢力に関する情報を共有し、また、社内及び当社のグループ会社において講演会を実施するなど、反社会的勢力による被害の未然防止に向けた活動を実施しています。

●書式30：取引先管理票（チェックシート）

取引先管理票（□新規・□継続）
1　取引・契約の内容
・契約の種類（契約番号）
・期間
・金額
・契約書書式等
□契約書　　□注文書　　□その他（　　　　　　　　　）
□暴排条項
□表明確約書
2　相手方情報
・氏名（個人）
・法人名・代表者名
・住所／本店所在地
・連絡先（電話・ＦＡＸ・メール）
・担当部署　　　　　　担当者名　　　　　　　連絡先
3　取引に至る経緯・訪問記録等
4　関係資料　□名刺　□会社案内・パンフレット 　　□その他（　　　　　　　　　　）
《確認欄》
□　　会社ＨＰ　　　　　　　　主要株主
□　　登記情報
（メモ欄）※目的・役員等に不自然な変更等があるかどうか等
□　　ウェブ検索・自社ＤＢ検索
（検索結果）
《方針》
□　　問題なし
□　　警察等へ照会
□　　その他
備考欄）

書式編

●書式31：解除通知

```
                            通　知　書
　〒〇〇〇-〇〇〇〇
　東京都〇〇区〇〇丁目〇番〇号
　株式会社乙　御中
　平成〇〇年〇月〇日

                              〒〇〇〇-〇〇〇〇
                              東京都〇〇区〇〇丁目〇番〇号
                              〇〇法律事務所
                              電　話：〇〇-〇〇〇〇-〇〇〇〇
                              ＦＡＸ：〇〇-〇〇〇〇-〇〇〇〇
                              株式会社甲
                              上記代理人　弁護士　　〇〇〇〇

　冠省
　　当職は、株式会社甲（以下「通知人」といいます。）を代理して、貴
　社に対し、次のとおり通知いたします。
　　通知人は、貴社と以下の内容の〇〇契約（以下「本件契約」といいま
　す。）を締結しております。
　　≪契約内容≫
　　しかしこの度、貴社が契約書第〇条記載の解除条項に該当することが
　判明いたしましたので、第〇条に基づき、本書面をもって本件〇〇契約
　を解除いたします(注1)。
　　つきましては、
　　≪明渡し、引き取り等処理が必要な場合は、処理方法の記載(注2)≫
　　最後に、本件については当職が通知人より一切の委任を受けておりま
　すので、本件に関するご連絡等は、全て当職宛とし、通知人に対する直
　接のご連絡はお控えください。
                                                    草　々
```

注1　解除事由の記載方法は事案ごとに異なる。契約書上の暴排条項の有無、排除対象となる相手方の属性、その他の具体的解除事由（債務不履行等）の有無や程度、包括的解除事由や信頼関係破壊理論（継続的契約の場合）等を比較検討して判断する。総合的判断（諸般の事情、暴力団排除条例を考慮、関係各機関からの指導を踏まえて等）によることを併せて示す方法も考えられる。

注2　こちらで預かっているものや貸しているものがある場合（金融機関等の既存口座の解約や貸金庫契約等）は、預っている物の返還や貸している物の返還請求等の処理についての通知も併せて行う。例えば預金額を現金書留等で送付する、格納物の引き取り要求及び明渡請求を併せて行う等。引取り作業のための協議を申し入れても良いであろう。ＯＡ機のリース契約など当該契約本体とこれに付随する契約（保守・メンテナンス契約等）がある場合は、付随契約の処理も併せて行う。付随する契約が複数あり当事者が異なる場合（付随契約の当事者が関連会社や下請け会社である場合等）は、解除のタイミングを事前に協議し、同時に処理する必要がある。また、継続的契約等で直ちに解除をすることが相手方に著しい不利益を与える場合等は引継の期間を設ける等の工夫が必要になる場合もある。請負契約や業務委託契約等現場に社員を派遣したり重機や機械等を提供している場合は、社員や機械等の引上げについて、解除通知に記載するか否かも含め、十分に留意する必要がある。

資料編

資料編

◆資料1　指定暴力団の指定状況

（平成26年11月現在）

番号	名称	主たる事務所の所在地	代表する者	勢力範囲	構成員数	初回指定年月日	効力期限（指定回数）	代紋
1	六代目山口組	兵庫県神戸市灘区篠原本町4－3－1	篠田　建市	1都1道2府41県	約11,600人	平成4年6月23日	平成28年（8回）	
2	稲川会	東京都港区六本木7－8－4	辛　炳圭	1都1道17県	約3,300人	平成4年6月23日	平成28年（8回）	
3	住吉会	東京都港区赤坂6－4－21	西口　茂男	1都1道1府15県	約4,200人	平成4年6月23日	平成28年（8回）	
4	五代目工藤會	福岡県北九州市小倉北区神岳1－1－12	野村　悟	3県	約560人	平成4年6月26日	平成28年（8回）	
5	旭琉會	沖縄県沖縄市上地2－14－17	富永　清	県内	約520人	平成4年6月26日	平成28年（8回）	
6	六代目会津小鉄会	京都府京都市下京区東高瀬川筋上ノ口上る岩滝町176－1	馬場　美次	1道1府	約270人	平成4年7月27日	平成28年（8回）	
7	五代目共政会	広島県広島市南区南大河町18－10	守屋　輯	県内	約210人	平成4年7月27日	平成28年（8回）	
8	七代目合田一家	山口県下関市竹崎町3－13－6	金　敦煥	3県	約120人	平成4年7月27日	平成28年（8回）	
9	四代目小桜一家	鹿児島県鹿児島市甲突町9－1	平岡　喜榮	県内	約70人	平成4年7月27日	平成28年（8回）	
10	四代目浅野組	岡山県笠岡市笠岡615－11	森田　文靖	2県	約100人	平成4年12月14日	平成28年（8回）	

資料編

11	道仁会	福岡県久留米市京町247―6	小林　哲治	4県	約630人	平成4年12月14日	平成28年(8回)	
12	二代目親和会	香川県高松市塩上町2―14―4	吉良　博文	県内	約50人	平成4年12月16日	平成28年(8回)	
13	双愛会	千葉県市原市潤井戸1343―8	塩島　正則	2県	約200人	平成4年12月24日	平成28年(8回)	
14	三代目俠道会	広島県尾道市山波町3025―1	渡邊　望	5県	約130人	平成5年3月4日	平成29年(8回)	
15	太州会	福岡県田川市大字弓削田1314―1	日高　博	県内	約160人	平成5年3月4日	平成29年(8回)	
16	九代目酒梅組	大阪府大阪市西成区太子1―3―17	吉村　三男	府内	約50人	平成5年5月26日	平成29年(8回)	
17	極東会	東京都豊島区西池袋1―29―5	曹　圭化	1都1道13県	約880人	平成5年7月21日	平成29年(8回)	
18	二代目東組	大阪府大阪市西成区山王1―11―8	滝本　博司	府内	約150人	平成5年8月4日	平成29年(8回)	
19	松葉会	東京都台東区西浅草2―9―8	荻野　義朗	1都1道18県	約910人	平成6年2月10日	平成27年(7回)	
20	三代目福博会	福岡県福岡市博多区千代5―18―15	金　寅純	4県	約220人	平成12年2月10日	平成27年(5回)	
21	浪川睦会	福岡県大牟田市上官町2―4―2	朴　政浩	1都5県	約290人	平成20年2月28日	平成29年(3回)	

注：1　指定状況は平成26年11月現在の情報である。
　　2　構成員数は警察庁「平成26年上半期の暴力団情勢」による。

339

資料編

◆資料2　不起訴事件記録の開示について

○　不起訴事件記録の開示について

1　被害者等の方々に対する不起訴記録の開示に関する従来の運用について

　　不起訴記録については、これを開示すると、関係者の名誉・プライバシー等を侵害するおそれや捜査・公判に支障を生ずるおそれがあるため、刑事訴訟法第47条により、原則として、これを公にしてはならないとされています。

　　しかし、法務省においては、平成12年2月4日付けで被害者等の方々に対する不起訴記録の開示について、平成16年5月31日付けで民事裁判所から不起訴記録に関する文書送付嘱託がなされた場合の対応について、それぞれ全国の検察庁に指針を示しており、検察庁においては、刑事訴訟法第47条の趣旨を踏まえつつ、被害者等の保護等の観点と開示により関係者のプライバシー等を侵害するおそれや捜査・公判に支障を生ずるおそれの有無等を個別具体的に勘案し、相当と認められる範囲で、弾力的な運用を行ってきたところです。

2　新たな方針について

　　近時、被害者等の方々からは、被害を受けた事件の内容を知りたいとの強い要望がなされているところであり、このような要望にこたえ、被害者等の方々の保護をより十全なものとするため、従来の指針に加え、刑事訴訟法第316条の33以下に規定された被害者参加の対象事件（以下「被害者参加対象事件」という。）の不起訴記録については、被害者等の方々が、「事件の内容を知ること」などを目的とする場合であっても、客観的証拠については原則として閲覧を認めるという、より弾力的な運用を図るのが相当であると考え、平成20年12月1日から実施することとして、同年11月19日付けで、全国の検察庁に通達を発出しました。

　　従来の指針が適用される部分も含めた不起訴記録の開示に関する全体的な方針の概要は、下記のとおりです。

記

第1　不起訴記録の開示について

1 被害者参加対象事件について閲覧請求がなされた場合
 (1) 閲覧請求の主体
　　被害者参加対象事件、すなわち
　① 故意の犯罪行為により人を死傷させた罪
　② 刑法第176条から第178条まで、第211条、第220条又は第224条から第227条までの罪
　③ ②に掲げる罪のほか、その犯罪行為にこれらの罪の犯罪行為を含む罪（①に掲げる罪を除く。）
　④ ①から③に掲げる罪の未遂罪
　に係る事件の被害者等若しくは当該被害者の法定代理人又はそれらの代理人たる弁護士については、後記(2)以下の基準に従って閲覧を認めることとする。
　　また、被害者が死亡した場合又はその心身に重大な故障がある場合におけるその配偶者、直系の親族又は兄弟姉妹の方々についても、後記(2)以下の基準に従って閲覧を認める。
 (2) 閲覧目的
　　従来は、不起訴記録について被害者等の方々に閲覧等を認めるのは、民事訴訟等において被害回復のための損害賠償請求権その他の権利を行使する目的である場合に限っていたが、今後は、前記(1)の被害者参加対象事件の被害者等の方々については、このような場合に限らず、「事件の内容を知ること」等を目的とする場合であっても、原則として閲覧を認める。
 (3) 関係者の名誉に対する配慮等
　　①関係者の名誉・プライバシー等にかかわる証拠の場合、②関連事件の捜査・公判に具体的な影響を及ぼす場合、③将来における刑事事件の捜査・公判の運営に支障を生ずるおそれがある場合などは、閲覧を認めず、又は当該部分にマスキングの措置を講ずる。
 (4) 閲覧の対象となる不起訴記録

実況見分調書や写真撮影報告書等の客観的証拠について、原則として、代替性の有無にかかわらず、相当でないと認められる場合を除き、閲覧を認める。
2 被害者参加対象事件以外の事件について閲覧・謄写請求がなされた場合
(1) 閲覧・謄写請求の主体
 ア 被害者参加対象事件以外の事件の被害者等の方々若しくは当該被害者の法定代理人又はそれらの代理人たる弁護士について、後記(2)以下の基準に従って閲覧・謄写を認めることとする。
  閲覧・謄写を認めることとする被害者の親族の方々の範囲については、前記1(1)と同様である。
 イ 被害者等以外の者から、閲覧・謄写請求がなされた場合でも、例えば、過失相殺事由の有無等を把握するため、加害者側が記録の閲覧・謄写を求めるような場合には、正当に被害回復が行われることに資する場合も少なくないので、相当と認められるときには、閲覧・謄写に応じる。
  さらに、損害保険料率算出機構、財団法人交通事故紛争処理センター、全国共済農業協同組合連合会及び財団法人自賠責保険・共済紛争処理機構からの照会については、後記第2の民事裁判所からなされた不起訴記録の文書送付嘱託に関し、客観的証拠の送付に応じる場合と同様に取り扱う。
  これらの被害者等以外の者から閲覧・謄写請求がなされた場合の取扱いについては、前記1(1)記載の被害者参加対象事件の場合も同様である。
(2) 閲覧目的
  民事訴訟等において被害回復のための損害賠償請求権その他の権利を行使する目的である場合に閲覧を認める。
(3) 関係者の名誉に対する配慮等
  前記1(3)と同様である。

(4) 閲覧の対象となる不起訴記録

　　客観的証拠であって、当該証拠が代替性に乏しく、その証拠なくしては、立証が困難であるという事情が認められるものについて、閲覧・謄写の対象とし、代替性がないとまではいえない客観的証拠についても、必要性が認められ、かつ、弊害が少ないときは、閲覧・謄写を認める。

第2　民事裁判所から不起訴記録の文書送付嘱託等がなされた場合

1　不起訴記録中の客観的証拠の開示について

　　前記第1、2、(4)にいう必要性が認められる場合、客観的証拠の送付に応じる。

2　不起訴記録中の供述調書の開示について

　　次に掲げる要件をすべて満たす場合には、供述調書を開示する。

(1) 民事裁判所から、不起訴記録中の特定の者の供述調書について文書送付嘱託がなされた場合であること。

(2) 当該供述調書の内容が、当該民事訴訟の結論を直接左右する重要な争点に関するものであって、かつ、その争点に関するほぼ唯一の証拠であるなど、その証明に欠くことができない場合であること。

(3) 供述者が死亡、所在不明、心身の故障若しくは深刻な記憶喪失等により、民事訴訟においてその供述を顕出することができない場合であること、又は当該供述調書の内容が供述者の民事裁判所における証言内容と実質的に相反する場合であること。

(4) 当該供述調書を開示することによって、捜査・公判への具体的な支障又は関係者の生命・身体の安全を侵害するおそれがなく、かつ、関係者の名誉・プライバシーを侵害するおそれがあるとは認められない場合であること。

3　目撃者の特定のための情報の提供について

　　次に掲げる要件をすべて満たす場合には、当該刑事事件の目撃者の特定に関する情報のうち、氏名及び連絡先を民事裁判所に回答する。

(1) 民事裁判所から、目撃者の特定のための情報について調査の嘱託がな

された場合であること。
(2) 目撃者の証言が、当該民事訴訟の結論を直接左右する重要な争点に関するものであって、かつ、その争点に関するほぼ唯一の証拠であるなど、その証明に欠くことができない場合であること。
(3) 目撃者の特定のための情報が、民事裁判所及び当事者に知られていないこと。
(4) 目撃者の特定のための情報を開示することによって、捜査・公判への具体的な支障又は目撃者の生命・身体の安全を侵害するおそれがなく、かつ、関係者の名誉・プライバシーを侵害するおそれがないと認められる場合であること。

◆資料3　申立てに必要な書類等、予納金額標準表

平成26年6月1日　東京地方裁判所執行官室

申　立　て　に　必　要　な　書　類　等	
(1) 執行文の付された債務名義の正本	→ 債務名義の正本だけで足りる場合（民執法25条但書等）があります。
(2) 同送達証明	→ 必要のない場合（仮差押・仮処分事件、動産競売事件等）があります。
(3) 申立書	→ 事件により、請求金額計算書または物件目録を申立書頭書きに綴ってホッチキスで留め、各葉に契印するか又はページ番号を付してください。
(4) 印鑑	→ 申立てから事件終了後まで、すべての書類に同じものを使用してください。
(5) 資格証明書	→ 当事者が法人の場合、1か月以内に発行された登記事項証明書（債権者の場合、代表者事項証明書でも可。）が必要です。 　ただし、仮差押・仮処分事件、競売開始決定に基づく自動車等引渡執行事件は添付しなくても差し支えありません。
(6) 委任状	→ 代理人が付く場合、委任状が必要です。 　「取下げ」「復代理人の選任」は特別授権事項なので注意してください。
(7) 建物収去事件の場合	→ 授権決定正本、同送達証明書、同確定証明書及び目的不動産の登記事項証明書が必要です。
(8) 申立書とは別に添付する目録類	→ 下欄のとおり。印鑑（訂正印・捨印等）は、決して押さないでください。

	請求金額計算書	物件目録	当事者目録	債務者が2名以上の場合
動産等（執イ）	3枚	―	3枚	債務者1名毎に申立書及び目録類添付
明渡等（執ロ）	―	6枚	6枚	1つの申立書に、債務者を連記する。債務者が1名増える毎に目録類を1枚ずつ増やす。
仮差押（執ハ）	3枚	―	3枚	
仮処分（執ハ）	―	4枚	3枚	

資料編

| その他必要なもの |

(1) 債務者に関する調査表 → 氏名、性別、年齢、在宅状況、職業等の状況を、分かる範囲で記入してください。
(2) 執行場所の案内図 → 最寄駅から執行場所までの経路が分かるものが必要です。
(3) 郵送による申立ての場合 → 82円切手を貼付した返信用封筒。予納通知等を送付するために必要です。

| 予納金額標準表（予納は現金納付が原則です。） |

	区分	基本額	請求金額	加算額
動産（執イ）	差押事件	35,000円	1,000万円以下	債権者1名（分割債権）、執行場所1ヵ所増す毎に基本額を加算
		45,000円	1,000万円超過	
	動産競売事件	30,000円		
明(引)渡し等(執ロ)	不動産明渡等事件（建物収去・退去を含む。）	65,000円		債務者1名、物件1個増す毎に25,000円加算
	代替執行事件（建物収去を除く。）	30,000円		債務者1名、物件1個増す毎に15,000円加算
	動産引渡事件	25,000円		債務者1名増す毎に15,000円加算
	動産引渡事件（自動車）	25,000円		物件1個増す毎に15,000円加算
	動産受領事件	30,000円		執行場所1ヵ所増す毎に15,000円加算
	売却及び買受人の為の保全処分	65,000円		債務者1名、物件1個増す毎に25,000円加算
	売却及び買受人の為の保全処分（公示のみ）	30,000円		債務者の人数にかかわらず30,000円 物件1個増す毎に10,000円加算

保全（執八）	仮差押事件	35,000円	1,000万円以下	債権者1名（分割債権）、執行場所1ヵ所増す毎に基本額を加算
		40,000円	1,000万円超過	
	仮処分事件	30,000円		債務者1名、物件1個増す毎に15,000円加算
	不特定債務者のみの仮処分事件	60,000円		物件1個増す毎に15,000円加算。
	特定債務者1名及び不特定債務者の仮処分事件	60,000円		特定債務者1名、物件1個増す毎に15,000円加算。
その他	子の引渡執行事件	40,000円		事案により、追納の可能性あり。
	破産保全事件	30,000円		

（注意）上記は、執行官手数料規則に基づく費用についての予納金であり、明渡し等事件の作業員日当、遺留品運搬費用、倉庫保管費用等は含まれていません。また、執行官援助など各事件毎の処理の都合で、予納金が不足する場合がありますので、当執行官室から連絡があった場合には、すみやかに追納をお願いします。

◆資料4　社内体制構築のためのチェックリスト

＜基本方針の決議、諸規則等の整備＞
◇1　取締役会で反社会的勢力との一切の関係遮断の基本方針を決議していますか。
◇2　経営トップが、反社会的勢力との一切の関係遮断について宣言を行っていますか。
◇3　代表取締役等の経営トップは基本方針を実現するための社内体制の整備、従業員の安全確保、外部専門機関との連携等の一連の取組を行った上で、その結果を取締役会等に報告していますか。
◇4　内部統制システムの基本方針として反社会的勢力との関係遮断を明記していますか。
◇5　企業行動憲章等の中に、反社会的勢力との関係遮断を明記していますか。
◇6　企業行動憲章等の反社会的勢力との関係遮断は、取引関係を含めて、一切の関係を持たない、また、反社会的勢力による不当要求は拒絶するという基本原則となっていますか。
◇7　社内規則等の服務規程の中に反社会的勢力との関係遮断に関する規定を設けていますか。
◇8　反社会的勢力対応マニュアルを策定していますか。

＜反社会的勢力対応部署の整備＞
◇9　取締役会が明文化された社内規則を前提として、反社会的勢力対応部署を整備し、担当役員や従業員を指名していますか。
◇10　反社会的勢力による不当要求がなされた場合等に、当該情報を反社会的勢力対応部署へ報告・相談する体制となっていますか。また、反社会的勢力対応部署において実際に反社会的勢力に対応する担当者の安全を確保し担当部署を支援する体制となっていますか。
◇11　反社会的勢力により不当要求がなされた旨の情報が反社会的勢力対応部署を経由して速やかに取締役等の経営陣に報告され、経営陣の適切な指示・関与のもと対応を行うこととされていますか。
◇12　あらゆる民事上の法的対抗手段を講ずるとともに、積極的に被害届を提出するなど、刑事事件化も躊躇しない対応を行っていますか。
◇13　反社会的勢力からの不当要求が、事業活動上の不祥事や従業員の不祥事を理由とする場合には、反社会的勢力対応部署の要請を受けて、不祥事案を担当する部署が速やかに事実関係を調査することとしていますか。

＜反社会的勢力対応部署等によるデータベースの構築、属性審査体制＞

◇14　反社会的勢力対応部署は、反社会的勢力に関する情報を積極的に収集・分析するとともに、反社会的勢力に関する情報を一元的に管理・蓄積することとなっていますか。
◇15　反社会的勢力の情報を一元的に集約・管理したデータベースを構築していますか。
◇16　一元的に集約・管理したデータベースに基づき、反社会的勢力対応部署等による反社会的勢力の属性審査体制が構築されていますか。具体的には、当該情報を取引先の審査や株主の属性判断等を行う際に、活用する体制となっていますか。
◇17　属性審査体制の構築の下、取引開始時の属性判断を行っていますか。
◇18　取引開始後においても、定期的に反社会的勢力かどうかを確認していますか。
◇19　定期的に自社株の取引状況や株主の属性情報等を確認するなど、株主情報の管理を適切に行っていますか。

＜暴力団排除条項と関係遮断＞
◇20　各種契約書、取引約款などに暴力団排除条項を設けていますか。
◇21　いかなる理由であれ、反社会的勢力であることが判明した場合には関係遮断を行うようにしていますか。
◇22　反社会的勢力とは一切の関係を持たず、反社会的勢力であることを知らずに関係を有してしまった場合には、相手方が反社会的勢力であると判明した時点で可能な限り速やかに関係を解消できる体制となっていますか。
◇23　反社会的勢力であるとの疑いを生じた段階においても、①直ちに契約等を解消する　②契約等の解消に向けた措置を講じる　③関心を持って継続的に相手を監視する（＝将来における契約等の解消に備える）などの対応を行っていますか。

＜外部との連携＞
◇24　外部専門機関への通報や連絡を手順化していますか。
◇25　外部専門機関の連絡先や担当者を確認し、平素から担当者同士で意思疎通を行い、緊密な連携関係を構築していますか。
◇26　暴力追放運動推進センター、企業防衛協議会、各種の暴力団排除協議会等が行う地域や職域の暴力団排除活動に参加していますか。
◇27　反社会的勢力により不当要求がなされた場合、積極的に警察・暴力追放運動推進センター・弁護士等の外部専門機関に相談するとともに、暴力追放運動推進センター等が示している不当要求対応要領等を踏まえた対応を行っていますか。
◇28　日常時より警察とのパイプを強化し、組織的な連絡体制と問題発生

時の協力体制を構築していますか。
◇29　脅迫・暴力行為の危険性が高く緊急を要する場合には直ちに警察に通報をする体制となっていますか。

＜ＰＤＣＡ※サイクルの実践＞

◇30　内部統制システムの運用を監視するための専門の職員（リスク・マネージャーやコンプライアンス・オフィサー等）を配置していますか。

◇31　反社会的勢力との関係遮断の取組について、適切な人事考課（表彰や懲戒等）を行っていますか。

◇32　反社会的勢力との癒着防止のため、適正な人事配置転換を行っていますか。

◇33　担当者に不当要求防止責任者講習を受講させ、また、社内研修を実施していますか。

◇34　イーラーニングシステムによる検証等の内部統制システム等の浸透に向けた取組を工夫していますか。

※　ＰＤＣＡとは、Ｐ（Plan）・Ｄ（Do）・Ｃ（Check）・Ａ（Action）という事業活動の「計画」「実施・実行」「点検・評価」「改善」サイクルを表している。経営トップが方針を決定し（Ｐ）、これをもとに企業暴排活動を行い（Ｄ）、問題がないことを点検・評価し（Ｃ）、問題があればこれを改善する（Ａ）という一連の流れを繰り返すことにより、より実践的な内部統制システムを構築することを目的とする。

◆資料5　業種別暴排条項例・内部規則例
●資料5―1―1　表明・確約書モデル条項〔(公益財団法人) 暴力団追放運動推進都民センター作成〕

■表明・確約書の文例

暴力団等反社会的勢力ではないこと等に関する表明・確約書

○○株式会社
代表取締役　　　　　　殿
〔○○株式会社代表取締役〕
住所
（ふりがな）
氏名
昭・平　　年　　月　　日生（　　歳）

1　私［当社］は、現在又は将来にわたって、次の各号の反社会的勢力のいずれにも該当しないことを表明、確約＜いたします・いたしません＞。
　　① 暴力団　② 暴力団員　③ 暴力団準構成員　④ 暴力団関係企業　⑤ 総会屋等、社会運動等標ぼうゴロ　⑥ 暴力団員でなくなってから5年を経過していない者　⑦ その他前各号に準ずる者

2　私［当社］は、現在又は将来にわたって、前項の反社会的勢力又は反社会的勢力と密接な交友関係にある者（以下、「反社会的勢力等」と言う。）と次の各号のいずれかに該当する関係がないことを表明、確約＜いたします・いたしません＞。
　　① 反社会的勢力等によって、その経営を支配される関係
　　② 反社会的勢力等が、その経営に実質的に関与している関係
　　③ 自己、自社若しくは第三者の不正の利益を図り、又は第三者に損害を加えるなど、反社会的勢力を利用している関係
　　④ 反社会的勢力等に対して資金等を提供し、又は便宜を供与するなどの関係
　　⑤ その他役員等又は経営に実質的に関与している者が、反社会的勢力等との社会的に非難されるべき関係

3　私［当社］は、自ら又は第三者を利用して次の各号のいずれの行為も行わないことを表明、確約＜いたします・いたしません＞。
　　① 暴力的な要求行為
　　② 法的な責任を超えた不当な要求行為
　　③ 取引に関して脅迫的な言動をし、または暴力を用いる行為
　　④ 風説を流布し、偽計又は威力を用いて貴社の信用を毀損し、又は貴社の業務を妨害する行為
　　⑤ その他前各号に準ずる行為

4　私［当社］は、下請け又は再委託先業者（下請け又は再委託契約が数次にわ

資料編

たるときは、その全てを含む。以下同じ。）との関係において、次の各号のとおりであることを表明、確約＜いたします・いたしません＞。
　① 下請け又は再委託先業者が前1及び2に該当せず、将来においても前1、2及び3に該当しないこと
　② 下請け又は再委託先業者が前号に該当することが判明した場合には、直ちに契約を解除し、又は契約解除のための措置をとること
5　私［当社］は、下請け又は再委託先業者が、反社会的勢力から不当要求又は業務妨害等の不当介入を受けた場合は、これを拒否し、又は下請け又は再委託先業者をしてこれを拒否させるとともに、速やかにその事実を貴社に報告し、貴社の捜査機関への通報に協力することを表明、確約＜いたします・いたしません＞。
6　私［当社］は、これら各項のいずれかに反したと認められることが判明した場合及び、この表明・確約が虚偽の申告であることが判明した場合は、催告なしでこの取引きが停止され又は解約されても一切異議を申し立てず、また賠償ないし補償を求めないとともに、これにより損害が生じた場合は、一切私の責任とすることを表明、確約＜いたします・いたしません＞。

　　　　　　　　　　　　　　　平成　　年　　月　　日
　　　　　　　　　　　　　　　　　署名　　　　　　　　　㊞

（注）契約相手（乙）に保証人がある場合には、契約相手、契約相手の保証人は各別に作成してください。
　　　1から4までの各項目末尾の＜いたします・いたしません＞は、必ず署名者本人が、どちらかを○で囲んでください。

※　契約の主体によって、「私」「当社」を使い分けてください。
※　代表以外の役員について、必要と認めるときは別紙として住所・氏名・生年月日の記載を依頼するようにしてください。

●資料5―1―2　モデル条項〔(公益財団法人) 暴力団追放運動推進都民センター作成〕

❷暴力団排除条項の文例

第○条　反社会的勢力の排除
1　甲は、乙が以下の各号に該当する者（以下「反社会的勢力」という。）であることが判明した場合には、何らの催告を要せず、本契約を解除することができる。
　①　暴力団
　②　暴力団員
　③　暴力団員でなくなった時から5年を経過しない者
　④　暴力団準構成員
　⑤　暴力団関係企業
　⑥　総会屋等
　⑦　社会運動等標ぼうゴロ
　⑧　特殊知能暴力集団
　⑨　その他前各号に準ずる者
2　甲は、乙が反社会的勢力と以下の各号の一にでも該当する関係を有することが判明した場合には、何らの催告を要せず、本契約を解除することができる。
　①　反社会的勢力が経営を支配していると認められるとき
　②　反社会的勢力が経営に実質的に関与していると認められるとき
　③　自己、自社若しくは第三者の不正の利益を図り、又は第三者に損害を加えるなど、反社会的勢力を利用していると認められるとき
　④　反社会的勢力に対して資金等を提供し、又は便宜を供与するなどの関与をしていると認められるとき
　⑤　その他役員等又は経営に実質的に関与している者が、反社会的勢力と社会的に非難されるべき関係を有しているとき
3　甲は、乙が自ら又は第三者を利用して以下の各号の一にでも該当する行為をした場合には、何らの催告を要せず、本契約を解除することができる。
　①　暴力的な要求行為
　②　法的な責任を超えた不当な要求行為
　③　取引に関して、脅迫的な言動をし、又は暴力を用いる行為
　④　風説を流布し、偽計又は威力を用いて甲の信用を毀損し、又は甲の業務を妨害する行為
　⑤　その他前各号に準ずる行為
4①　乙は、乙又は乙の下請又は再委託先業者（下請又は再委託契約が数次にわたるときには、その全てを含む。以下同じ。）が第1項に該当しないことを確約し、将来も同項若しくは第2項各号に該当しないことを確約する。
　②　乙は、その下請又は再委託先業者が前号に該当することが契約後に判明し

た場合には、直ちに契約を解除し、又は契約解除のための措置を採らなければならない。
 ③ 乙が、前各号の規定に反した場合には、甲は本契約を解除することができる。
5 ① 乙は、乙又は乙の下請若しくは再委託先業者が、反社会的勢力から不当要求又は業務妨害等の不当介入を受けた場合は、これを拒否し、又は下請若しくは再委託先業者をしてこれを拒否させるとともに、不当介入があった時点で、速やかに不当介入の事実を甲に報告し、甲の捜査機関への通報及び甲の報告に必要な協力を行うものとする。
 ② 乙が前号の規定に違反した場合、甲は何らの催告を要さずに、本契約を解除することができる。
6 甲が本条各項の規定により本契約を解除した場合には、乙に損害が生じても甲は何らこれを賠償ないし補償することは要せず、また、かかる解除により甲に損害が生じたときは、乙はその損害を賠償するものとする。

●資料5―2　モデル条項・金融機関約款〔（一般社団法人）全国銀行協会作成〕
銀行取引約定書に盛り込む暴力団排除条項参考例

第○条（反社会的勢力の排除）
① 私または保証人は、現在、暴力団、暴力団員、暴力団員でなくなった時から5年を経過しない者、暴力団準構成員、暴力団関係企業、総会屋等、社会運動等標ぼうゴロまたは特殊知能暴力集団等、その他これらに準ずる者（以下これらを「暴力団員等」という。）に該当しないこと、および次の各号のいずれにも該当しないことを表明し、かつ将来にわたっても該当しないことを確約いたします。
 1．暴力団員等が経営を支配していると認められる関係を有すること
 2．暴力団員等が経営に実質的に関与していると認められる関係を有すること
 3．自己、自社もしくは第三者の不正の利益を図る目的または第三者に損害を加える目的をもってするなど、不当に暴力団員等を利用していると認められる関係を有すること
 4．暴力団員等に対して資金等を提供し、または便宜を供与するなどの関与をしていると認められる関係を有すること
 5．役員または経営に実質的に関与している者が暴力団員等と社会的に非難されるべき関係を有すること
② 私または保証人は、自らまたは第三者を利用して次の各号の一にでも該当する行為を行わないことを確約いたします。
 1．暴力的な要求行為
 2．法的な責任を超えた不当な要求行為
 3．取引に関して、脅迫的な言動をし、または暴力を用いる行為
 4．風説を流布し、偽計を用いまたは威力を用いて貴行の信用を毀損し、または貴行の業務を妨害する行為
 5．その他前各号に準ずる行為
③ 私または保証人が、暴力団員等もしくは第1項各号のいずれかに該当し、もしくは前項各号のいずれかに該当する行為をし、または第1項の規定にもとづく表明・確約に関して虚偽の申告をしたことが判明し、私との取引を継続することが不適切である場合には、私は貴行から請求があり次第、貴行に対するいっさいの債務の期限の利益を失い、直ちに債務を弁済します。
④ 手形の割引を受けた場合、私または保証人が暴力団員等もしくは第1項各号のいずれかに該当し、もしくは第2項各号のいずれかに該当する行為をし、または第1項の規定にもとづく表明・確約に関して虚偽の申告をしたことが判明し、私との取引を継続することが不適切である場合には、全部の手形について、貴行の請求によって手形面記載の金額の買戻債務を負い、直ちに弁済します。この債務を履行するまでは、貴行は手形所持人としていっさいの権利を行使することができます。

⑤ 前2項の規定の適用により、私または保証人に損害が生じた場合にも、貴行になんらの請求をしません。また、貴行に損害が生じたときは、私または保証人がその責任を負います。
⑥ 第3項または第4項の規定により、債務の弁済がなされたときに、本約定は失効するものとします。

●資料5-3　モデル条項・保険契約約款〔(一般社団法人)生命保険協会作成〕

反社会的勢力への対応に関する保険約款の規定例(約款規定例の一部抜粋)

第○条
① 会社は、次のいずれかの事由(重大事由)がある場合には、保険契約を将来に向かって解除することができます。
　1～3　略
　4．保険契約者、被保険者または保険金の受取人が、次のいずれかに該当するとき
　　イ．暴力団、暴力団員(暴力団員でなくなった日から5年を経過しない者を含みます。)、暴力団準構成員、暴力団関係企業その他の反社会的勢力(以下「反社会的勢力」といいます。)に該当すると認められること
　　ロ．反社会的勢力に対して資金等を提供し、または便宜を供与するなどの関与をしていると認められること
　　ハ．反社会的勢力を不当に利用していると認められること
　　ニ．保険契約者または保険金の受取人が法人の場合、反社会的勢力がその法人の経営を支配し、またはその法人の経営に実質的に関与していると認められること
　　ホ．その他反社会的勢力と社会的に非難されるべき関係を有していると認められること
　5．前各号に定めるほか、会社の保険契約者、被保険者または保険金の受取人に対する信頼を損ない、この保険契約の存続を困難とする第1号から第4号までと同等の重大な事由があるとき
② 会社は、保険金の支払事由が生じた後でも、保険契約を解除することができます。この場合には、つぎのとおり取り扱います。
　1．第1項各号に定める事由の発生時以後に生じた支払事由による保険金(第1項第4号のみに該当した場合で、第1項第4号イ．からホ．までに該当したのが保険金の受取人のみであり、その保険金の受取人が保険金の一部の受取人であるときは、保険金のうち、その受取人に支払われるべき保険金をいいます。以下、本号について同じ。)を支払いません。また、すでにその支払事由により保険金を支払っているときは、会社は、その返還を請求します。
　2．略
③ 本条の規定によって保険契約を解除したときは、会社は、解約返戻金と同額の返戻金を保険契約者に支払います。
④ 前項の規定にかかわらず、第1項第4号の規定によって保険契約を解除した場合で、保険金の一部の受取人に対して第2項第1号の規定を適用し保険金を支払わないときは、保険契約のうち支払われない保険金に対応する部分につい

ては第3項の規定を適用し、その部分の解約返戻金と同額の返戻金を保険契約者に支払います。

●資料5―4　モデル条項・建築請負契約〔(一般社団法人)日本建設業連合会作成〕

暴力団排除条項の参考例（ひな型）

Ⅰ　契約解除条項

1．甲は、乙又は乙の下請負者及びその代表者、責任者、実質的に経営権を有する者（下請負が数次にわたるときはその全てを含む）が次の各号の一に該当する場合、何らの催告を要さずに、本契約を解除することができる。
　(1)　暴力団、暴力団員、暴力団準構成員、暴力団関係者、総会屋その他の反社会的勢力（以下、まとめて「反社会的勢力」という）に属すると認められるとき
　(2)　反社会的勢力が経営に実質的に関与していると認められるとき
　(3)　反社会的勢力を利用していると認められるとき
　(4)　反社会的勢力に対して資金等を提供し、又は便宜を供与するなどの関与をしていると認められるとき
　(5)　反社会的勢力と社会的に非難されるべき関係を有しているとき
　(6)　自らまたは第三者を利用して、甲または甲の関係者に対し、詐術、暴力的行為、または脅迫的言辞を用いたとき
2．甲は、前項の規定により、個別契約を解除した場合には、乙に損害が生じても甲は何らこれを賠償ないし補償することは要せず、また、かかる解除により甲に損害が生じたときは、乙はその損害を賠償するものとする。賠償額は甲乙協議して定める。

Ⅱ　通報・報告条項

1．乙は、乙又は乙の下請負者（下請負が数次にわたるときは、その全てを含む。）が暴力団、暴力団員、暴力団準構成員、暴力団関係者、総会屋その他の反社会的勢力（以下、まとめて「反社会的勢力」という）による不当要求または工事妨害（以下、「不当介入」という。）を受けた場合には、断固としてこれを拒否し、または下請負者をして断固としてこれを拒否させるとともに、不当介入があった時点で、速やかに甲にこれを報告し、甲の捜査機関への通報及び発注者への報告に必要な協力を行うものとする。
2．乙が正当な理由なく前項に違反した場合、甲は何らの催告を要さずに、個別契約を解除することができる。

Ⅲ　表明・確約条項

　　乙又は乙の下請負者（下請負が数次にわたるときはその全てを含む。）は、暴力団、暴力団員、暴力団準構成員、暴力団関係者、総会屋その他の反社会的勢力

（以下、まとめて「反社会的勢力」という）のいずれでもなく、また、反社会的勢力が経営に実質的に関与している法人等ではないことを表明し、かつ将来にわたっても該当しないことを確約する。

※　本条項の「甲」は元請を、「乙」は一次下請を指す

　なお、作成元である（一般社団法人）日本建設業連合会のウェブページに文言等の解説が掲載されている。

●資料5—5—1　モデル条項・不動産取引契約　①売買契約書〔不動産流通系4団体（（公益社団法人）全国宅地建物取引業協会連合会、（公益社団法人）全日本不動産協会、（一般社団法人）不動産流通経営協会、（一般社団法人）全国住宅産業協会（旧・日本住宅建設産業協会））作成〕

売買契約書　モデル条項例

（反社会的勢力の排除）

第○条　売主及び買主は、それぞれ相手方に対し、次の各号の事項を確約する。

① 自らが、暴力団、暴力団関係企業、総会屋若しくはこれらに準ずる者又はその構成員（以下総称して「反社会的勢力」という）ではないこと。

② 自らの役員（業務を執行する社員、取締役、執行役又はこれらに準ずる者をいう）が反社会的勢力ではないこと。

③ 反社会的勢力に自己の名義を利用させ、この契約を締結するものでないこと。

④ 本物件の引き渡し及び売買代金の全額の支払いのいずれもが終了するまでの間に、自ら又は第三者を利用して、この契約に関して次の行為をしないこと。

　ア　相手方に対する脅迫的な言動又は暴力を用いる行為

　イ　偽計又は威力を用いて相手方の業務を妨害し、又は信用を毀損する行為

2　売主又は買主の一方について、次のいずれかに該当した場合には、その相手方は、何らの催告を要せずして、この契約を解除することができる。

　ア　前項①又は②の確約に反する申告をしたことが判明した場合

　イ　前項③の確約に反し契約をしたことが判明した場合

　ウ　前項④の確約に反した行為をした場合

3　買主は、売主に対し、自ら又は第三者をして本物件を反社会的勢力の事務所その他の活動の拠点に供しないことを確約する。

4　売主は、買主が前項に反した行為をした場合には、何らの催告を要せずして、この契約を解除することができる。

5　第2項又は前項の規定によりこの契約が解除された場合には、解除された者は、その相手方に対し、違約金（損害賠償額の予定）として金○○○○円（売買

代金の20％相当額）を支払うものとする。
6 　第2項又は第4項の規定によりこの契約が解除された場合には、解除された者は、解除により生じる損害について、その相手方に対し一切の請求を行わない。
7 　買主が第3項の規定に違反し、本物件を反社会的勢力の事務所その他の活動の拠点に供したと認められる場合において、売主が第4項の規定によりこの契約を解除するときは、買主は、売主に対し、第5項の違約金に加え、金〇〇〇〇円（売買代金の80％相当額）の違約罰を制裁金として支払うものとする。ただし、宅地建物取引業者が自ら売主となり、かつ宅地建物取引業者でない者が買主となる場合は、この限りでない。

●資料5―5―2　モデル条項・不動産取引契約　②媒介契約書〔不動産流通系4団体（（公益社団法人）全国宅地建物取引業協会連合会、（公益社団法人）全日本不動産協会、（一般社団法人）不動産流通経営協会、（一般社団法人）全国住宅産業協会（旧・日本住宅建設産業協会））作成〕

媒介契約書　モデル条項例

（反社会的勢力の排除）

第○条　甲及び乙は、それぞれ相手方に対し、次の各号の事項を確約します。

① 自らが、暴力団、暴力団関係企業、総会屋若しくはこれらに準ずる者又はその構成員（以下総称して「反社会的勢力」という）ではないこと。

② 自らの役員（業務を執行する社員、取締役、執行役又はこれらに準ずる者をいう）が反社会的勢力ではないこと。

③ 反社会的勢力に自己の名義を利用させ、この媒介契約を締結するものでないこと。

④ この媒介契約の有効期間内に、自ら又は第三者を利用して、次の行為をしないこと。

　ア　相手方に対する脅迫的な言動又は暴力を用いる行為

　イ　偽計又は威力を用いて相手方の業務を妨害し、又は信用を毀損する行為

2　甲又は乙の一方について、この媒介契約の有効期間内に、次のいずれかに該当した場合には、その相手方は、何らの催告を要せずして、この媒介契約を解除することができます。

　ア　前項①又は②の確約に反する申告をしたことが判明した場合

　イ　前項③の確約に反し契約をしたことが判明した場合

　ウ　前項④の確約に反する行為をした場合

3　乙が前項の規定によりこの媒介契約を解除したときは、乙は、甲に対して、約定報酬額に相当する金額（既に約定報酬の一部を受領している場合は、その額を除いた額。なお、この媒介に係る消費税額及び地方消費税額の合計額に相当する額を除きます。）を違約金として請求することができます。

資料編

●資料5—5—3　モデル条項・不動産取引契約 ③賃貸借契約書〔不動産流通系4団体（（公益社団法人）全国宅地建物取引業協会連合会、（公益社団法人）全日本不動産協会、（一般社団法人）不動産流通経営協会、（一般社団法人）全国住宅産業協会（旧・日本住宅建設産業協会））作成〕

賃貸住宅契約書　モデル条項例

（反社会的勢力の排除）

第X条　貸主（甲）及び借主（乙）は、それぞれ相手方に対し、次の各号の事項を確約する。

① 自らが、暴力団、暴力団関係企業、総会屋若しくはこれらに準ずる者又はその構成員（以下総称して「反社会的勢力」という）ではないこと。

② 自らの役員（業務を執行する社員、取締役、執行役又はこれらに準ずる者をいう）が反社会的勢力ではないこと。

③ 反社会的勢力に自己の名義を利用させ、この契約を締結するものでないこと。

④ 自ら又は第三者を利用して、次の行為をしないこと。

　ア　相手方に対する脅迫的な言動又は暴力を用いる行為

　イ　偽計又は威力を用いて相手方の業務を妨害し、又は信用を毀損する行為

（禁止又は制限される行為）

第Y条　（1、2　略）

3　乙は、本物件の使用に当たり、別表第1に掲げる行為を行ってはならない。

別表第1（第Y条第3項関係）

六　本物件を反社会的勢力の事務所その他の活動の拠点に供すること。

七　本物件又は本物件の周辺において、著しく粗野若しくは乱暴な言動を行い、又は威勢を示すことにより、付近の住民又は通行人に不安を覚えさせること。

八　本物件に反社会的勢力を居住させ、又は反復継続して反社会的勢力を出入りさせること。

（契約の解除）

第Z条　（1、2　略）

3　甲又は乙の一方について、次のいずれかに該当した場合には、その相手方は、何らの催告も要せずして、本契約を解除することができる。
　一　第X条の確約に反する事実が判明したとき。
　二　契約締結後に自ら又は役員が反社会的勢力に該当したとき。
4　甲は、乙が別表第1第六号から第八号に掲げる行為を行った場合は、何らの催告も要せずして、本契約を解除することができる。

●資料5―6―1　モデル条項・不動産取引契約 ①売買契約書〔(一般社団法人）不動産協会作成〕

不動産売買契約における反社会的勢力排除のための条項例

第X条　（反社会的勢力の排除に関する特約）

買主は、売主に対し、本契約締結時および第●条に定める本物件の引渡し時（以下「本物件引渡時」という。）において、次の各号の事項を確約する。

(1)　自らまたは自らの役員（業務を執行する社員、取締役、執行役またはこれらに準ずる者をいう。）が、暴力団、暴力団関係企業、総会屋もしくはこれらに準ずる者またはその構成員（以下総称して「反社会的勢力」という。）ではないこと。

(2)　反社会的勢力に自己の名義を利用させ、本契約の締結および履行をするものではないこと。

2．買主は、売主に対し、本物件引渡時までの間に自らまたは第三者を利用して、本契約に関して次の行為をしないことを確約する。

(1)　脅迫的な言動または暴力を用いる行為。

(2)　偽計または威力を用いて業務を妨害し、または信用を毀損する行為。

3．買主は、自らまたは第三者をして本物件を反社会的勢力の事務所その他の活動の拠点に供してはならない。

4．買主が第1項から第3項の規定のいずれかに違反した場合、売主は、何らの催告を要せずして、本契約を解除することができる。

5．前項の規定により本契約が解除された場合、買主は売主に対し、違約金として売買代金の20％相当額を支払うものとする。

第Y条　（再売買の予約）

買主が前条第3項の規定に違反した場合において、売主が買主に対して、第1号の金額から第2号の金額を控除した金額を売買代金として本物件を買受けることを書面にて申し入れたとき、売主を譲受人、買主を譲渡人として本物件の売買（以下、当該売買を「再売買」という。）に関する契約が成立する。この場合、買主は、売買代金全額の受領と引き換えに、売主に対して完全な本物件の所有権を

移転し、本物件を第三者の占有のない状態で引き渡さなければならない。

(1) 売主が指定する中立な第三者である不動産鑑定士による再売買時の本物件の鑑定評価額。

(2) 再売買のために売主が負担する費用（登記費用、裁判費用、弁護士費用、前号の鑑定費用、本物件を本物件引渡時の原状に回復する費用等）。

●資料5—6—2　モデル条項・不動産取引契約 ②賃貸借契約書〔(一般社団法人) 不動産協会作成〕

不動産賃貸借契約における反社会的勢力排除のための条項例

第X条　(反社会的勢力の排除)

借主 (乙) は、貸主 (甲) に対し、次の各号の事項を確約する。

(1) 自らまたは自らの役員 (業務を執行する社員、取締役、執行役またはこれらに準ずる者をいう。) が、暴力団、暴力団関係企業、総会屋もしくはこれらに準ずる者またはその構成員 (以下総称して「反社会的勢力」という。) ではないこと。

(2) 反社会的勢力に自己の名義を利用させ、本契約の締結をするものではないこと。

(3) 自らまたは第三者を利用して、次の行為をしないこと。

　ア　甲に対する脅迫的な言動または暴力を用いる行為。

　イ　偽計または威力を用いて甲の業務を妨害し、または信用を毀損する行為。

第Y条　(禁止又は制限される行為)

乙は、本物件の使用に当たり、次の各号に掲げる行為を行ってはならない。

(1) 本物件を反社会的勢力の事務所その他の活動の拠点に供すること。

(2) 本物件または本物件の周辺において、著しく粗野もしくは乱暴な言動を行い、または威勢を示すことにより、甲、他の賃借人、付近の住民または通行人に不安を覚えさせること。

(3) 本物件を反社会的勢力に占有させ、または本物件に反復継続して反社会的勢力を出入りさせること。

第Z条　(契約の解除)

乙について、次のいずれかに該当した場合には、甲は何らの催告もせずして、本契約を解除することができる。

(1) 第X条の確約に反する事実が判明したとき。

(2) 契約締結後に自らまたは役員が反社会的勢力に該当したとき。

2．甲は、乙が第Y条に掲げる行為を行った場合は、何らの催告も要せずして、本契約を解除することができる。

●資料5—7　モデル条項・宿泊約款〔観光庁〕

モデル宿泊約款（抜粋）

国振第416号　昭和60年12月23日
平成13年1月24日
平成19年10月23日
平成22年4月22日
最終改正　平成23年9月1日

第1条～第4条　略

（宿泊契約締結の拒否）

第5条　当ホテル（館）は、次に掲げる場合において、宿泊契約の締結に応じないことがあります。

(1) 宿泊の申し込みが、この約款によらないとき。

(2) 満室（員）により客室の余裕がないとき。

(3) 宿泊しようとする者が、宿泊に関し、法令の規定、公の秩序若しくは善良の風俗に反する行為をするおそれがあると認められるとき。

(4) 宿泊しようとする者が、次のイからハに該当すると認められるとき。

　イ　暴力団員による不当な行為の防止等に関する法律（平成3年法律第77号）第2条第2号に規定する暴力団（以下「暴力団」という。）、同条第2条第6号に規定する暴力団員（以下「暴力団員」という。）、暴力団準構成員又は暴力団関係者その他の反社会的勢力

　ロ　暴力団又は暴力団員が事業活動を支配する法人その他の団体であるとき

　ハ　法人でその役員のうちに暴力団員に該当する者があるもの

(5) 宿泊しようとする者が、他の宿泊客に著しい迷惑を及ぼす言動をしたとき。

(6) 宿泊しようとする者が、伝染病者であると明らかに認められるとき。

(7) 宿泊に関し暴力的要求行為が行われ、又は合理的な範囲を超える負担を求められたとき。

(8) 天災、施設の故障、その他やむを得ない事由により宿泊させることができないとき。

(9) 　　都道府県　　条例第　　条（第　　号）の規定する場合に該当するとき。

第 6 条　略

（当ホテル（館）の契約解除権）

第 7 条　当ホテル（館）は、次に掲げる場合においては、宿泊契約を解除することがあります。

(1) 宿泊客が宿泊に関し、法令の規定、公の秩序若しくは善良の風俗に反する行為をするおそれがあると認められるとき、又は同行為をしたと認められるとき。

(2) 宿泊客が次のイからハに該当すると認められるとき。

　　イ　暴力団、暴力団員、暴力団準構成員又は暴力団関係者その他の反社会的勢力

　　ロ　暴力団又は暴力団員が事業活動を支配する法人その他の団体であるとき

　　ハ　法人でその役員のうちに暴力団員に該当する者があるもの

(3) 宿泊客が他の宿泊客に著しい迷惑を及ぼす言動をしたとき。

(4) 宿泊客が伝染病者であると明らかに認められるとき。

(5) 宿泊に関し暴力的要求行為が行われ、又は合理的な範囲を超える負担を求められたとき。

(6) 天災等不可抗力に起因する事由により宿泊させることができないとき。

(7) 　　都道府県　条例第　条（第　号）の規定する場合に該当するとき。

(8) 寝室での寝たばこ、消防用設備等に対するいたずら、その他当ホテル（館）が定める利用規則の禁止事項（火災予防上必要なものに限る。）に従わないとき。

２．当ホテル（館）が前項の規定に基づいて宿泊契約を解除したときは、宿泊客がいまだ提供を受けていない宿泊サービス等の料金はいただきません。

（宿泊の登録）

第 8 条　宿泊客は、宿泊日当日、当ホテル（館）のフロントにおいて、次の事項を登録していただきます。

(1) 宿泊客の氏名、年令、性別、住所及び職業

(2)　外国人にあっては、国籍、旅券番号、入国地及び入国年月日

　(3)　出発日及び出発予定時刻

　(4)　その他当ホテル（館）が必要と認める事項

2．宿泊客が第12条の料金の支払いを、旅行小切手、宿泊券、クレジットカード等通貨に代わり得る方法により行おうとするときは、あらかじめ、前項の登録時にそれらを呈示していただきます。

第9条以下　略

●資料5—8　貯金等共通規定／通常貯金規定〔(株) ゆうちょ銀行作成〕
■**貯金等共通規定**（一部抜粋）

11　反社会的勢力との取引拒絶

　　当行の貯金は、次の各号の全てを満たす場合に限り、利用することができ、次の各号のいずれかを満たさない場合は、当行は貯金の新規預入申込みをお断りするものとします。

　　① 預金者が新規預入申込時にする表明・確約に係り虚偽の申告をしないこと。

　　② 預金者（預金者が法人等の団体の場合には、その役員、構成員等を含みます。③において同じとします。）が次のいずれにも該当しないこと。

　　　A　暴力団

　　　B　暴力団員

　　　C　暴力団準構成員

　　　D　暴力団関係企業

　　　E　総会屋等、社会運動等標ぼうゴロ又は特殊知能暴力集団等

　　　F　その他AからEまでに準ずる者

　　③ 預金者が自ら又は第三者を利用して次のいずれの行為も行わないこと。

　　　A　暴力的な要求行為

　　　B　法的な責任を超えた不当な要求行為

　　　C　取引に係り、脅迫的な言動を行う又は暴力を用いる行為

　　　D　風説を流布し、偽計を用い若しくは威力を用いて当行の信用をき損又は当行の業務を妨害する行為

　　　E　その他AからDまでに準ずる行為

■**通常貯金規定**（一部抜粋）

14　全部払戻し等

(1)　この貯金の全部払戻しの請求をしようとするときは、当行所定の払戻請求書に記名押印（又は署名）し、通帳を添えて本支店等に提出してください。

(2)　前項の場合において、払い渡されていない貯金又は利子があるときは、その

金額を記載した払戻証書を当行所定の方法により発行しこれを請求人に交付します。
(3) この貯金の全部払戻しの請求による払戻金の全部を払戻証書により受けようとするときは、通帳に貯金の全部払戻しを請求する旨を記入し、記名押印（又は署名）のうえ、本支店等に提出してください。
(4) 次の一にでも該当した場合には、当行は、この貯金の取扱いを停止し又は預金者に通知することによりこの貯金の全部払戻しをすることがあります。なお、通知により貯金の全部払戻しをする場合、当該通知の到達のいかんにかかわらず、当行が全部払戻しの通知を届出のあった氏名、住所にあてて発した時に全部払戻しがされたものとします。
　① この貯金の名義人が存在しないことが明らかになった場合又は貯金の名義人の意思によらないことが明らかになった場合
　② この貯金の預金者が前条第1項に違反した場合
　③ この貯金が法令や公序良俗に反する行為に利用され又はそのおそれがあると認められる場合
　④ 法令に定める取引確認の際に届け出た事項に偽りがあることが判明した場合
　⑤ ①から④までの疑いがあるにもかかわらず、正当な理由なく当行からの確認の求めに応じない場合
(5) 前項のほか、次の各号の一にでも該当し、預金者との取引を継続することが不適切である場合には、当行はこの貯金の取扱いを停止し又は預金者に通知することによりこの貯金の全部払戻しをすることができるものとします。
　① 預金者が新規預入申込時にした表明・確約に係り虚偽の申告をしたことが判明した場合
　② 預金者（預金者が法人等の団体の場合には、その役員、構成員等を含みます。③において同じとします。）が貯金等共通規定第11条（反社会的勢力との取引拒絶）②AからFまでに掲げるものに該当したことが判明した場合
　③ 預金者が自ら又は第三者を利用して同規定第11条（反社会的勢力との取引

拒絶）③AからEまでに掲げる行為をした場合
(6) この貯金が、当行所定の期間預金者による利用がなく、かつ、一定の金額を超えることがない場合には、当行は、この貯金取引を停止し又は預金者に通知することによりこの貯金の全部払戻しをすることができるものとします。
(7) 前3項により、この貯金が全部払戻しされ残高がある場合又はこの貯金の取扱いが停止されその解除を求める場合には、通帳と印章を持参のうえ申し出てください。この場合、当行は手続に相当の期間をおき、必要な証明資料等の提出を求めることがあります。

●資料5—9　内部規則例・反社会的勢力との関係遮断に関する規則〔日本証券業協会作成〕

> 反社会的勢力との関係遮断に関する規則（平22.5.18）

（目　　的）

第1条　この規則は、反社会的勢力との関係の遮断に関し、必要な事項を定め、会員の健全な業務の遂行の確保並びに反社会的勢力の金融商品取引及び金融商品市場からの排除を図り、もって資本市場の健全な発展及び投資者の保護に資することを目的とする。

（定　　義）

第2条　この規則において、次の各号に掲げる用語の定義は、当該各号に定めるところによる。

　1　反社会的勢力

　　定款の施行に関する規則第15条に規定する反社会的勢力をいう。

　2　有価証券の売買その他の取引等

　　定款第3条第8号に規定する有価証券の売買その他の取引等をいう。

（通　　則）

第3条　会員は、原則として、相手方が反社会的勢力であることを知りながら、当該相手方との間で有価証券の売買その他の取引等を行ってはならない。

2　会員は、相手方が反社会的勢力であることを知りながら、当該相手方への資金の提供その他便宜の供与を行ってはならない。

（基本方針の策定及び公表）

第4条　会員は、反社会的勢力との関係遮断のための基本方針（以下「基本方針」という。）を策定しなければならない。

2　会員は、基本方針を社内に周知するとともに、当該基本方針又はその概要を公表しなければならない。

（反社会的勢力でない旨の確約）

第5条　会員は、初めて有価証券の売買その他の取引等に係る顧客の口座を開設し

ようとする場合は、あらかじめ、当該顧客から反社会的勢力でない旨の確約を受けなければならない。

（反社会的勢力を排除するための契約の締結）

第6条　会員は、顧客から有価証券の売買その他の取引等の注文を受ける場合は、次の各号に定める事項を契約書又は取引約款等に定めなければならない。

1　前条の確約が虚偽であると認められたときは、会員の申出により当該契約が解除されること。

2　顧客が反社会的勢力に該当すると認められたときは、会員の申出により当該契約が解除されること。

3　顧客が暴力的な要求行為、法的な責任を超えた不当な要求行為等を行い、会員が契約を継続しがたいと認めたときは、会員の申出により当該契約が解除されること。

（審査の実施）

第7条　会員は、初めて有価証券の売買その他の取引等に係る口座を開設しようとする顧客に関し、当該顧客が反社会的勢力に該当するか否かあらかじめ審査するよう努めなければならない。

2　会員は、前項に掲げる顧客に関し、前項に定めるほか、本協会とあらかじめ取り決めた方法による審査を行わなければならない。

3　会員は、前項に定める審査を行うに当たっては、本協会とあらかじめ取り決めた事項を遵守しなければならない。

4　会員は、有価証券の売買その他の取引等に係る口座を開設している顧客に関し、反社会的勢力に該当する者がいないか定期的に審査するよう努めなければならない。

5　会員は、第1項、第2項又は前項に定めるほか、顧客が反社会的勢力に該当する者であるとの疑いが生じた場合には、当該顧客に関し反社会的勢力に該当するか否か審査しなければならない。

（契約の禁止・関係の解消）

第8条　会員は、前条第1項又は第2項に定める審査の結果、顧客が反社会的勢力

であることが判明した場合は、当該顧客と契約を締結してはならない。ただし、金融商品取引及び金融商品市場から反社会的勢力を排除するときを除く。

2　会員は、前条第4項又は第5項に定める審査の結果、顧客が反社会的勢力であることが判明した場合は、可能な限り速やかに関係解消に努めなければならない。

（情報の収集）

第9条　会員は、反社会的勢力に関する情報収集に努めなければならない。

（研修等の実施）

第10条　会員は、役職員に対し、反社会的勢力への対応要領及び反社会的勢力に関する情報の管理等について、社内研修を実施するなど、役職員の啓蒙に努めなければならない。

（社内管理態勢の整備）

第11条　会員は、基本方針を実現するための社内規則を制定し、これを役職員に遵守させなければならない。

2　会員は、前項に規定する社内規則に基づき、反社会的勢力との関係を遮断するための管理態勢の整備に努めなければならない。

（管理態勢の充実）

第12条　会員は、反社会的勢力との関係を遮断するための管理態勢について、定期的に検査を行わなければならない。

（本協会及び警察等との連携・協力）

第13条　会員は、反社会的勢力との関係の遮断に関し、本協会及び警察その他関係機関と連携及び協力するよう努めなければならない。

2　会員は、反社会的勢力との間で紛争が生じた場合には、弁護士又は本協会、警察その他の関係機関に速やかに連絡又は相談するなどにより、反社会的勢力による行為の被害の発生を防止するよう努めなければならない。

　　付　則

1　この規則は、平成22年7月1日から施行する。ただし、第5条及び第6条第1号については、平成23年1月1日から施行する。

2 第5条及び第6条第1号の規定は平成23年1月1日において現に有価証券の売買その他の取引等に係る口座を開設している顧客について、第7条第1項の規定は平成22年7月1日において現に有価証券の売買その他の取引等に係る口座を開設している顧客について、それぞれ適用しない。

付　則（平24.11.20）

1 この改正は、本協会が別に定める日から施行する。
2 この改正の施行の日から起算して6か月を経過する日までの間、改正後第7条第2項の規定の適用については、同項中「審査を行わなければならない。」とあるのは、「審査を行うよう努めなければならない。」とする。

　（注）改正条項は、次のとおりである。
　　⑴　第7条第1項を改正。
　　⑵　第7条第2項及び第3項を新設。
　　⑶　第7条旧第2項及び旧第3項を改正し、第4項及び第5項に繰り下げる。
　　⑷　第8条第1項及び第2項を改正。
　　⑸　「本協会が別に定める日」は平成25年2月25日。

＜参考＞　定款の施行に関する規則第15条

（反社会的勢力）

第15条　定款第28条第1項第12号に規定する反社会的勢力とは、次の各号に掲げる者をいう。

　1　暴力団（暴力団員による不当な行為の防止等に関する法律第2条第2号に規定する暴力団をいう。）
　2　暴力団員（暴力団員による不当な行為の防止等に関する法律第2条第6号に規定する暴力団員をいう。）
　3　暴力団準構成員（暴力団又は暴力団員の一定の統制の下にあって、暴力団の威力を背景に暴力的不法行為等（暴力団員による不当な行為の防止等に関する法律第2条第1号に規定する暴力的不法行為等をいう。以下この条において同

じ。)を行うおそれがある者又は暴力団若しくは暴力団員に対し資金、武器等の供給を行うなど暴力団の維持若しくは運営に協力する者のうち暴力団員以外のものをいう。)

4 暴力団関係企業(暴力団員が実質的にその経営に関与している企業、暴力団準構成員若しくは元暴力団員が実質的に経営する企業であって暴力団に資金提供を行うなど暴力団の維持若しくは運営に積極的に協力し、若しくは関与するもの又は業務の遂行等において積極的に暴力団を利用し暴力団の維持若しくは運営に協力している企業をいう。)

5 総会屋等(総会屋、会社ゴロ等企業等を対象に不正な利益を求めて暴力的不法行為等を行うおそれがあり、市民生活の安全に脅威を与える者をいう。)

6 社会運動等標ぼうゴロ(社会運動若しくは政治活動を仮装し、又は標ぼうして、不正な利益を求めて暴力的不法行為等を行うおそれがあり、市民生活の安全に脅威を与える者をいう。)

7 特殊知能暴力集団等(第1号から第6号までに掲げる者以外のものであって、暴力団との関係を背景に、その威力を用い、又は暴力団と資金的なつながりを有し、構造的な不正の中核となっている集団又は個人をいう。)

8 その他前各号に準ずる者

事項別索引

― あ ―

朝来事件……………………… 117
当たり屋……………………… 135
アポイントメントの徹底………31
尼崎事件……………………… 108

― い ―

慰謝料………………………… 104
一部架空請求型……………… 204
一括回答方式………………… 264
一括審議……………………… 266
一切の関係遮断……………… 210
茨城事件……………………… 111
違約金…………………………89
威力威信の維持拡大活動……99
威力利用資金獲得行為………98
威力利用資金獲得行為に関する
　損害賠償責任…………………36
インターネットオークション詐
　欺…………………………… 201

― う ―

上野事件 ……………………117
右翼標ぼう暴力団……………… 4

― え ―

えせ右翼…………………4、149
えせ右翼行為………………… 153
えせ右翼行為者……………… 270

えせ同和行為………………… 155
えせ同和行為者………… 4、149、270
えせ同和行為対応の手引…… 162
ＮＰＯ法人…………………… 152

― お ―

大阪事件……………………… 109
沖縄・警察官事件…………… 112
沖縄・高校生事件…………… 110
お客様第一主義……………… 152
お客様平等主義……………… 152
押し売り……………………… 135
オレオレ詐欺………………… 197

― か ―

母さんたすけて詐欺（振り込め
　詐欺）…………… 140、197、202
会場設営……………………… 261
解除事由………………………81
解除通知………………………82
街宣活動……………………… 167
街宣等禁止の仮処分申請…… 169
外部専門機関への通報、連絡の
　手順化……………………… 243
架空請求……………………… 134
架空請求詐欺………………… 197
拡大協→民暴全国拡大協議会
鹿児島・松同組事件……………38

事項別索引

柏事件 …………………… 118
ガバナンス構築・維持 ………… 269
株付け状況・動向等の情報収集 … 260
株主総会における秩序維持権 …… 262
株主名簿閲覧謄写請求 …………… 260
仮処分決定の効力 ……………… 176
仮処分保証金 …………………… 178
官公庁との契約からの排除 ……… 276
韓国人留学生誤殺事件 ………… 114
監視活動 ………………………… 249
間接型 …………………………… 154
間接強制の申立て ……………… 177
間接事実による立証 …………… 101
完全架空請求型 ………………… 204
還付金詐欺 …………… 134、197、198
管理組合理事長 ………………… 77
関連契約からの排除 …………… 248

――― き ―――

機関誌・図書等物品購入要求 …… 160
企業が反社会的勢力による被害
  を防止するための指針につい
  て（指針） ……… 5、10、210、292
企業行動憲章 ……………… 143、234
企業コンプライアンス（遵法経
  営） ……………………………… 144
企業舎弟 …………………………… 4
企業対象暴力 …………………… 143
企業の社会的責任（ＣＳＲ）
  ………………………………… 144、210

企業のホワイト化 ……………… 292
企業暴排指針 …………………… 10
議長不信任動議 ………………… 265
寄付金・賛助金要求 …………… 271
ギャンブル必勝法詐欺 ………… 201
恐喝型 …………………………… 134
恐喝未遂事件 …………………… 256
共生者 …………………………… 231
行政対象暴力 …………………… 268
行政に対する不当要求 ………… 269
共同受任 ………………………… 15
京都事件（藤武事件） ……… 10、112
共謀 ……………………………… 104
競落人 …………………………… 187
協力事業主 ……………………… 288
許可行政に対する不当要求 …… 282
許可行政による廃棄物処理市場
  からの暴力団排除 …………… 281
銀行取引約定書に盛り込む暴力
  団排除条項参考例 …………… 229

――― く ―――

区分所有権の競売請求 ………… 72
区分所有者の共同の利益に反す
  る行為 ………………………… 71
区分所有法に基づく請求 ……… 46
区分所有法に基づく排除請求 … 69
組長責任訴訟 …………………… 9
組長責任追及訴訟 ………… 92、94
組長の使用者責任 ……………… 9

組長の立入禁止	57

—— け ——

警察との協力体制	93
警察との連携	32、159、180、243
警察による情報提供	20
刑事記録の閲覧	106
刑事記録の謄写	106
刑事手続	189
警備体制	261
契約解除の根拠（裁判規範性）	246
原案先議	266
現場保全	194
権利行使の届出	206

—— こ ——

行為要件	227
公営住宅等からの暴力団排除	271
公共事業からの暴排	276
攻撃型	146、147
交渉による解決	16
抗争型	98
購読要求一斉拒否	271
公判期日への出席権	126
公判期日までの準備	125
コーポレート・ガバナンスに関する報告書	234
個人情報保護法との関係	241
コンプライアンス重視の姿勢の明示	247
コンプライアンスポリシー	6

—— さ ——

債権者代位訴訟	206
埼玉事件	112
再発防止命令	34
裁判官面接	84、175
債務者使用型	84
債務者審尋	175
佐賀事件	108
詐欺型	134
作為義務違反	104
差押動産の保管	122
差押えの対象物件	120
差押物件の捜索	120
差押物件の評価	122
参入要求等への対応	280

—— し ——

指揮従属関係	101
事業執行性	102
事業報告（内部統制に関する基本方針）	234
事情聴取の重要性	13
指針→企業が反社会的勢力による被害を防止するための指針について	
下請等からの排除	279
執行官保管の仮処分	57
執行官面接	86
執行妨害	184
実質的動議	265
指定暴力団	3、33、96

事項別索引

指定暴力団等の事務所·············53
指定暴力団の代表者等··········97
シノギ型·····························98
社会運動標ぼうゴロ··········5、247
社会復帰アドバイザー制度········287
社会復帰対策協議会············288
社内体制構築···················221
蛇の目ミシン株主代表訴訟最高
　裁判決························144
遮蔽措置·························30
修正動議························266
集団の維持拡大活動············100
受任通知························124
準暴力団（半グレ集団）········232
使用者責任······················99
情状証人に対する証人尋問······126
商品クレーム····················151
情報管理の実効性···············241
情報共有·························32
情報提供の「必要性」············24
情報提供の「補充性」············24
人格権侵害·······················45
人格権に基づく暴力団事務所等
　使用差止請求·················44
紳士録商法······················140
新聞・雑誌ゴロ→ブラック
　ジャーナル
信頼関係破壊の法理············273

── せ ──

生活保護の不正受給············274
政治活動標ぼうゴロ··············5
セキュリティの確保··············31
接近型···················146、147、158
セミナー商法···················142
占有移転禁止の仮処分···········83
占有者に対する引渡し請求······73
占有場所への立入り············120
占有屋··························192

── そ ──

総会前の面談要求··············261
総会屋···············149、247、254
相談窓口·······················190
属性の仮装·····················134
属性要件·······················227
訴訟担当制度の活用·············77
損益相殺······················105
損害賠償命令制度··············127

── た ──

第1次基本計画→犯罪被害者等
　基本計画
第2次犯罪被害者等基本計画·····124
退場命令······················263
代理監督者責任················103
対立抗争等に関する損害賠償責
　任······················35、97
立入権·························89
立川事件······················117

談合への関与・工事妨害への阻
　止‥‥‥‥‥‥‥‥‥‥‥‥‥ 278
―― ち ――
千葉・ゴルフ場経営者事件‥‥‥ 111
千葉・留学生事件‥‥‥‥‥‥‥‥10
中止命令‥‥‥‥‥‥‥‥‥‥‥‥34
調書‥‥‥‥‥‥‥‥‥‥‥‥‥ 122
頂上作戦‥‥‥‥‥‥‥‥‥‥‥‥ 7
直接型‥‥‥‥‥‥‥‥‥‥‥‥ 154
直罰規定‥‥‥‥‥‥‥‥‥‥‥‥40
賃貸借契約の終了に基づく建物
　明渡請求‥‥‥‥‥‥‥‥‥‥‥47
沈黙の掟‥‥‥‥‥‥‥‥‥‥‥‥94
―― つ ――
付添人‥‥‥‥‥‥‥‥‥‥‥‥‥30
美人局‥‥‥‥‥‥‥‥‥‥‥‥ 135
鶴見事件‥‥‥‥‥‥‥‥‥‥‥ 116
―― て ――
抵当権侵害に基づく損害賠償請
　求‥‥‥‥‥‥‥‥‥‥‥‥‥ 187
抵当権に基づく妨害排除請求‥‥ 186
適格団体訴訟制度‥‥‥‥‥‥37、50
適格都道府県センター→都道府
　県暴力追放運動推進センター
手続的動議‥‥‥‥‥‥‥‥‥‥ 265
―― と ――
投資詐欺‥‥‥‥‥‥‥‥‥‥‥ 201
特殊株主‥‥‥‥‥‥‥‥‥‥‥ 254
特殊知能暴力集団‥‥‥‥‥‥‥ 247
特殊暴力防止対策連合会（特防
　連）‥‥‥‥‥‥‥‥‥‥‥‥ 244

特殊暴力防止対策連合協議会
　（特防連）‥‥‥‥‥‥‥‥‥‥ 8
特定危険指定暴力団‥‥‥‥‥ 3、40
特定抗争指定暴力団‥‥‥‥‥ 3、39
特防連→特殊暴力防止対策連合
　協議会、特殊暴力防止対策連
　合会
栃木事件‥‥‥‥‥‥‥‥‥‥‥ 108
都道府県暴力追放運動推進セン
　ター‥‥‥‥‥‥‥‥ 37、50、244
豊橋ヤミ金事件‥‥‥‥‥‥‥‥ 118
―― な ――
内部統制システム‥‥‥‥‥‥‥ 249
内部統制に関する基本方針→事
　業報告
内覧制度‥‥‥‥‥‥‥‥‥‥‥ 186
―― に ――
日本司法支援センター（法テラ
　ス）‥‥‥‥‥‥‥‥‥‥‥‥ 130
任意的訴訟担当‥‥‥‥‥‥‥‥‥51
―― ね ――
ネット告発‥‥‥‥‥‥‥‥‥‥ 151
―― の ――
軒下競売‥‥‥‥‥‥‥‥‥‥‥ 123
―― は ――
売却のための保全処分‥‥‥‥‥ 184
排除対象者‥‥‥‥‥‥‥‥‥‥ 247
浜松・一力一家事件‥‥‥‥‥‥‥38
犯罪行為の通報‥‥‥‥‥‥‥‥‥26
犯罪被害者等基本計画（第1次
　基本計画）‥‥‥‥‥‥‥‥‥ 124

事項別索引

犯罪利用預金口座等に係る資金による被害回復分配金の支払等に関する法律（振り込め詐欺被害者救済法）………… 198
反社会的勢力……………5、225
反社会的勢力対応部署………… 235
反社会的勢力との交渉のツール… 246
反社会的勢力の認定…………… 252
反社会的勢力への牽制機能……… 246
反社情報の有効性……………… 241

――― ひ ―――

ＰＤＣＡサイクル……………… 249
被害回復のための手段………… 205
被害回復分配金の支払手続……… 199
被害者参加人による意見の陳述… 127
被害者特定事項の秘匿………… 125
被害者による手続関与…………… 34
被害申告・告訴…………………… 28
引渡命令………………… 187、195
被告人質問……………………… 127
非常時の対応…………………… 221
被保全権利……………………… 172
表明確約条項…………………… 247
広島市市営住宅事件…………… 273

――― ふ ―――

封印執行………………………… 195
封印破棄罪……………………… 196
付近住民…………………………… 52
不作為命令………………………… 57
藤武事件→京都事件

不当要求防止責任者講習制度…… 236
ブラックジャーナル（新聞・雑誌ゴロ）…………………… 150
不利益変更の可否……………… 273
振込利用犯罪行為……………… 201
振り込め詐欺…………… 134、197
振り込め詐欺被害者救済法→犯罪利用預金口座等に係る資金による被害回復分配金の支払等に関する法律
フロント企業……………………… 4
文書購読要求…………………… 270
分配手続………………………… 201

――― へ ―――

平時の関係遮断………………… 252
平常時の備え…………………… 221
平成25年通達→暴力団排除等のための部外への情報提供について
弁護士会照会……………………… 25
弁護士会民暴被害者救済センター…………………………… 245
弁護士との連携………………… 160
弁護士費用……………………… 105
弁護団の結成……………………… 93

――― ほ ―――

幇助……………………………… 104
暴追センター→都道府県暴力追放運動推進センター
法テラス→日本司法支援センター

暴排条項→暴力団排除条項
暴排条例→暴力団排除条例
法務局との連携……………… 159
暴力団……………………………… 3
暴力団からの離脱…………… 286
暴力団関係企業……… 4、149、247
暴力団準構成員……………… 247
暴力団対策法の改正…………11
暴力団対策法の制定………… 8
暴力団等の経済活動………… 140
暴力団の支配下にある法人………23
暴力団排除条項（暴排条項）…… 245
暴力団排除条例（暴排条例）
　………………………… 11、211
暴力団排除等のための部外への
　情報提供について（平成25年
　通達）…………………… 20、260
暴力団排除の気運…………… 8
暴力団犯罪の資金源対策……………92
暴力団犯罪の抑止……………92
暴力的要求行為………………40
暴力による威嚇……………… 134
暴力ホットライン……………20
保護措置………………………27
保護対策実施要綱の制定につい
　て………………………………27
保証金………………………… 176
北方ジャーナル事件判決……………50
本来あってはならない損害……… 101

── ま ──
前橋事件………………………… 115
満足的仮処分……………………84

── み ──
宮崎市生活保護申請却下事件…… 275
民事介入暴力…………………… 6
民事介入暴力案件を受任する際
　の注意点………………………30
民事介入暴力対策委員会……… 7
民事介入暴力対策センター…… 6
民事介入暴力被害者救済セン
　ター……………………………16
民事不介入の原則………17、18、19
民暴研究会……………………… 9
民暴全国拡大協議会（拡大協）…… 7

── む ──
無催告解除条項……………… 248

── め ──
面会時の留意点…………………32

── も ──
モンスタークレーマー対応……… 275

── ゆ ──
融資保証金詐欺………………197、198
癒着型………………………146、148

── よ ──
預金消滅手続（失権手続）…199、200

── り ──
利益供与罪…………………… 258
利益供与要求事件…………… 256

事項別索引

利益受供与罪……………………… 258
リキッドオーディオ・ジャパン
　事件…………………………… 149
リスクコントロール……………… 251
離脱者雇用給付金制度…………… 289

―― わ ――

和歌山事件………………………… 115

あとがき

　本書は、「民事介入暴力対策マニュアル第4版」(平成21年2月6日発行)の改訂版です。前書発刊後、各都道府県におけるいわゆる暴排条例の制定、適格団体制度の導入等の暴力団対策法の改正が行われたこともあり、企業や市民の間には大きな暴排の流れが生じました。それらの成果もあり、暴力団構成員及び準構成員は、減少の一途を辿っております。他方で、今でも約6万人の暴力団構成員及び準構成員が存在し、潜在化しながら活動を続けている現状が存在します。

　本書では、上記法改正や社会の変化を踏まえて加筆・補正したほか、書式の充実を図り、前書よりも更に「最初に目を通すべきマニュアル」に仕上がったのではないかと自負しております。前書に引き続き、本書が民事介入暴力の被害者救済のため、弁護士はじめ多くの方々にご利用いただけることを願ってやみません。

　なお、本書の監修、編集、執筆及び資料収集等のバックアップ作業は、以下の各弁護士が対応致しました。

（監修・アドバイザー担当）

河野　憲壯	小川　幸三	澤田　和也	園部　洋士
芦原　一郎	桝井　信吾	竹内　朗	齋藤　理英
茜ヶ久保重仁	伊澤　大輔	大野　徹也	濱田　和成
青木　知巳	中村　剛		

（編集担当）

鶴巻　暁	持田　秀樹	望月　克也	佐藤　彰男
加藤　茂樹	瀬谷ひろみ	福田　恵太	

（執筆担当）

高橋　良裕	太田　晃弘	國塚　道和	佐藤　嘉寅
渡邉　宙志	浅賀　大史	木下　渉	林　毅

米田　龍玄	荒井　隆男	岡本　健志	濱田　憲孝
古屋　丈順	本多　一成	有泉　　勲	伊庭　　潔
髙谷　　覚	仲野　裕美	塗師　純子	稗田さやか
余頃　桂介	木上　　望	國吉　宏明	福田　　舞
岩﨑孝太郎	荻野　友輔	小沢　一仁	中原由佳里
中村　　傑	松岡　直哉	香川　希理	木村　裕史
鈴木　哲広	寺内　健司	松浦　賢輔	松尾　政治
池田　大介	河相　早織	鶴岡　拓真	檜垣　　直
蜂須賀敬子	河西　薫子	大梶　光夫	坂元　謙一
山根　航太			（敬称略）

平成27年2月

東京弁護士会民事介入暴力対策特別委員会
民暴対策マニュアル編集会議

民事介入暴力対策マニュアル　第5版

平成27年2月5日　第1刷発行
平成27年6月30日　第2刷発行

編　集　東京弁護士会　民事介入暴力対策特別委員会

発　行　株式会社　**ぎょうせい**

〒136-8575　東京都江東区新木場1-18-11
電話　編集　03-6892-6508
　　　営業　03-6892-6666
フリーコール　0120-953-431

URL　http://gyosei.jp

＜検印省略＞

印刷　ぎょうせいデジタル㈱
※乱丁・落丁本はお取り替えいたします。
ISBN978-4-324-09922-3
(5108120-00-000)
〔略号：民暴(5版)〕

Ⓒ2015　Printed in Japan

契約書作成のためのノウハウを詳細に解説した
実務家必携の書、実に6年ぶりの改訂版!

[第2版]
契約書式実務全書
全3巻

大村多聞・佐瀬正俊・良永和隆／編

B5判・セット定価(本体30,000円+税) 各巻定価(本体10,000円+税)

本書の特色

- ■旧版発刊以降の法改正に対応して解説、関連・参照法令等を見直し
- ■近年事例の増えている約30もの書式例を新たに登載(国際取引、外国人労働者の雇用、インターネット、高齢者関係など)。一層充実のシリーズ全3巻約700に上る書式例であらゆるケースを余さず網羅!
- ■各契約書の意義、実務上の注意点を記した親切丁寧な【解説】／必要な特約、法的根拠や要件を示した豊富な【注】も健在

旧版に引き続き、インターネットとの連動サービスも充実!
★契約書式の文例をWebからダウンロードし、自由に加工してお使いになれます。

ご注文・お問合せ・資料請求は右記まで	 株式会社 ぎょうせい おかげさまで120年、これからの100年も!!	本社 東京都中央区銀座7-4-12〒104-0061 本部 東京都江東区新木場1-18-11〒136-8575 URL:http://gyosei.jp
	フリーコール:0120-953-431	フリーFAX:0120-953-495